PIPELINE DE LIDERANÇA 3.0

**RAM CHARAN | STEPHEN DROTTER
JAMES NOEL | KENT JONASEN**

PIPELINE DE LIDERANÇA 3.0

**COMO DESENVOLVER LÍDERES
NA ERA DIGITAL**

Traduzido por André Fontenelle

SEXTANTE

Título original: *The Leadership Pipeline*

Copyright © 2024 por John Wiley & Sons, Inc.
Copyright da tradução © 2024 por GMT Editores Ltda.

Publicado mediante acordo com John Wiley & Sons, Inc.

Todos os direitos reservados. Nenhuma parte deste livro pode ser utilizada ou reproduzida sob quaisquer meios existentes sem autorização por escrito dos editores.

coordenação editorial: Sibelle Pedral
produção editorial: Livia Cabrini
preparo de originais: Ana Tereza Clemente
revisão: Luís Américo Costa e Luíza Côrtes
diagramação: DTPhoenix Editorial
capa: Ana Paula Daudt Brandão
impressão e acabamento: Cromosete Gráfica e Editora Ltda.

CIP-BRASIL. CATALOGAÇÃO NA PUBLICAÇÃO
SINDICATO NACIONAL DOS EDITORES DE LIVROS, RJ

P735

Pipeline de Liderança 3.0 / Ram Charan ... [et al.]; tradução André Fontenelle. – 1. ed. – Rio de Janeiro: Sextante, 2024.
 256 p.; 23 cm.

Tradução de: Leadership pipeline

ISBN 978-65-5564-919-2

1. Liderança. 2. Administração. I. Charan, Ram. II. Fontenelle, André.

24-92421

CDD: 658.4092
CDU: 005.322:316.46

Meri Gleice Rodrigues de Souza – Bibliotecária – CRB-7/6439

Todos os direitos reservados, no Brasil, por
GMT Editores Ltda.
Rua Voluntários da Pátria, 45 – 14º andar – Botafogo
22270-000 – Rio de Janeiro – RJ
Tel.: (21) 2538-4100
E-mail: atendimento@sextante.com.br
www.sextante.com.br

Sumário

Boas-vindas	9
Introdução	15
O que esta edição atualizada oferece	16
Como mudar o trabalho dos líderes	17
Como resolver os problemas de hoje e de amanhã	23
Como aplicar o modelo do Pipeline de Liderança	25
Desfazendo mitos sobre o modelo	26

Parte 1 - Por que o Pipeline de Liderança é importante — 31

1   Um panorama do Pipeline de Liderança — 33
    As grandes ideias — 33
    As passagens centrais da liderança — 36
    Como definir o trabalho a ser feito — 47
    Para compreender as transições — 49
    Novas formas de enxergar as carreiras — 54
    Seguindo em frente — 56

2   A proposta de valor do Pipeline de Liderança — 58
    Como reforçar seu elo mais fraco — 59
    A redução dos custos com intangíveis — 60
    Precisa-se de um banco universal de líderes — 61
    Um modelo para o passado, o presente e o futuro — 63
    Como montar a arquitetura necessária — 67

Parte 2 - Cinco passagens do Pipeline de Liderança   69

3   Liderar outros   71
     O trabalho a ser feito   72
     A transição para o papel   78
     Problemas típicos da transição   84
     Variações do papel   90

4   Liderar líderes   95
     O trabalho a ser feito   96
     A transição para o papel   100
     Problemas típicos da transição   106
     Variações do papel   114

5   Liderar uma função   116
     A definição do papel   117
     O trabalho a ser feito   119
     A transição para o papel   125
     Problemas típicos da transição   133
     Um resultado importante   141

6   Liderar um negócio   144
     O peso e o escopo do papel   145
     O trabalho a ser feito   146
     A transição para o papel   152
     Problemas típicos da transição   157

7   Liderar uma empresa   164
     O trabalho a ser feito   167
     Como adquirir um mindset de empresa   169
     A transição para o papel   175
     Problemas típicos da transição   180

Parte 3 - Aplicação   185

8   Estratégias para implementar o modelo do Pipeline de Liderança   187
      Como elaborar os Retratos de Liderança   187
      Como escolher o grau de implementação   192
      Como situar a estrutura do Pipeline de Liderança   194

9   Dicas para a sintonia fina da implementação   199
      Dicas universais   200
      Dicas para os líderes de negócio   202
      Dicas para os líderes de RH   203
      Dicas para os business partners de RH na empresa   205
      Coisas que ninguém deve fazer   208
      Dicas para desobstruir o pipeline   208
      Uma nota de encerramento   210

10   Diálogos relevantes para o desempenho, o engajamento e a retenção   211
      Por onde começar   212
      É preciso estar atento   214
      Como usar os Círculos de Desempenho do Pipeline de Liderança   215
      Estratégias para obter um desempenho pleno   221
      A conexão entre retenção e desenvolvimento   227

11   Como o modelo do Pipeline de Liderança se aplica a papéis específicos   229
      O líder de projeto   230
      O líder em organizações SAFe (Scaled Agile Framework)   234
      O líder de terceirizados   239
      O líder de seção   242
      O líder de grupo   245

Os autores   251

Boas-vindas

Acreditamos que você vai achar este livro prático, claro, conciso e, acima de tudo, útil – como tantos e tantos outros acharam.

O conceito de Pipeline de Liderança traz benefícios substanciais a quem o usa. Presidentes de empresas nos contaram que a utilização do Pipeline de Liderança permite várias realizações:

- Transforma a conversa do comitê executivo, focando mais na estratégia e nos talentos, e não só na receita e no lucro;
- Ajuda a disseminar a responsabilização por toda a hierarquia, de maneira coerente; libera quem está no topo para focar mais no futuro, enquanto os níveis abaixo impulsionam a produtividade e os primeiros resultados operacionais;
- Produz padrões tanto para o desempenho quanto para o potencial, de forma diferenciada conforme a camada de liderança;
- Inspira um coaching superior, em decorrência da maior clareza das expectativas para todos os envolvidos;
- Propicia uma vantagem competitiva;
- Atua como um recurso inestimável para o desenvolvimento de líderes em todos os níveis.

Líderes de recursos humanos nos disseram que passaram a realizar tarefas importantes de uma maneira melhor:

- Focar a formação no trabalho a ser feito, e não em habilidades genéricas;

- Ancorar o planejamento sucessório no significado do potencial e em como ele se apresenta;
- Abordar questões pessoais com coerência;
- Dispor de um arcabouço estruturado para avaliar e desenvolver nossos próprios talentos de liderança;
- Ter conceitos de liderança duradouros e simples o bastante para que gestores de todos os níveis possam rapidamente dominar o significado de ser um líder eficiente.

A repercussão positiva da primeira edição de *Pipeline de Liderança* (publicada em 2001) levou à segunda edição, de 2011. Desde o início, constatamos um interesse cada vez maior pela aplicação do modelo do Pipeline de Liderança. Nossas conversas com os leitores e nosso trabalho como consultores nos proporcionaram um feedback inestimável em relação ao modelo – feedback que nos ajudou a tornar esse modelo ainda mais eficiente na prática. Queremos transmitir as lições que aprendemos, de modo que as empresas possam maximizar o valor do Pipeline.

Muitas das melhores e mais bem-sucedidas organizações do mundo adotaram o modelo do Pipeline de Liderança como base de seus esforços em relação ao lado humano do negócio. CEOs e outros executivos seniores dessas empresas nos dizem que aderiram ao Pipeline de Liderança por acreditar que os capacita a estar à frente da concorrência. Montado com base em "passagens" de liderança comuns, o Pipeline ajuda as organizações a selecionar, desenvolver e avaliar líderes de acordo com responsabilidades específicas e valores de trabalho, aplicação do tempo e habilidades de cada nível de liderança – aquilo que chamamos de "tríade de transição".

Nossa abordagem em relação à terceira edição deste livro foi tornar ainda mais fácil para as organizações implementar o modelo e colher os mesmos benefícios que aquelas que já o utilizam. O modelo do Pipeline de Liderança, em si, é atemporal, mas o ambiente de negócios está em transformação permanente. As estruturas organizacionais e os modelos de negócios evoluem, e as tendências macro do mundo à nossa volta arrastam as organizações para novas direções. Neste livro captamos aquilo que mudou nos últimos anos e olhamos à frente, para esboçar a melhor forma de usar o modelo no futuro.

Como tirar o máximo de proveito deste livro

Mais do que nunca, as palavras e as ideias têm significados diferentes para pessoas diferentes na sociedade atual. Você obterá o máximo deste livro se compreender nossas palavras e ideias dentro do espírito e do objetivo com que foram concebidas. Aqui definimos algumas dessas palavras e ideias cruciais para o nosso livro.

Liderar versus Gerir

A distinção entre liderança e gestão é tema de um debate interminável que envolve acadêmicos e profissionais. Consideramos essa discussão um tanto infrutífera. Em cada papel de liderança, no fim das contas, existe um trabalho a ser feito que exige tanto uma característica quanto outra. Uma não funciona sem a outra. O conjunto certo de valores de trabalho, aplicação do tempo e habilidades vale tanto para a liderança quanto para a gestão.

Na primeira e na segunda edições, empregamos o termo *gestor* de modo constante. Nesta edição 3.0, utilizamos de modo constante o termo *líder*. Alteramos o termo para torná-lo mais palatável e mais traduzível. A maioria dos idiomas para os quais este livro foi traduzido não tem uma palavra para *gestor*, apenas para *líder*.

Não se fixe nesses dois termos ao ler este livro. Concentre-se naquilo que os líderes devem entregar em seus cargos e no que é preciso para que executem bem suas tarefas.

Papéis versus Cargos

Debatemos e apresentamos o Pipeline de Liderança em níveis ou camadas. Não definimos uma hierarquia nem um status: definimos papéis, pacotes de tarefas a realizar. É possível que um indivíduo tenha três papéis diferentes e simultâneos. Alguém que se reporta ao presidente da empresa e cuida de um negócio é um líder de negócio. Essa pessoa pode ter outros líderes que se reportam a ela (damos a isso o nome de "líderes de líderes") e colaboradores individuais que se reportam a esses líderes (chamados "outros líderes"). Consideramos importante que essa pessoa compreenda as exigências de todos os três papéis. A identificação dos papéis de qualquer liderança provém do grau mais alto de responsabilidade, como o líder de negócio, neste exemplo.

Agilidade versus Rigidez

Existem várias formas de tratar do sucesso em empresas ou organizações. Entre os exemplos estão Gestão da Qualidade Total, Matriz, *Lean*, *Design Thinking* e mais recentemente a metodologia ágil, ou Agile. Cada um desses modelos operacionais oferece maneiras significativas de melhorar a produtividade e a performance. Em alguns casos, houve benefícios espetaculares. Nenhum deles é, por si só, suficiente para gerir um empreendimento por inteiro. Todo empreendimento exige um conjunto de atividades básicas que precisam ser dominadas. É preciso contratar e desenvolver pessoas, tomar decisões em relação ao direcionamento e à alocação de recursos, planejar a sequência de trabalho e assim por diante, qualquer que seja o modelo operacional escolhido. Nós oferecemos a arquitetura sobre a qual qualquer modelo operacional, inclusive o Agile, pode se assentar.

Competências versus Trabalho a ser feito

Recebemos convites de muitas organizações que implementaram modelos de competência. Esses modelos têm algumas metas em comum: fortalecer a performance das lideranças; aumentar o diálogo cotidiano sobre liderança; propiciar uma avaliação mais precisa da boa liderança; e ter um planejamento sucessório mais confiável. O motivo para nos convidarem é sempre o mesmo: depois de uma implementação integral e de dois ou três anos de esforço árduo, os resultados são insuficientes. Muitas organizações se dão conta, tardiamente, de que as competências funcionam bem para fins de capacitação, mas não para a avaliação da performance, o planejamento sucessório ou a implantação de uma cultura de desenvolvimento fomentada pelas lideranças.

O problema, nos modelos de competência, é muito simples. Competências representam um "insumo" da performance – e não a performance propriamente dita. Além disso, não são diferenciadas; são as mesmas para qualquer cargo, ainda que o trabalho seja muito diferente. Não nos interprete mal: estamos convencidos de que é importante ter competências de liderança quando se ocupa um papel de liderança. No entanto, elas continuam sendo um insumo da performance e precisam ser sustentadas por outros elementos igualmente cruciais. Além das habilidades, os líderes precisam ter os valores de trabalho certos e saber aplicá-los no momento exato.

O modelo do Pipeline de Liderança foca no trabalho a ser feito, diferenciando-o por camadas. Concentra-se nos resultados que devem ser conquistados e no que é preciso para alcançá-los.

Nesta edição, tornaremos muito mais fácil para você implementar o cerne do Pipeline de Liderança, sem desvios pelos modelos de competência ou outras soluções parciais. Para aqueles que já têm modelos de competência operando, vamos explicar e dar exemplos de como se pode integrar estruturas de competências ao modelo do Pipeline de Liderança sem muita diluição dos benefícios de um nem das outras.

Quem deve ler este livro

... Pessoas que não são líderes, mas gostariam de se tornar.

... Líderes que queiram melhorar sua performance de liderança.

... Especialistas em desenvolvimento de lideranças que queiram implementar uma arquitetura duradoura para fazê-lo, algo que não seja preciso mudar a cada seis meses, quando surge uma nova ideia ou um novo CEO ou diretor de RH é nomeado.

... CEOs que queiram fazer do desenvolvimento de lideranças uma vantagem competitiva.

Como ler este livro

Ele está dividido em três partes.

A primeira apresenta o Pipeline de Liderança e os argumentos profissionais para usá-lo.

A segunda parte define os diferentes papéis de liderança, dando ênfase aos valores de trabalho, à aplicação do tempo e às habilidades exigidas para que se tenha êxito em um papel. Para que esse pipeline de liderança se mantenha íntegro e fluente, é crucial que você tenha ciência das exigências específicas, dos problemas mais comuns que os líderes vivenciam ao fazer uma transição plena para o novo papel e dos comportamentos ou das atitudes que sinalizam dificuldades na transição para esse papel.

A terceira parte aborda alguns usos e aplicações para extrair o máximo do modelo.

O pipeline é um modelo muito flexível que as organizações podem adaptar a suas próprias situações e necessidades. Foi desenhado de modo a levar em conta as mudanças de responsabilidades das lideranças. Alguns dos conceitos tradicionais sobre aquilo que um líder precisa ser e fazer já não são mais válidos.

Para usar de modo eficaz a abordagem do Pipeline de Liderança, será preciso desafiar os conceitos de liderança tradicionais. Não é possível criar líderes a menos que haja um alvo preciso de desenvolvimento, e isso significa reconhecer que os papéis e as responsabilidades dos líderes mudaram. O conceito multinível e multidimensional de liderança é uma realidade da vida moderna das empresas. A partir do momento em que se começa a desenvolver líderes tendo em mente essa nova realidade, é muito mais fácil ser eficiente no desenvolvimento de lideranças e na gestão de talentos.

Por fim, gostaríamos de adverti-lo para evitar uma implementação mecânica do conceito de Pipeline. Em outras palavras, promova o modelo em sua empresa e adapte-o de acordo com as necessidades. E não force a sua empresa a se encaixar no modelo do Pipeline. Procure pensar de forma holística, levando em conta a complexidade das demandas das pessoas.

O modelo do Pipeline de Liderança tem se revelado uma ferramenta atemporal para o êxito das organizações, relevante tanto para os desafios de hoje quanto os de amanhã.

Estamos confiantes de que você descobrirá o grande valor deste livro, de verdade.

Aproveite a leitura!

Ram Charan: office@charanassoc.com
Stephen Drotter: sjdrotter@aol.com
Kent Jonasen: kent.jonasen@lp-institute.com
1º de junho de 2023

Introdução

Desde sua primeira publicação, *Pipeline de Liderança* fornece um conjunto de princípios muito bem aceito e uma abordagem para compreender o trabalho do líder. Ele define o trabalho a ser feito nos principais papéis de liderança, apresenta as habilidades exigidas, define a alocação adequada do tempo e o trabalho que se deve valorizar para ser um líder de sucesso.

Essa estrutura define (1) como e por que o trabalho deve ser diferenciado por papel e (2) as exigências para a transição de um papel para outro. Utilizar essa estrutura para desenvolver líderes e ajudá-los a fazer a transição de um papel de liderança para outro tornou-se um padrão global nas empresas.

Centenas de milhares de exemplares das primeira e segunda edições deste livro foram vendidos e ele foi impresso em doze idiomas. Centenas de organizações, com ou sem fins lucrativos, adotaram seus princípios. Empresas de consultoria o utilizam para auxiliar seus clientes. Líderes e profissionais de RH nos contam que usam o livro no dia a dia. Faculdades de Administração o empregam em seus cursos. Ele se mostrou uma ferramenta atemporal, aplicável a qualquer área profissional.

Embora à primeira vista os princípios de liderança no modelo do Pipeline de Liderança permaneçam os mesmos, os papéis de liderança propriamente ditos vêm sendo continuamente influenciados por fatores externos, tais como a digitalização, a Covid-19, o maior poder de barganha dos empregados e as incertezas geopolíticas globais. Da mesma forma, tais papéis são afetados pelos ajustes nos modelos de negócios e nos modelos operacionais.

Como a maior parte desses desafios é sistêmica – afeta todos os aspectos do negócio –, é necessário que a organização ofereça respostas claras e coerentes. Em especial, é preciso ter clareza sobre a reação dos líderes, que deve ser consistente na organização como um todo. Frases feitas e clichês sobre os papéis de liderança, que parecem estar por toda parte, não bastam. Tendem a ser incompletos e superficiais. O Pipeline de Liderança oferece uma abordagem sistêmica, que pode ser aplicada de modo uniforme em toda a empresa, ajudando-a a resolver os problemas de liderança nos dias de hoje ao mesmo tempo que a prepara para os desafios de amanhã.

O que esta edição atualizada oferece

Em primeiro lugar, ajudará os líderes a compreender como seus princípios e sua estrutura se aplicam ao ambiente de negócios atual e ao do futuro mais provável. Vivemos um período de incríveis desafios para os líderes, em todos os aspectos da vida, entre eles negócios, política, governo, educação e religião. Talvez o maior venha da *digitalização*. Todo mundo tem acesso a todos, ou a quase todos, os dados e as informações disponíveis. As empresas vêm lutando para encontrar a melhor forma de operar nesta era digital, incluindo o local onde as decisões serão tomadas e quem estará à frente delas. Muitos desafios dizem respeito a ações realizadas para combater a pandemia de Covid-19. Diversas políticas e práticas já bastante consolidadas foram desestabilizadas. Todos ficaram vulneráveis.

A esses dois desafios, a digitalização e a Covid-19, juntou-se um complicador, o *maior poder de barganha dos empregados*, sobretudo os trabalhadores da área do conhecimento. Eles se sentiram empoderados para reivindicar que suas necessidades e seus interesses sejam atendidos; do contrário, vão desistir e partir, ou desistir e ficar. São comuns as queixas em relação às empresas nas redes sociais. A *pressão social* sobre um amplo leque de questões tem exercido forte influência em organizações de todos os tipos para promover mudanças na forma de atuar e nos aspectos que devem capturar a atenção dos líderes. Todos esses desafios se apresentam em um contexto de *incerteza global*. As mudanças climáticas, a luta pela supremacia, as guerras, a inflação, as migrações populacionais e vários outros fatores tiraram o planeta do prumo. Provavelmente essa incerteza continuará por tempo indeterminado.

Em segundo lugar, esta edição atualizada atende àqueles que tiveram dificuldades na aplicação do modelo. Alguns não conseguem se encontrar nele, outros discordam daquilo que encontram, alguns têm concepções equivocadas em relação ao significado do modelo. Há aqueles que confundem experiências pessoais ruins com um problema do próprio modelo, e não da má implementação desse modelo. Gostaríamos de esclarecer essas questões da melhor maneira possível.

Em terceiro lugar, esta nova edição visa alcançar líderes do mundo inteiro que não estão familiarizados com o modelo do Pipeline de Liderança, mas que poderiam tirar proveito da compreensão de seus princípios e de sua estrutura. Muita gente reluta em investir tempo em um modelo de liderança "antigo", por temer que esteja desatualizado ou tenha perdido relevância. Ao abordar as necessidades atuais e renovar o *Pipeline de Liderança*, queremos evidenciar, de forma convincente, sua importância para os desafios de hoje.

Como mudar o trabalho dos líderes

Sempre existem forças que pressionam as empresas, os trabalhadores e o trabalho propriamente dito. Desde nossa última atualização, vários fatores importantes fizeram os líderes repensar aquilo que fazem e que pedem aos demais que façam. Eis nosso ponto de vista em relação às pressões mais poderosas que afetam os líderes de hoje.

Digitalização: todos dispõem dos dados

A tecnologia mudou a forma como trabalhamos, quando trabalhamos, em que trabalhamos, onde trabalhamos, com que e com quem trabalhamos. Também mudou a rapidez com que trabalhamos e o volume que conseguimos entregar em um dia. Só se pode descrever essas mudanças como revolucionárias, e é improvável que se volte ao que era antes. Na verdade, essas mudanças vêm até se acelerando. Estamos em plena era digital. A digitalização é um processo contínuo, não um evento isolado. É de esperar um aumento dos usos e de suas aplicações. A inteligência artificial também se amplia rapidamente e ninguém sabe que impacto terá no cotidiano. Em consequência, algumas atribuições básicas dos líderes mudaram, exigindo novas formas de desenvolver lideranças nos dias de hoje.

A quantidade de dados disponíveis para os demais níveis da organização e a velocidade com que eles se acumulam desequilibraram a balança da tomada de decisões. Informações que antes só chegavam aos líderes no topo estão hoje ao alcance dos dedos de qualquer um. Líderes em cargos inferiores e trabalhadores autônomos têm condições de tomar decisões cada vez mais importantes. A transparência em relação à situação das empresas aumentou tanto que é mais difícil enganar as pessoas.

O trabalho do líder precisa levar em conta o impacto da tecnologia e da digitalização sobre a organização e sobre as pessoas. É preciso delegar a autoridade para a tomada de decisões aos níveis hierárquicos inferiores, para tirar proveito integral de suas capacidades no dia a dia. Essas decisões não se limitam ao horário e ao local de trabalho. Questões profissionais de importância crucial, como a margem de lucro e a precificação, podem ser tratadas por quem está em níveis muito mais baixos, pois as informações necessárias já estão ao alcance dessas pessoas. Uma ênfase maior no desenvolvimento e no coaching, com menos controle, ajuda quem está nos escalões inferiores a utilizar o poder da informação e a autoridade para a tomada de decisões orientadas ao sucesso da empresa. Mais negociação e menos comando ajudam a manter a motivação em um padrão elevado. Um engajamento maior, proveniente da demanda por novas ideias – e de estar aberto a elas –, é um requisito essencial.

Covid-19: quem pode trabalha de casa

A Covid-19 representou um enorme risco à manutenção ativa das empresas e exigiu uma resposta radical. Pediu-se a todos que podiam trabalhar de casa que o fizessem, com apoio da tecnologia e da digitalização. Muitos reavaliaram posteriormente seus valores e decidiram dar prioridade ao equilíbrio entre vida pessoal e profissional e ao tempo com a família. Centenas de pessoas gostaram de trabalhar de casa e já não querem mais se locomover até a sede da empresa, ou desejam trabalhar presencialmente somente em alguns dias da semana. Está cada vez mais difícil fazer os funcionários irem ao local de trabalho. A jornada híbrida, em que alguns trabalham em casa e outros não, e nunca ao mesmo tempo, parece ter vindo para ficar. Essa forma de organização tem algumas vantagens, assim como desafios importantes. Sem julgar os méritos de trabalhar em casa ou no escritório, a nova convenção dificultou o papel do líder. Promover o trabalho em equipe, fomentar a cultura da empresa, gerir a performance, cultivar relacionamentos, estimular o engajamento e dar coaching passaram a exigir habilidades diferentes.

Para que o trabalho híbrido funcione, a aplicação do tempo dos líderes terá que mudar, com envolvimento cara a cara mais frequente. A comunicação, o fortalecimento das equipes, o controle do dia a dia e a manutenção da cultura da empresa, com equipes sediadas em regiões diferentes, já são desafios há algum tempo. Evidências empíricas indicam que raramente isso se faz com eficácia. Agora tornou-se uma habilidade de fato, mesmo em pequenas empresas locais. Os líderes precisam dar o mesmo valor aos membros da equipe remotos e presenciais.

O poder de barganha dos empregados: eles dizem o que querem, e é melhor ouvir

A internet e as redes sociais consolidam-se como forças predominantes na vida das novas gerações. Andar com um laptop ou um smartphone tornou-se uma experiência do cotidiano desde a alfabetização. Em consequência disso, muitos atributos singulares precisam ser compreendidos e levados em conta.

Esses trabalhadores têm incríveis habilidades no uso da tecnologia. O acesso veloz a todo tipo de informação, acoplado ao poder de processamento, os coloca muito à frente das gerações anteriores. Eles são informados o suficiente para desejar empregos com valor intrínseco, na nossa opinião com todo o direito. Querem contribuir, aprender novas habilidades e fazer diferença de algum modo. Funções periféricas, de pouco valor para eles ou para a empresa, vão fazê-los desistir. Eles dispõem de plataformas de comunicação para comunicar ao mundo como é trabalhar na sua empresa. Pelo fato de tudo andar tão depressa, não querem ficar tempo demais no mesmo emprego. Querem feedback e coaching para reforçar o próprio desenvolvimento, a fim de ascender. A integração entre vida profissional e pessoal é mais importante do que nunca, e o burnout se tornou um dos principais temas de debate.

O *Great Resignation* (o "Grande Pedido de Demissão" ocorrido na pandemia) levou a uma escassez de habilidades cruciais nas empresas. Inicialmente, o receio era de que as pessoas tivessem abandonado de vez o mercado de trabalho. Embora a ocupação da força de trabalho tenha quase retornado ao patamar original no pós-Covid, a escassez de habilidades-chave e de trabalhadores no setor de serviços continuou alta. Muita gente ainda está abandonando grandes organizações em busca de outros esquemas de trabalho que ofereçam mais controle sobre as horas do dia. Apesar da atual redução de empregos no setor de tecnologia, espera-se que essa escassez persista, aumentando a pressão para as empresas reterem bons profissionais. Esses desafios – atrair, desenvolver e reter talentos – já existem há algum tempo. O que é novo é a quantidade de alternativas disponíveis para os trabalhadores e a vontade deles de optar por elas.

A reação mais óbvia a esses desafios é melhorar a qualidade da liderança dentro da organização. Isso se daria não por intermédio da aquisição de líderes considerados mais bem preparados vindos de outras empresas, e sim por meio da melhoria sistemática das habilidades e da agenda da liderança na organização como um todo. Os líderes precisam lidar com as expectativas de um trabalho mais relevante, dialogar com os empregados em relação às necessidades deles e gerir o crescimento pessoal desses funcionários, de forma a facilitar o recrutamento e aumentar a retenção deles. Um emprego que tenha significado, apoiado pelo coaching sempre que necessário, é o novo ponto de ancoragem. Oferecer um futuro melhor e mais bem definido, com gestão do desenvolvimento, é uma fonte de vantagem competitiva – ou de desvantagem competitiva quando malfeita. Todos os líderes, em todos os níveis, precisam dedicar mais tempo a esse tipo de trabalho, e os empregados precisam ter maior envolvimento no dia a dia para o bem-estar deles próprios e da empresa.

A pressão social: espera-se mais do que o lucro

O ativismo, em um amplo leque de questões, colocou uma significativa pressão sobre as organizações para que transformem sua forma de operar. Hoje em dia, as empresas são praticamente obrigadas a se preocupar com as mudanças climáticas e o meio ambiente, a diversidade e a inclusão, a governança, a equidade de remuneração e promoções, questões de gênero, o impacto da pandemia, secas, cidadania e outros problemas sociais. Em todos os níveis, exige-se que as lideranças avaliem a tomada de decisões sob esse novo prisma, em relação à produção, à alocação de recursos e incentivos, contratações e promoções, composição da mão de obra e envolvimento da comunidade.

O objetivo dessa pressão é forçar transformações em instituições de todos os tipos. Os líderes, qualquer que seja o nível em que estejam, precisam desempenhar um papel nessas transformações. São pressões que geram conflitos internos, e os líderes precisam resolvê-los. Qual desses problemas deve ser nossa prioridade hoje? Como os recursos devem ser mobilizados? O que é preciso ajustar ou mudar? Quem deve ser promovido? As políticas e os programas da empresa têm de cuidar de questões como essas. A forma de traduzi-las em cada área é estabelecida pelos líderes. Decisões tomadas todos os dias determinam a eficácia da reação da organização às questões sociais. Refletir detidamente sobre as alternativas e seu impacto é parte crucial do papel do líder. Avaliar as mudanças necessárias é a chave para o sucesso.

Incertezas geopolíticas: veja o que aconteceu e o que fazer a respeito

Acontecimentos importantes no mundo todo aumentam a pressão sobre os cargos seniores de liderança. Ontem o bom senso mandava gerir a empresa de um jeito; hoje é preciso comandá-la de outro modo, e amanhã surgirá um novo senso comum. Podemos dar um exemplo disso com eventos recentes.

As formas bastante distintas de lidar com a pandemia de Covid-19 em cada país influenciaram de modo significativo a maneira como as empresas multinacionais precisaram pensar na cadeia de suprimentos. Fontes mais próximas da sede, ou na própria sede, são essenciais. Além disso, a pandemia demonstrou a rapidez com que os hábitos dos consumidores podem mudar, e que essas mudanças podem vir para ficar.

Pouco depois do início da guerra Rússia-Ucrânia, muitas empresas ocidentais saíram da Rússia. Receios em relação à capacidade de produção de itens cruciais, na maioria fora das próprias fronteiras, levaram a muitas mudanças na Ásia. Por mais complicadas que essas mudanças tenham sido, essa foi a parte mais fácil. Repensar por completo a cadeia de suprimentos e implantar novas instalações de produção são desafios muito mais intricados para as lideranças.

Novos modelos de negócio: precisa-se de parceiros

Os velhos tempos de autossuficiência e empreendimentos solitários acabaram. Nenhuma empresa consegue fazer tudo por conta própria. A questão é cada vez mais criar um ecossistema, fechando parcerias. Algumas parcerias criarão novos ou maiores valores para seus clientes. Outras agregarão novas tecnologias e novas competências-chave. Outras ainda vão ajudar na interface com os órgãos reguladores.

Quais serão as características de sua "constelação"? Como você vai montá-la? E, o mais importante, de que forma vai administrá-la? Essa maneira de operar criou uma nova função para muitos executivos seniores. Eles precisam ser criadores de ecossistemas. Muitas empresas do futuro, se já não o são, serão empresas-plataformas. As plataformas exigem a implantação de um ecossistema. Muitos líderes terão que desenvolver novas habilidades para trabalhar de maneira eficiente com os parceiros. Pode ser complicado, sobretudo quando houver mais de um parceiro.

A força de trabalho independente: uma nova corda bamba para preservar a cultura

O trabalho independente vive um boom nos dias de hoje. Cada vez mais pessoas estão abandonando a tradicional relação empregador-empregado para fazer parte da *gig economy*. Motoristas, programadores, designers, cuidadores, coaches e pessoas em várias outras ocupações compõem uma mão de obra numerosa e autônoma. Essa tendência representa uma oportunidade para as organizações, que podem ganhar ou reduzir escala mais facilmente, conforme a necessidade. Preservar a cultura certa e ao mesmo tempo obter o melhor dos trabalhadores independentes, integrando-os a um núcleo de funcionários em tempo integral, exige que os líderes explicitem tarefas e padrões de performance.

Outro desafio é que os trabalhadores independentes não permanecem à disposição das organizações. Isso levanta várias perguntas: como atrair e reter esse tipo de profissional? O que eles exigem do gestor imediato – e como isso difere das exigências dos funcionários em tempo integral? Para que o trabalho seja realizado, é necessário um planejamento cuidadoso para lidar com o preenchimento de vagas, as necessidades do empregador e os prazos.

As novas estruturas organizacionais: como viabilizar a produtividade dos trabalhadores da área do conhecimento

Grande parte do trabalho a ser executado nos dias de hoje envolve o setor do conhecimento. A produtividade dos trabalhadores do conhecimento não recebeu a atenção necessária no passado. Para aumentar a produtividade desses profissionais, as empresas adotaram, pelo menos em parte, uma abordagem mais fluida do trabalho organizacional. Matrizes, equipes ágeis, estruturas mais planas, funções que evoluem e delegação de autoridade são fatores que permitem aos trabalhadores do conhecimento uma adaptação mais rápida a requisitos variáveis. A eliminação de burocracia, o aumento da autoridade para a tomada de decisões, o encurtamento dos canais de comunicação, o melhor uso dos recursos e a criação de equipes multifuncionais viraram práticas comuns. Uma pessoa pode ser líder de equipe hoje e membro de equipe amanhã. Liderar uma equipe de pessoas com a mesma função em um dia e uma equipe multifuncional no dia seguinte tornou-se um lugar comum. O compartilhamento da autoridade e das responsabilidades com outros líderes, de outras organizações, exige fazer concessões e ter uma flexibilidade inédita até então.

As linhas hierárquicas tradicionais ficam obsoletas o tempo todo. Líderes nos níveis superiores precisam avaliar "o que é bom para o negócio" em vez de simplesmente "o que é bom para a minha função". Nos níveis abaixo, esse toma-lá-dá-cá pode ser um exercício diário. Um ponto de ancoragem que possibilita essa flutuação é ter metas claras, elaboradas coletivamente. Expressar essas metas na forma de resultados externos, como "reduzir o tempo de resposta aos pedidos dos clientes" em vez de "cumprir nosso cronograma", ajuda a criar um senso de propósito comum. Como há tendência a uma confusão generalizada, a definição dos papéis adquire particular importância.

Falaremos mais a respeito do impacto das novas estruturas no Capítulo 11.

Como resolver os problemas de hoje e de amanhã

Em quase todos os setores – moda, política, alimentação, saúde, redes sociais –, ideias novas e interessantes recebem enorme atenção e as "antigas" acabam menosprezadas. Com a liderança não é diferente. Novos livros, novos modelos, novos gurus brotam com grande frequência, seduzindo a imaginação de muita gente. Se eles têm algum valor, é uma questão bem diferente. O teste mais confiável é o do tempo, e não o da popularidade.

Temos receio de que, caso os líderes da atualidade se deixem fascinar por ideias novas, não fiquem sabendo do Pipeline de Liderança. Podem achar que ele é "velho" e que por isso não teria relevância. Mas o fato é que o Pipeline de Liderança ajuda líderes há décadas, continuamente. Depois de implementado, mantém-se como a espinha dorsal das estruturas de liderança das organizações. Resiste ao tempo porque representa um conjunto de princípios que não muda. Princípios que podem ser aplicados à maioria das situações atuais, porque são úteis na abordagem dos problemas e das oportunidades nos dias de hoje que têm relação com aspectos da liderança.

No momento em que escrevemos, meados de 2023, entre os problemas atuais estão os seguintes:

- Encarar o *Great Resignation* (o Grande Pedido de Demissão);
- Ter dificuldade em reter funcionários-chave;
- Presenciar a demissão silenciosa;
- "Produzir" talentos em número suficiente;
- Assimilar os trabalhadores remotos e fazer organizações híbridas funcionarem;
- Fazer a transição para o digital;
- Preservar uma cultura adequada;
- Criar um ambiente de trabalho seguro;
- Garantir a diversidade e a inclusão;
- Manter remuneração e oportunidades igualitárias;
- Lidar com o burnout.

Todos esses problemas dizem respeito à liderança. São provocados, na maioria das vezes, por líderes a quem não é dito, em linguagem prática, qual é o conceito de sucesso em seu papel de liderança. Muitos nunca recebem apoio na transição para assumir a nova função. A tríade de transição – o conjunto apropriado de habilidades, valores de trabalho e aplicação do tempo – não é alcançada de forma intuitiva. É preciso explicar e debater, algo que está no cerne do que o Pipeline de Liderança faz. O tempo não tornou essa necessidade obsoleta. Ao contrário: à medida que o ambiente profissional se torna ainda mais complexo, a lista de problemas só faz crescer. Aprender os princípios do Pipeline de Liderança é a melhor maneira de desenvolver líderes aptos a lidar com o que quer que o futuro traga.

Como aplicar o modelo do Pipeline de Liderança

Conversamos com muitos líderes de negócios e executivos de recursos humanos (RH) que adotaram por conta própria o modelo do Pipeline de Liderança – mas enfrentaram resistência em setores de suas organizações ao tentarem implementá-lo.

Parece haver duas causas básicas para tanto. Uma deriva de falsos conceitos em relação ao que o modelo do Pipeline de Liderança realmente é. Vamos tratar desses falsos conceitos na próxima seção, "Desfazendo mitos sobre o modelo". A outra causa básica é a resistência de alguns colegas que tiveram experiências negativas em empresas anteriores onde o modelo foi mal implementado. Como não sabem que o problema foi na implementação, simplesmente põem a culpa no modelo. Por isso, gostaríamos de esclarecer alguns pontos.

Talvez o mais importante a ser compreendido em relação à utilização do Pipeline de Liderança seja que ele não tem a intenção de ser a *resposta* a tudo. É um conjunto de princípios de alta liderança baseado em evidências, que ajuda o líder a elaborar sua própria estrutura de liderança e seu Retrato de Liderança para cada papel-chave em sua organização. Ele não quer impor uma forma exata de organizar. Não é um modelo de carreira. Os princípios têm o objetivo de auxiliar você a selecionar, desenvolver e avaliar a performance de líderes em todos os níveis. Aumentar a efetividade dessas pessoas e garantir que todo o trabalho de liderança necessário esteja sendo realizado são dois dos maiores benefícios da implementação do modelo Pipeline.

Outro aspecto é o fato de que, quando criamos o modelo, não imaginamos que as especificidades relacionadas a *como* aplicá-lo seriam tão essenciais quanto demonstraram ser. Não havia como antecipar e imaginar todas as soluções para todos os tipos de cenário possíveis enfrentados pelas empresas. Hoje, após receber inúmeras perguntas e conversar com diversas organizações, temos muito mais clareza sobre o que é preciso para aplicar o modelo. Nossas explicações atualizadas sobre como empregar os conceitos estruturais em situações diferentes são, portanto, uma parte importante desta nova edição.

Em parte, vamos tratar da aplicação explicando-a de forma muito mais descomplicada e ilustrando o modelo do Pipeline de Liderança – além de mostrar como operacionalizá-lo. Acrescentamos ainda um capítulo dedicado às estratégias de implementação. Você encontrará as informações na Parte 3 deste livro.

Desfazendo mitos sobre o modelo

Comentamos anteriormente que existem falsos conceitos em relação ao que o modelo do Pipeline de Liderança realmente é. Nos vinte anos desde que o livro foi lançado, é natural que mitos tenham surgido. O tempo todo auxiliamos as empresas a lidar com eles. Queremos desfazê-los.

Mito 1: Não temos seis camadas de liderança em nossa organização. Por isso, não é possível aplicar o modelo do Pipeline de Liderança.

Nossa resposta: Algumas pessoas leem o livro *Pipeline de Liderança* do começo ao fim; outras leem os capítulos que consideram mais relevantes para si mesmas. Mas hoje em dia muitas digitam "Pipeline de Liderança" no Google, leem resenhas curtas e passam os olhos nas ilustrações. A consequência disso é que muita gente identifica o modelo do Pipeline de Liderança apenas com a ilustração das passagens de liderança originais (Figura I.1).

No entanto, essa ilustração não representa o Pipeline de Liderança propriamente dito. É apenas uma apresentação de alguns dos papéis e transições de liderança mais comuns. O modelo é um conjunto de princípios iniciais que podem ser utilizados em qualquer tipo de organização para mapear os papéis-chave de liderança, definir o trabalho a ser feito e traçar os valores de trabalho exigidos, a aplicação do tempo e as habilidades. Caso sua empresa tenha apenas dois níveis, seu pipeline terá apenas dois níveis. O nível superior tem mais o que fazer do que simplesmente liderar os de-

Figura I.1. Baseia-se no artigo intitulado "Encruzilhadas críticas da carreira", de Walter R. Mahler, publicado em 1978.

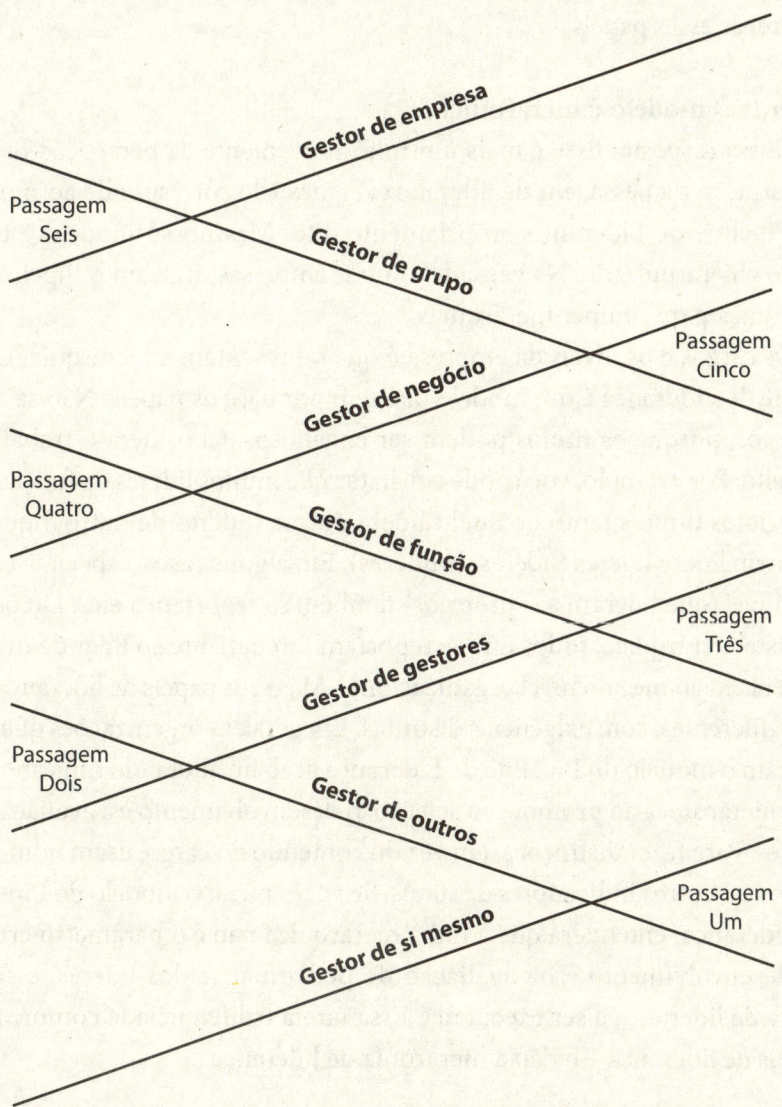

mais. Discutiremos em capítulos posteriores aquilo que deve acontecer com alguns dos trabalhos necessários.

Incentivamos a leitura do Capítulo 1 para entender o modelo como um todo. Nos capítulos 3 a 7, damos vida ao modelo, oferecendo exemplos específicos de papéis de liderança. Em sua organização, talvez você identifique papéis de liderança que não são diretamente tratados neste livro. Mas poderá aplicar o modelo do Pipeline de Liderança por conta própria para descrever esses papéis.

Mito 2: O modelo é hierárquico.

Nossa resposta: Esse é mais um mito proveniente da percepção de que a ilustração da passagem de liderança (Figura I.1) corresponde ao modelo do Pipeline de Liderança propriamente dito. Mas nosso modelo é tudo, menos hierarquizado. Na verdade, muitas empresas utilizam o Pipeline de Liderança para romper hierarquias.

Os cargos e os níveis da empresa é que representam a hierarquia. O Pipeline de Liderança é um modelo que tem por base os papéis. Não se atém a cargos, porque os títulos podem ser enganosos. Considera o trabalho a ser feito. Por exemplo, você pode constatar que muitos líderes de função são superiores diretos tanto de quem lidera outros (líderes de outros) quanto de quem lidera líderes (líderes de líderes). Em alguns casos, especialistas de alto nível (que lideram a si próprios) também se reportam a eles. Do ponto de vista hierárquico, todos que se reportam diretamente ao líder de função pertencem ao mesmo nível organizacional. Mas seus papéis de liderança são bem diferentes, com exigências distintas. Em geral, as organizações que não aplicam o modelo do Pipeline de Liderança acabam adotando uma abordagem hierárquica ao promover a seleção, o desenvolvimento e a avaliação de líderes. Para fazer distinções, em vez do conteúdo do cargo, usam nomes de cargos ou outros indicadores de status. Se você aplicar o modelo do Pipeline de Liderança, entenderá que a linha hierárquica não é o parâmetro crucial no desenvolvimento e na avaliação da performance dos líderes, e sim a tarefa de liderança a ser executada. Essa tarefa é diferenciada conforme os papéis de liderança – e não a hierarquia de liderança.

Mito 3: O modelo define uma trajetória profissional igual para os líderes.

Nossa resposta: Uma vez mais, se você olhar somente a ilustração da Figura I.1, sem ter lido sequer um capítulo de *Pipeline de Liderança*, poderá entender por que parece obrigatório seguir determinada trajetória de carreira. Porém não é esse o objetivo da ilustração. Nem todas as áreas das organizações têm todos os papéis. No financeiro e no RH, por exemplo, muita gente é transferida de papéis de "líder de outros" para o papel de "líder de função", porque pode não haver muitos papéis de "líder de líderes" no interior das funções. Muitos líderes de negócio nunca chegaram a ser líderes de função antes de assumir o papel de líder de negócio. Podem ter feito carreira no setor comercial ou operacional da empresa, ascendendo então a um cargo de gerente nacional. Dali, passaram a um papel de gerente regional e, por fim, ao de líder de negócio. Além disso, as carreiras não costumam ser lineares. Algumas pessoas alternam os papéis de especialista, de líder de outros e de líder de projeto. Apenas uns poucos terminam como líder de função ou de negócio, porque as vagas são limitadas. Não há nada de errado nisso. Para a maioria das pessoas, ser líder de função e líder de negócio não é a meta. O valor do nosso modelo provém da explicitação das habilidades que é preciso adquirir, como o tempo deve ser empregado e qual trabalho deve ser avaliado a fim de fazer a transição com êxito – qualquer que seja essa transição.

Mito 4: O modelo só serve para organizações de grande porte.
  Nossa resposta: Empresas menores se beneficiam mais de nosso modelo que as maiores. As menores, que estão em expansão, muitas vezes não cabem mais na própria estrutura e precisam acrescentar papéis de liderança. O maior obstáculo no caminho do crescimento das empresas menores é a incapacidade de alcançar esse objetivo. Nosso modelo proporciona ideias e definições dos papéis a serem acrescentados, e indica onde acrescentá-los. À medida que as empresas crescem, preparar-se para o futuro vai ganhando importância. Antecipar e evitar obstáculos para prevenir a perda do que já foi conquistado passa a ser uma necessidade para a liderança. Quem está no comando tem que evoluir e subir ainda mais na hierarquia. As empresas maiores, em geral, têm um colchão financeiro mais robusto para absorver os choques do mercado. Também contam com um número maior de líderes, assim como processos e sistemas mais bem estruturados, que as ajudam a crescer. Ao contrário das empresas menores, costumam tolerar alguns líderes fracos. Nas menores, o trabalho de liderança não dá margem a erro.

Existem muitos outros mitos e erros de interpretação. Vamos tentar identificá-los e abordá-los à medida que avançarmos. Nossa mensagem não é de rigidez. Tentamos reunir uma série de exigências para o êxito de qualquer organização, e é mais fácil e compreensível subdividir esse material em um conjunto lógico de peças. O Pipeline de Liderança não define a estrutura de sua organização. O tamanho dela, medido pelo número de produtos e de funcionários, pela receita, pela geografia ou por todos esses fatores somados, é o que define o formato provável de sua estrutura. O modelo do Pipeline de Liderança é uma fonte permanente para tratar dos problemas de liderança, qualquer que seja o design organizacional que você tenha escolhido.

PARTE 1

POR QUE O PIPELINE DE LIDERANÇA É IMPORTANTE

1
Um panorama do Pipeline de Liderança

Para extrair valor do Pipeline de Liderança, é preciso compreender seus ingredientes básicos. Este panorama conciso tem o objetivo de facilitar o acesso às ideias, aos princípios e à estrutura dessa ferramenta atemporal. Caso queira criar um pipeline de líderes em plena atividade, comece por aqui. O Pipeline de Liderança é uma ferramenta para o êxito empresarial, qualquer que seja a época. Seus elementos, assim como algumas aplicações, serão tratados de maneira mais aprofundada nos capítulos seguintes.

As grandes ideias

O modelo do Pipeline de Liderança tem por base um conjunto de ideias desenvolvido a partir das avaliações de mais de 1.500 líderes que se candidataram a vagas de CEO, gerente geral de negócios, diretor financeiro e outros cargos de direção em um amplo leque de setores. Essas avaliações eram compostas de entrevistas de quatro horas de duração retraçando a carreira do profissional, suas realizações e a construção de suas habilidades. As conclusões foram validadas com os respectivos superiores e outras fontes confiáveis.

Os dados dessas avaliações foram combinados a um projeto de pesquisa aplicada que vem sendo realizado desde 2010. Em oficinas estruturadas, mais de 15 mil líderes, de diferentes níveis, participaram das discussões. O foco eram os desafios que eles enfrentaram ao passar a um novo nível de liderança. Nos capítulos 3 a 6 compartilhamos o resultado dessa pesquisa em relação a cada papel de liderança.

O modelo mostrou-se universalmente aplicável e resistente ao teste do tempo. Uma vez implementado, pouquíssimas organizações descontinuaram o uso do modelo. Enquanto a maioria dos modelos de liderança não sobrevive sequer a uma mudança de CEO, o Pipeline de Liderança mantém sua vitalidade mudança após mudança.

Aprendemos que nenhuma organização tem a estrutura organizacional ideal. O Pipeline de Liderança não descreve uma organização ou empresa específica, e não é recomendável que você o utilize dessa forma. Trata-se de uma estrutura que qualquer organização ou empresa pode usar como ponto de partida para montar sua própria estrutura operacional. A digitalização está mudando a forma como as empresas operam; logo, a flexibilidade é essencial. Caso você utilize essa estrutura, será mais fácil se adaptar a requisitos cambiantes. O processo de desenvolvimento de líderes se torna mais claro, sobretudo em relação ao que precisa ser desenvolvido, quando precisa ser desenvolvido e quem precisa ser desenvolvido.

Cinco princípios definem o modelo do Pipeline de Liderança:

O trabalho da liderança precisa ser claramente definido e diferenciado por nível e por papel. Como há muito trabalho de liderança a ser executado, é mais conveniente que seja subdividido, para assegurar que tudo que é exigido foi atribuído a alguém. Superposições são contraproducentes. Os desafios da atualidade são como um ímã, atraindo a atenção de todos. Isso prejudica ou até impede o trabalho futuro.

A *efetividade dos líderes é algo complexo, que deve ser compreendido em pelo menos três dimensões: habilidades exigidas, aplicação do tempo e valores de trabalho apropriados.* A missão do líder, como a de qualquer outra pessoa, é composta por um conjunto de tarefas. Para realizá-las, são necessárias aptidões básicas. Conhecer essas habilidades é ponto pacífico, pelo menos em termos gerais, há um século. Porém, existe um obstáculo importante que não foi devidamente compreendido. Por mais competentes que os líderes sejam, eles só aplicam seus conhecimentos quando valorizam de verdade o trabalho de liderança e percebem como geram valor enquanto ocupam essa posição de destaque. Muitos se comportam como se o trabalho de liderança fosse algo a mais, e não a própria atribuição do cargo. A agenda desses líderes é dominada por questões operacionais e um dia a dia solitário. Liberar tempo para exercer a liderança se torna um sacrifício.

Quando os líderes mudam de nível ou de papel na organização, devem fazer uma transição significativa. Os níveis/papéis de liderança são bastante diferentes. É preciso deixar para trás os valores de trabalho, a aplicação do tempo e as habilidades exigidas pelo cargo anterior. A compreensão e a adoção dessas três atribuições para se adequar ao novo nível/papel é uma condição difícil, mas crucial para se obter êxito. Executar o trabalho do nível/papel anterior, sem conseguir cumprir as exigências do novo cargo, é nocivo à organização e uma das principais causas do fracasso das lideranças.

Para que o negócio tenha um êxito sustentável, há uma exigência fundamental: que o pipeline de líderes esteja em plena atividade. O fluxo de líderes tem uma importância crucial. Liderança eficiente nunca é demais. Muitos dos problemas atuais das empresas, como as demissões silenciosas, o burnout, o *Great Resignation*, o isolamento, são fracassos da liderança. Quando se necessita de novos líderes, qualquer que seja o motivo, deve-se preencher esses cargos rapidamente, com alto grau de confiança. Essa é a situação ideal. O fluxo é importante, mas é tolhido por diversos fatores. O maior obstáculo advém daqueles que estão trabalhando no nível errado.

O que determina o sucesso de uma organização é a efetividade coletiva de todos os líderes, e não o brilho de alguns poucos. Muitas empresas investem pesado no desenvolvimento de líderes, mas não ficam satisfeitas com os resultados. Se formos olhar com lupa, elas desenvolvem cinquenta líderes, ignorando outros duzentos. Pela nossa experiência, desenvolver apenas as "estrelas" não tem muito valor. Existe uma interdependência entre os líderes, de baixo para cima, de cima para baixo e lateralmente. Expectativas comuns sobre o que os líderes farão e como farão, com desenvolvimento adequado, fornecem a base para a colaboração e o trabalho em equipe.

Quando se produz bens ou serviços, e isso envolve gente, é preciso um líder para manter a produção a todo vapor. No mínimo, esse líder vai definir a direção, engajar a equipe, dar apoio aos integrantes do time, tomar decisões, alocar recursos e medir o andamento dos processos. Portanto, os princípios e as ideias do Pipeline de Liderança se aplicam aqui. Só mesmo as organizações muito pequenas não se beneficiariam do modelo.

Quando esses princípios estão implantados, a aplicação do Pipeline de Liderança vai ajudá-lo nos seguintes aspectos:

- Mapeamento dos papéis e das passagens de liderança típicos na organização como um todo;
- Definição do trabalho a ser feito por esses papéis de liderança na organização como um todo;
- Definição das transições cruciais em termos de valores de trabalho, aplicação do tempo e habilidades que os líderes encaram quando assumem novos papéis de liderança.

As passagens centrais da liderança

Quando você elabora sua própria estrutura de Pipeline de Liderança, vai se beneficiar das cinco passagens centrais da liderança. A maioria das organizações necessita de pelo menos três passagens, provavelmente quatro. Até mesmo as pequenas organizações costumam ter três. São essenciais para abranger tanto o trabalho do presente quanto o do futuro. Na maioria das empresas, 95% dos cargos de liderança correspondem a um desses cinco papéis ou a uma variação/combinação aproximada deles.

Os cinco papéis são expressos em forma de passagens. Ir de um para outro é um evento de grande porte na vida de um líder. Representa uma transição significativa, que não pode ser aprendida em um só dia nem em um curso genérico de liderança. Nosso objetivo aqui é familiarizar você com os valores de trabalho, a aplicação do tempo e as habilidades exigidas em cada tipo de passagem. Depois de compreender o que isso representa e os desafios envolvidos em cada transição de um papel para outro, você estará mais capacitado a usar essas informações e desbloquear o pipeline de sua organização, facilitando o próprio crescimento como líder. Os cinco capítulos da Parte 2 deste livro vão proporcionar informações aprofundadas, ideias e ferramentas para atingir uma performance plena em todos os níveis de sua organização.

Conforme você for lendo a respeito de cada passagem, vai aplicá-la naturalmente à sua empresa e vai questionar como nós definimos e subdividimos cada uma delas. É provável que identifique pelo menos uma (talvez mais de uma) transição em sua empresa que não foi tratada na Figura 1.1. E é isso que esperamos que aconteça. O objetivo de detalhar as passagens é equipar você para trabalhar de forma ativa com o modelo em vez de aplicá-lo rigidamente. Cada organização é única e tem pelo menos uma transição de liderança com aspectos distintos (no caso das organizações maiores, duas).

À medida que você se habituar com cada passagem, acreditamos que verá como ela se aplica à sua própria situação e organização. Caso haja em sua empresa uma fase de transição que não se encaixe nesse modelo, crie sua própria definição e nos conte a respeito (nossos e-mails estão no final da seção "Boas-Vindas"). Isso pode ser útil para outros líderes. A Figura 1.1 apresenta nosso modelo atualizado.

Passagem 1: Liderar outros

Funcionários jovens e recém-chegados costumam passar os primeiros anos na organização como colaboradores individuais. Quer atuem em engenharia, em vendas ou em finanças, as habilidades exigidas são técnicas ou profissionais. Eles realizam o trabalho atribuído dentro de determinado cronograma de modo a cumprir objetivos. Conforme ampliam suas habilidades individuais, suas contribuições vão crescendo e eles passam, então, a ser considerados dignos de promoção. Do ponto de vista da aplicação do tempo, esse aprendizado envolve planejamento, para que eles entreguem as tarefas dentro do prazo; pontualidade, para que compareçam ao trabalho e às reuniões no horário estipulado; e conferência do trabalho, para garantir a qualidade e a confiabilidade do que fizeram. Entre os valores de trabalho a ser desenvolvidos estão a aceitação da cultura da empresa (os valores) e a adoção dos padrões profissionais apropriados. Quando se tornam colaboradores individuais competentes, que produzem bons resultados – sobretudo se demonstram capacidade de cooperar com os demais –, eles recebem responsabilidades adicionais ou tarefas mais complexas. Caso se mostrem capazes de lidar com essas novas responsabilidades e obedecer aos valores da empresa, são promovidos à linha de frente de liderança.

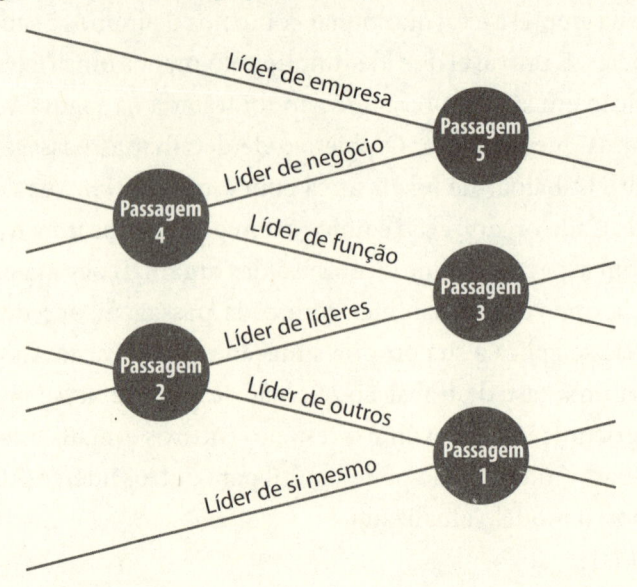

Figura 1.1. Os cinco papéis e funções centrais da liderança.

- Líder de empresa — Passagem 5
- Líder de negócio — Passagem 4
- Líder de função — Passagem 3
- Líder de líderes — Passagem 2
- Líder de outros — Passagem 1
- Líder de si mesmo

Fonte: Tem por base "Encruzilhadas críticas da carreira", de Walter R. Mahler, revisado por Stephen Drotter.

Quando isso acontece, esse funcionário está no começo da Passagem 1. Embora possa parecer uma progressão fácil e natural, muitos gestores novos tropeçam aqui. Os indivíduos de performance mais alta muitas vezes relutam em abandonar o que estão fazendo. Querem continuar a realizar o que foi responsável pelo seu sucesso. Em consequência, muitos líderes de primeira viagem aceitam os novos cargos, status e remuneração, mas não fazem a transição. Tornam-se líderes sem abraçar os requisitos para tanto.

Entre as habilidades que os novos líderes precisam aprender estão o planejamento do trabalho para a própria equipe (e não apenas para si mesmos), a escolha de novos membros, a atribuição de tarefas, a capacitação de recém-contratados, o monitoramento do andamento dos projetos, o coaching e a medição da produtividade. Os líderes da linha de frente precisam aprender como alocar o tempo, de modo a ajudar os demais a ter uma performance efetiva. Não podem usar todo o tempo para cuidar das tarefas por conta própria, apagando incêndios e tirando proveito de oportunidades. Precisam parar de fazer o trabalho para que outros o façam.

Realocar o tempo é uma exigência complicada na transição para líderes de primeira viagem. Em parte, isso ocorre porque muitos líderes novatos continuam preferindo passar o tempo na "velha" função, mesmo depois de assumirem um grupo de pessoas. A pressão para passar menos tempo realizando o trabalho individual e mais tempo gerindo aumenta a cada passagem. Caso a pessoa não comece a fazer mudanças desde o primeiro momento em sua forma de alocar o tempo, é provável que ela se torne um problema à medida que ascende. Essa é uma das principais razões dos gargalos no pipeline.

A mudança mais difícil na Passagem 1, para os novos gestores, tem a ver com os valores de trabalho. Mais especificamente, eles precisam valorizar o trabalho gerencial em vez de apenas tolerá-lo. Precisam acreditar que reservar tempo para os outros, planejar para os outros, fazer coaching e ações do gênero são tarefas necessárias e da responsabilidade deles. Mais do que isso, devem enxergar o trabalho direcionado aos outros como uma missão crucial para o próprio êxito. No setor financeiro, por exemplo, é comum que líderes da linha de frente considerem essa transição bem difícil. É um setor que dá valor à produtividade e a quem é produtivo, e cabe a eles estimular sua equipe a ser produtiva. Considerando que esses valores não tinham, até então, qualquer relação com seu sucesso, é difícil para os líderes promover essa mudança dramática no que avaliam como relevante. Embora as mudanças nas habilidades e na aplicação do tempo sejam visíveis e mensuráveis, as que afetam os valores de trabalho são complicadas de avaliar. Há quem pareça pôr em prática os valores certos quando o patrão está de olho, mas na realidade não produziu mudanças de fato. Como é difícil enxergar os valores de trabalho de modo diferente, esses líderes necessitam de reforço frequente por parte dos gestores superiores.

O mindset sempre foi um fator crucial, mas subestimado, de estímulo à performance. É o ponto de partida diário do gestor da linha de frente. O colaborador individual precisa iniciar cada dia tendo como mindset "entregar excelência". O desejo de realizar as tarefas no máximo de sua capacidade, hoje e todos os dias, é o que predispõe ao sucesso. O líder da linha de frente é a vanguarda da entrega de resultados. Jogando no ataque ou na defesa, é preciso "entregar". Se as lideranças no topo determinaram cortar custos, acelerar a entrega ou tornar-se ágil, é a linha de frente que precisa fazê-lo. O mindset exigido é "assumir a responsabilidade, ajudar a equipe e ser flexível".

Passagem 2: Liderar líderes

Esta passagem de liderança é quase sempre ignorada se comparada à anterior, quando as exigências da transição são mais óbvias. Poucas empresas cuidam diretamente dessa passagem em seus treinamentos, embora a base gerencial da empresa seja construída neste nível. São os líderes na segunda passagem – os "líderes de líderes" – que selecionam e desenvolvem as lideranças da linha de frente. Alguns acabam se tornando os líderes seniores da empresa.

Talvez a maior diferença em relação à Passagem 1 seja que, nesta, os líderes precisam se concentrar apenas no trabalho de liderança. Aqui passa a existir uma distância de dois níveis em relação à entrega de produtos e serviços. Quando eram líderes de outros, talvez tivessem que realizar algumas tarefas de produção ou ensiná-los demonstrando como fazer. Agora eles precisam selecionar líderes, profissionais que estão na Passagem 1. Precisam atribuir a eles tarefas de liderança, treiná-los ou desenvolvê-los como líderes, medir o andamento e dar coaching a fim de aperfeiçoá-los. É neste momento também que começam a pensar além do próprio departamento e avaliam a melhor forma de se relacionar com os demais setores, que dão apoio à empresa como um todo.

Tudo isso é difícil de fazer quando o líder continua valorizando as contribuições individuais e o trabalho técnico, deixando todo o restante de lado. É comum que pessoas promovidas à Passagem 2 pulem a Passagem 1. Tornam-se líderes da linha de frente sem terem mudado os valores de trabalho, a aplicação do tempo, as habilidades ou o mindset. Em consequência, passam a bloquear o Pipeline de Liderança, porque cobram a responsabilidade dos líderes da linha de frente por trabalho técnico ou profissional, e não pelo trabalho de liderança. Como pularam a Passagem 1 e continuam valorizando as contribuições individuais acima dos resultados de liderança, envenenam a liderança. Aferram-se e até incutem os valores errados em seus subordinados diretos. Costumam selecionar experts técnicos de alta performance para os cargos de liderança da linha de frente em vez de líderes com verdadeiro potencial. Não se dispõem a diferenciar (ou não são capazes) entre os que sabem fazer e os que sabem liderar.

Os líderes na Passagem 2 devem identificar resistências ao trabalho de liderança que sejam relacionadas aos valores – reação comum entre líderes da linha de frente. Os líderes de líderes precisam reconhecer que é impossível promover a um posto de liderança aquele engenheiro de desenvolvimento de software que gosta mais de projetar software do que de liderar os outros. Por mais brilhante que ele seja como desenvolvedor, esse engenheiro será um obstáculo no pipeline de liderança por não se sentir contente e confiante liderando pessoas. Uma das duras responsabilidades dos líderes de líderes é fazer os líderes de outros retornarem a seus papéis de colaboradores individuais quando não conseguem transformar seus valores de trabalho, sua aplicação do tempo e suas habilidades.

Dar coaching aos novos líderes da linha de frente sobre como liderar é essencial, porque muitos não recebem qualquer treinamento formal e dependem do superior para se capacitar. Esse coaching demanda tempo, pois o novo líder terá que passar várias vezes pelo ciclo de instrução-performance-feedback até que a performance se evidencie. Muitos líderes não se dispõem a reservar tempo para isso. Em muitas organizações, o coaching não é valorizado e sua ausência não é notada. Não admira que os novos líderes de líderes não o considerem essencial para a missão.

É preciso haver uma grande mudança de mindset. A orientação "assumir a responsabilidade, ajudar a equipe e ser flexível" tem certo valor neste nível, mas existem questões maiores que precisam ser o ponto de partida de todos os dias. São elas que permitem um fluxo de trabalho eficaz entre as unidades geridas pelos subordinados diretos e entre a organização e outras partes do negócio, de onde o trabalho da empresa vem e para onde vai. Também fazem a conexão entre a base da organização, onde ocorre o trabalho operacional, e a parte estratégica do negócio. As informações provenientes dessas conexões permitem criar um contexto para os profissionais. O mindset exigido é "conexões e contexto". A falta dessas características cria uma sensação de caos nas organizações, sem falar da improdutividade.

Passagem 3: Liderar uma função

Esta transição é mais complicada do que parece. Na superfície, tanto os líderes de líderes quanto os líderes de função lideram líderes e fazem conexões com outras partes do negócio. Sob a superfície, há alguns grandes desafios. Para se comunicar com os colaboradores individuais, é preciso atravessar dois níveis, o que exige novas habilidades de comunicação. Inevitavelmente, esse patamar a mais requer que o líder de função assuma a responsabilidade por partes da organização em que tem pouca ou nenhuma experiência. Aprender esse trabalho novo (para ele) e valorizá-lo pode ser um desafio. Ao mesmo tempo, os líderes de função se reportam aos líderes de negócio e fazem parte da equipe de negócio. Passam a ter que levar em conta as necessidades, os programas, os papéis e as características específicas das outras funções. Duas importantes habilidades de transição são: saber jogar em equipe com as outras funções e competir por recursos com base nas necessidades do negócio.

Talvez a transição mais intrincada para os novos líderes de função seja passar do trabalho operacional para o desenvolvimento e a implementação de estratégias funcionais. Mesclar a própria estratégia com a estratégia geral da empresa, em meio a todo o toma-lá-dá-cá que isso envolve, é um verdadeiro quebra-cabeça. Do ponto de vista da aplicação do tempo, significa participar das reuniões de negócios e trabalhar em conjunto com as demais funções, o que rouba tempo do próprio trabalho de liderança de função. À luz dessa exigência de tempo, a única forma de conseguir que tudo seja feito a contento é delegar importantes tarefas funcionais aos subordinados diretos.

Esta passagem de liderança exige mais maturidade. Por um lado, maturidade significa "pensar e agir como líder de função", e não como membro de uma função. Quer dizer também adotar uma perspectiva ampla, de longo prazo. Estratégias de longo prazo requerem um raciocínio de ponta, voltado para o futuro, em nome da compreensão e da criação de uma vantagem competitiva. É isso, em geral, que mais atrapalha os líderes. A estratégia funcional que permite à empresa realizar algo mais bem elaborado que os concorrentes pode criar uma vantagem de curto prazo. Mas o objetivo é uma vantagem sustentável, de longo prazo – e não apenas um diferencial temporário.

O estudo de caso abaixo ilustra os desafios enfrentados pelos novos gestores de função.

> **ESTUDO DE CASO**
>
> Seis meses atrás, Tom foi nomeado diretor de operações. Nessa condição, ele tem cinco subordinados diretos: quatro cuidam de importantes instalações de montagem e outro está incumbido da aquisição de componentes. Embora as experiências de Tom o tenham ajudado a valorizar vendas, finanças e outras funções, ele tem dificuldade em planejar além das exigências imediatas do cargo e em manter o contato com colaboradores individuais responsáveis pela delicada montagem de produtos de alta tecnologia. Tom acha complicado determinar as etapas necessárias para que a operação de montagem se torne mais integrada. Também perdeu o contato com os técnicos que conhecia de seus postos anteriores. Esses técnicos eram uma fonte inestimável de informações em tempo real e eventualmente o auxiliavam em seu planejamento.

Em muitas organizações, um sujeito como Tom poderia ir empurrando com a barriga e seus pontos fortes compensariam os pontos fracos, pelo menos aparentemente. Porém uma análise mais acurada evidenciaria que, nesse novo nível, Tom não tem um desempenho pleno. Ele teria que adquirir, por exemplo, habilidades para promover a comunicação entre os níveis. Precisaria saber, sem desafiar a autoridade dos gerentes de fábrica subordinados a ele, em que os colaboradores individuais estão trabalhando e se esses processos estão indo bem. Se ele não desenvolver essa habilidade, corre o risco de fazer os gerentes de fábrica e os gestores da linha de frente se sentirem abandonados. Por sorte, a empresa de Tom criou um programa de avaliação, que identificou essa dificuldade com a Passagem 3, e vem proporcionando coaching e um plano de desenvolvimento de executivos talentosos, ajudando Tom a adquirir as habilidades necessárias a esse nível de liderança.

A transição para a Passagem 3 exige um mindset de "liderança estratégica". Adotá-lo é quase impossível sem desenvolver habilidades de planejamento e pensamento estratégico. O treinamento estratégico, dado pelo chefe ou por profissionais de fora da empresa, deve fazer parte de qualquer esforço de transição. Sem ele, todo êxito será superficial, na melhor das hipóteses. Promover o "melhor engenheiro" a líder de função da engenharia sempre foi uma iniciativa arriscada.

Passagem 4: Liderar um negócio
A maioria dos líderes de negócio nos conta que esse foi o cargo favorito entre todos os que ocuparam. Em geral, adquirem autonomia bem maior, o que é muito apreciado por aqueles que têm instintos de líder e características empreendedoras. Em sua equipe, dispõem de todas as funções-chave e podem constatar no mercado os resultados do trabalho.

Segundo os relatos, esta transição é a mais complicada da carreira. Trata-se de uma guinada bastante acentuada, que exige grande mudança nos valores de trabalho, na aplicação do tempo, nas habilidades e no mindset. Não se resume a tornar-se mais estratégico e interfuncional, embora seja importante continuar a desenvolver essas habilidades adquiridas na passagem anterior. Agora esse líder está encarregado de integrar funções, enquanto anteriormente bastava compreender e trabalhar em conjunto com elas. A maior mudança, porém, consiste em deixar de analisar planos ou propostas de maneira *funcional* (é possível realizar do ponto de vista profissional, técnico ou físico?) para avaliá-los sob a perspectiva do *lucro* (vamos ganhar dinheiro se fizermos isso?) e com um objetivo de *longo prazo* (o lucro é sustentável?). Os novos líderes de negócio precisam fazer uma mudança fundamental no modo de pensar.

É provavelmente neste, mais do que em qualquer outro nível, que surgem novas e desconhecidas responsabilidades. Para aqueles que trabalharam em uma única função durante toda a carreira, um cargo de gestor de negócio representa um território inexplorado. De repente, precisam aprender a liderar novas funções, adquirir habilidades e trabalhar com um leque de pessoas mais amplo do que nunca. Devem também se tornar sensíveis a diferenças entre funções e aprender a se comunicar de maneira clara e eficiente com novos públicos.

Um dos aspectos mais desafiadores deste novo nível é o fio da navalha entre as metas futuras e as necessidades atuais – fazer barganhas entre objetivos de curto e longo prazos, e entre funções, para a alocação de recursos.

Atingir metas trimestrais (ou mensais) de lucro, fatia de mercado, produto e pessoal, ao mesmo tempo que se planejam metas para dali a três a cinco anos, exige esforço. O paradoxo de equilibrar o pensamento de curto e longo prazos enlouquece muitos líderes nesta passagem – e explica por que é crucial dispor de tempo suficiente para pensar. Neste nível, os líderes precisam parar de "fazer" e reservar momentos para reflexão e análise.

Quando os líderes de negócio não dão essa guinada por completo, o pipeline fica bastante obstruído. Um equívoco comum, neste nível, é não dar valor a algumas funções da equipe. Dirigir e integrar as atribuições financeiras, de recursos humanos, jurídicas e de apoio são responsabilidades do gestor de negócio. Quando os líderes não compreendem ou não valorizam o pessoal de apoio, esses funcionários não respondem com uma performance plena. Se menosprezam ou subestimam esses papéis, os profissionais fazem um esforço pouco convincente, tornando-se sugadores de energia. Os líderes de negócio precisam aprender a receber conselhos, aceitar feedback e confiar nas funções do pessoal. Aqueles que fizerem isso vão encontrar mais tempo para pensar.

O mindset exigido representa uma importante transição em relação ao nível anterior. Em termos simples, uma forma eficaz de enxergar esse papel é como uma "liderança lucrativa". Cada dólar gasto precisa agregar valor; por isso, valorizar uma função em detrimento de outras gera má performance e reduz o retorno sobre o salário. Projetos novos e empolgantes precisam produzir um retorno sobre o investimento. A inovação muitas vezes leva a um aumento dos lucros. Esse mindset ajuda os novos líderes de negócio a se afastar da atividade prática e se aproximar do balanço no azul.

Passagem 5: Liderar uma empresa

A transição exigida para a Passagem 5 é mais focada em valores do que em habilidades. Em um grau ainda maior, quem faz esta transição precisa reinventar-se como líder de empresa. Para ser eficaz nessa posição, é necessário ter pensamento visionário, de longo prazo, e ao mesmo tempo desenvolver mecanismos operacionais para conhecer e orientar a performance trimestral em sintonia com a estratégia de longo prazo. As barganhas que isso exige podem causar muita dor de cabeça, e os líderes de empresa aprendem a dar valor a essas decisões. Além disso, esse novo papel de liderança muitas vezes requer uma sensibilidade extrínseca bastante importante – e a capacidade de gerir interlocutores fora da empresa, pressentir mudanças relevantes no entorno e fazer algo a respeito delas antes que afetem a organização. Esse ponto de vista voltado para o que está fora é bastante apreciado.

Os líderes de empresa precisam aceitar o fato de que sua performance terá por base três ou quatro decisões de alto impacto por ano, definir quais serão as prioridades para a missão e se concentrar nelas. Trata-se de uma mudança sutil, mas fundamental, do pensamento estratégico para o pensamento visionário, e de uma perspectiva de negócio para uma perspectiva global. Inclui um processo de desapego, caso não tenha ocorrido antes. Os líderes de empresa têm que se desapegar das *partes* (como produtos e clientes específicos) e focar no *todo* (como a concepção, o desenvolvimento, a produção e o marketing de todos os produtos para todos os clientes).

Neste nível, o líder de empresa, muitas vezes chamado CEO, deve reunir uma equipe de subordinados diretos ambiciosos e de alto desempenho, trazendo-os para perto de si mesmo tendo ciência de que alguns aspiram ao cargo de CEO. Essa é a única posição de liderança na organização para a qual é essencial inspirar todo o grupo de funcionários mediante o uso de diversas ferramentas de comunicação.

Quando o pipeline de liderança fica bloqueado no topo, afeta de modo negativo todos os níveis de liderança. Um CEO que saltou uma ou mais passagens é capaz de prejudicar a performance da equipe que se reporta diretamente a ele e também dos indivíduos abaixo na hierarquia. Um CEO com esse histórico não consegue desenvolver outros líderes. Não cumpre as responsabilidades que acompanham o cargo.

A preparação para o papel de CEO não pode ser abordada de forma ligeira. É uma função sem igual dentro da empresa, e não há como preparar diretamente quem vai exercê-la. Porém um caminho eficaz é acumular uma bagagem de cargos que representem desafios diferentes, tanto operacionais quanto estratégicos. É útil também assumir responsabilidades que envolvam a construção de relacionamentos fora da empresa. A formação de um CEO tem que começar com grande antecedência e convém que várias pessoas estejam em estágio de preparação simultaneamente. A taxa de fracasso entre os líderes de empresa é maior do que na maioria dos outros cargos. Quase sempre o novo líder de empresa não se dá conta da relevância dessa transição, e por isso não presta atenção suficiente no próprio desenvolvimento.

Como definir o trabalho a ser feito

Compreender e cuidar dessas transições é vital para tornar um líder bem-sucedido. Também é necessário compreender o trabalho a ser feito por quem pretende um cargo de liderança. Neste livro tratamos dos cinco papéis mais comuns. O trabalho de liderança nem sempre é o mesmo, e certas empresas operam com um único conjunto de competências, princípios ou valores para todos os líderes. Aparentemente, essa não é a melhor atitude. A criação de valor por um líder varia à medida que seu papel cresce ou quando aumentam os recursos a alocar. Para além disso, identificamos algumas das prováveis tarefas ou atividades exigidas para que se tenha êxito. A Figura 1.2 apresenta um guia visual para líderes de outros (revisitaremos o tema no Capítulo 3, onde essa figura voltará a ser apresentada).

A primeira coluna, **O trabalho**, define tudo aquilo que precisa ser realizado pelo líder. É uma base para ajudá-lo a se concentrar nos aspectos relevantes da tarefa. Os termos utilizados foram escolhidos de forma coerente para não confundir o leitor.

Figura 1.2. Liderar outros: o trabalho a ser feito.

O trabalho	Atividades exigidas
Definir a direção	• Definir os papéis e as prioridades dos subordinados diretos. • Criar uma noção precisa de como os objetivos de negócio individuais dos subordinados diretos se relacionam com os da equipe como um todo e da unidade de negócio. • Engajar os subordinados diretos na definição dos objetivos de negócio individuais.
Empoderar	• Permitir que os subordinados diretos cuidem de modo eficaz de suas responsabilidades. • Delegar a autoridade necessária para que os subordinados diretos atinjam seus objetivos. • Apoiar os subordinados diretos em seu trabalho, sem tomar para si as tarefas deles.

(*continua*)

(*continuação*)

O trabalho	Atividades exigidas
Desenvolver os subordinados diretos	• Estabelecer objetivos de desenvolvimento específicos para os subordinados diretos. • Proporcionar feedback construtivo, com base em fatos. • Incluir o coaching contínuo como parte do estilo de liderança.
Acompanhar a performance dos subordinados diretos	• Tomar a iniciativa de conversas de alinhamento regulares, apoiando o trabalho dos subordinados diretos. • Revisar constantemente o andamento do trabalho e a performance dos subordinados diretos. • Reagir a tempo a problemas individuais de performance e não deixar que se acumulem.
Selecionar os membros da equipe	• Escolher pessoas qualificadas para a equipe, que sejam bons colaboradores para a performance geral do time. • Tomar decisões difíceis e ser proativo na substituição de membros da equipe que estejam aquém na entrega dos objetivos. • Buscar membros da equipe que também tenham potencial de desenvolvimento em outros papéis.
Fortalecer a equipe	• Criar um ambiente inclusivo, em que o trabalho em equipe e a colaboração sejam valorizados. • Promover um alto nível de engajamento. • Criar um ambiente aberto e de confiança, que incentive as pessoas a opinar.
Promover a integração horizontal e vertical	• Manter o gestor direto informado do andamento dos projetos. • Compartilhar no devido tempo obstáculos que poderiam ser previstos. • Coordenar proativamente o trabalho com os colegas envolvidos.

Fonte: © Leadership Pipeline Institute.

A segunda coluna, **Atividades exigidas**, torna esse modelo prático e voltado para a ação. A coluna responde a perguntas como "O que eu devo fazer para definir a direção, empoderar e fortalecer a equipe?". As iniciativas vão variar de empresa para empresa, e *algumas atividades serão diferentes,* *dentro da mesma empresa, à medida que o negócio cresce.* Nossa expectativa é que cada empresa baseie suas atividades nas necessidades específicas do negócio. Não queremos dar ordens, e sim proporcionar ao leitor um ponto de partida de reflexão. Também esperamos que os líderes usem sua própria linguagem e terminologia ao formular suas declarações. Algumas organizações adotam sessões de alinhamento, outras operam com sessões *one-on-one*, mas o objetivo e o conteúdo da conversa são os mesmos.

A Figura 1.2 utiliza uma linguagem bastante simples. Constatamos várias vezes que o uso de expressões simplificadas para definir o que se espera leva a melhor compreensão e a maior êxito. As pessoas querem fazer um trabalho mais eficaz, mas muitas vezes é preciso mostrar a elas como é essa eficácia, de um modo que faça sentido e em uma linguagem que compreendam.

Um dos papéis-chave do líder de líderes, como discutiremos no Capítulo 4, é desenvolver líderes de outros e avaliar a performance deles. O desafio das avaliações, segundo os líderes de líderes, é que eles nem sempre têm certeza do que precisam buscar nem de como garantir que a avaliação se baseie em fatos. Ao definir o papel do líder de outros como na Figura 1.2, não apenas apoiamos o trabalho de liderança do líder de outros como também o do líder de líderes.

Por fim, a maioria das empresas compreende a importância de criar um "banco de lideranças" – ou seja, um banco de reservas forte de líderes. É preciso confiar que todos serão avaliados em relação à mesma tarefa a ser executada e que essas avaliações se baseiem em fatos. Essa abordagem prática e relacionada à tarefa ajudará a focar naquilo que é necessário, reduzindo o viés cultural e de gênero, assim como outros preconceitos inconscientes, e ajudando, assim, a criar uma organização diversa.

Nos próximos capítulos ilustramos como isso pode se dar em alguns dos papéis de liderança mais comuns em todo tipo de organização.

Para compreender as transições

Extrair o máximo valor do Pipeline de Liderança pede uma compreensão profunda das transições necessárias à medida que as pessoas migram para novos papéis de liderança. Nossa intenção é evidenciar o que essas transições envolvem. Como discutimos (e esperamos que tenha ficado claro), assumir um papel novo de liderança exige uma mudança completa na forma como esse líder adiciona valor. Alguns serão bem-sucedidos nessa transição, uma, duas, ou até três vezes, em novos níveis ou papéis. Outros terão dificuldade em uma única transição para o papel de líder de outros. Todos precisarão de auxílio.

As transições são compostas de três elementos básicos:

- Valores de trabalho: aquilo em que as pessoas acreditam é importante, tornando-se o foco do esforço e merecendo a máxima prioridade.
- Aplicação do tempo: o novo trabalho a ser feito requer alocação de tempo para essas exigências, e não para as antigas.
- Habilidades: as competências necessárias para executar essas novas responsabilidades.

Essas três áreas representam a **tríade de transição**, que vai ficando mais complicada à medida que os papéis crescem em dimensão. A transição de um nível/papel de liderança para outro não ocorre enquanto essas três características não se transformam adequadamente. Como vamos detalhar, cada passagem exige que os líderes assumam uma nova forma de liderar, deixando as antigas para trás.

Examinemos mais detidamente a tríade de transição explorando alguns estudos de caso hipotéticos.

ESTUDO DE CASO

Bob está na Passagem 1 – liderar outros –, tendo sido promovido recentemente a líder de sua equipe. Ele tinha se revelado um engenheiro superqualificado, o melhor solucionador de problemas do setor. Suas habilidades técnicas superiores lhe valeram uma promoção. Como líder, porém, Bob recorria à mesma abordagem prática de solução de problemas que lhe valeu muito quando era apenas um colaborador individual. Era o tipo de trabalho que ele apreciava e em que se sentia à vontade executando; além disso, seus valores de trabalho o impulsionavam a buscar ele mesmo as soluções de engenharia. Mas era isso também que o impedia de progredir e demonstrar habilidades de liderança. Em geral, Bob acabava competindo com seus subordinados diretos quando surgia uma nova tarefa. Ele reservava para si as partes mais difíceis por acreditar que seria capaz de executá-las melhor e mais rapidamente. Esse estilo de liderança sufocava a equipe, que optava por pedir as respostas a Bob em vez de resolver os problemas por conta própria. Mesmo em um cargo de liderança, Bob ainda dava mais valor ao trabalho técnico que ao trabalho de líder.

ESTUDO DE CASO

Mary, ex-gerente de vendas, tornou-se chefe de uma unidade de negócio; ela está na Passagem 4 – de líder de função a líder de negócio. Ao longo da carreira, Mary demonstrou extremo empenho na busca de novos clientes. Ela adora a dinâmica fornecedor-cliente, em que se passa muito tempo em interação direta com o consumidor. Sempre trazia novas ideias, o que lhe permitia cumprir e até superar as metas de vendas. Como chefe de uma unidade de negócio, porém, Mary começou a deparar com diversos desafios novos. Tem encontrado dificuldade em se comunicar com o pessoal de outras áreas que não a de vendas e foi incapaz de criar um modelo de negócio que sua equipe possa compreender e com o qual se identifique. Ela não compreende por que as áreas de engenharia e de produção vivem se desentendendo e por que a entrega de novos produtos tem tantos atrasos. Frustrada com a própria incapacidade de cumprir o que é exigido, Mary decide avançar na marra, recorrendo ao seu maior ponto forte. Ao focar no aprofundamento da relação com os antigos clientes e na obtenção de novos, ela está de volta à zona de conforto, mas essa é apenas uma das várias tarefas que ela precisa realizar no atual cargo de liderança. É a primeira vez que Mary comanda uma equipe multifuncional, e ela não

> valoriza as contribuições de cada função nem entende a importância delas para o êxito do negócio. Não conseguiu se tornar mais estratégica e menos empírica. Para ser uma líder de negócio efetiva, precisa adquirir habilidades estratégicas e aprender a valorizar todas as funções.

Valores de trabalho

A expressão *valores de trabalho* refere-se ao trabalho que você considera importante e a como vivencia a criação de valor nele. Os valores de trabalho são, sem dúvida, o fator mais importante nas transições e o mais difícil de alcançar. É possível capacitar pessoal em habilidades e criar cronogramas e sistemas que controlem o uso do tempo. Mas a verdade é que ajustar os valores de trabalho tem mais poder quando se migra de um nível para outro.

Esse princípio, de que os valores de trabalho são a parte mais fundamental de uma transição, é bem ilustrado pelo caso de Bob. Na visão dele, o dia ideal é aquele em que resolve um problema. O dia ideal deveria ser aquele em que sua equipe soluciona dificuldades com base no coaching e no desenvolvimento que ele proporcionou. Em geral, quando os valores de trabalho não estão ajustados, é improvável haver mudanças de atitude.

No caso de Mary, era evidente sua paixão pela atividade com os clientes, quando podia colocar em prática seu profissionalismo. O entusiasmo dela não era o mesmo quando se tratava de integrar funções e assumir uma abordagem estratégica do negócio. Seria possível argumentar que ela não tinha feito sequer a transição plena para a liderança de função antes de se tornar líder de negócio. Nesse nível, a questão não é apenas visitar clientes e fechar negócios. Ela precisaria valorizar o trabalho em conjunto na criação de uma proposta de valor para o cliente, como parte de uma estratégia de negócios.

Aplicação do tempo

À medida que os líderes avançam de um nível para o seguinte, descobrem que a chave para o sucesso é sobretudo uma questão de tornar os outros bem-sucedidos.

Bob precisa reservar tempo para o trabalho de liderança. Não que ele não execute nada dessa tarefa. Quando examinamos a agenda dele, constatamos que a maioria das sessões de acompanhamento de subordinados diretos, das avaliações de desempenho e dos *follow-ups* de orçamento foi agendada fora dos horários normais. As atividades características da liderança parecem ser trabalho extra em vez de ser *o* trabalho. Bob sabe que se espera que ele realize análises estruturadas de desempenho trimestrais com cada um de seus subordinados diretos, então não custaria incluí-las na agenda com doze meses de antecedência. Poderia fazer o mesmo em relação à discussão do orçamento. Ele sabe que vai ocorrer em setembro. Portanto, seria muito mais eficaz colocar esses eventos no calendário bem antes, como lembrete.

Mary precisa passar algum tempo em cada uma das funções para descobrir como elas agregam valor ao negócio e como interagem umas com as outras. Ela deve colocar como gerente de vendas, cargo que ocupava anteriormente, alguém em quem confie e deixar que essa pessoa cuide daqui para a frente dos projetos. Infelizmente, o que constatamos é que líderes de negócio recém-promovidos desperdiçam tempo demais cuidando da função de onde vieram. É onde se sentem mais à vontade, sua zona de conforto durante muitos anos. Como entendem muito mais daquela função do que o sucessor, têm a impressão de criar mais valor quando a assumem do que quando cuidam de outras funções. Os líderes de negócio acabam deparando com problemas significativos quando não dedicam tempo a todas as funções. Não têm como desenvolver uma estratégia de negócios eficiente enquanto não entenderem como as funções criam vantagem competitiva.

Habilidades

É evidente que cada novo papel de liderança exige novas habilidades. Desenvolver as habilidades dos líderes costuma ser o mais fácil dos três elementos de transição. Mas não é por ser evidente que isso deve ser negligenciado.

No caso de Bob, ele precisa parar de confiar na própria competência técnica e aprender a planejar o trabalho que deve ser feito, selecionar as pessoas certas para realizá-lo, definir objetivos, cobrar dos responsáveis os resultados e dar feedback. É nessa primeira passagem que ele vai adquirir as habilidades de liderança de pessoas e de equipes – essenciais para outras passagens adiante.

Mary carece de algumas habilidades-chave para ser uma líder de negócio: integração entre funções, execução e criação de um sistema ou ritmo de negócios. Embora o desenvolvimento de habilidades seja a parte mais fácil de uma transição, aquelas necessárias nos níveis de líder de função e líder de negócio não são para qualquer um. Como indicamos antes, Mary não fez a transição integral para o papel de líder de função antes de se tornar líder de negócio. Para a maioria das pessoas no papel de líder de negócio, é dificílimo recuperar as habilidades não adquiridas nos papéis anteriores e ao mesmo tempo adquirir novas. Infelizmente, é por isso que vemos tantos líderes de negócio fracassarem ao longo dos anos.

Interdependência

É importante reconhecer que os valores de trabalho, a aplicação do tempo e as habilidades são interdependentes. Não se pode dominar uma transição ajustando um dos fatores e não os demais. Os valores de trabalho orientam a aplicação do tempo, porque a maioria das pessoas tende a fazer primeiro as coisas que mais lhes agradam. As habilidades também determinam como cada um divide seu tempo. Quando você é bom em gestão de *stakeholders*, tende a se dedicar mais a essa parte do trabalho. As pessoas gostam de fazer aquilo em que são boas, sobretudo quando isso lhes valeu reconhecimento no passado. Da mesma forma, uma chave para transições bem-sucedidas reside no empenho em se tornar bom naquilo que agora é exigido. Isso dará suporte à mudança dos valores de trabalho. Os líderes começarão a valorizar a necessidade de começar a fazer e acharão mais fácil empregar o tempo nisso.

Novas formas de enxergar as carreiras

À medida que você se familiarizar com cada passagem de liderança, vai se surpreender pensando em carreiras, desenvolvimento, promoções e performance de um ponto de vista bastante novo. Essa perspectiva vai propiciar os insights necessários para manter seu pipeline de liderança em plena atividade. E vai ajudar você a estruturar o processo adequado para colocar o líder certo na função certa em todos os níveis, além de assegurar que trabalhem nos níveis certos, entregando o devido valor.

Ao observar a Figura 1.1, note que não se trata da visualização de um plano de carreira. Pouquíssimos líderes chegam aos papéis de líder de função e líder de negócio; a maioria permanece no papel de líder de outros. Existem muitas formas de fazer carreira – não é apenas uma questão de alcançar papéis de liderança superiores. Para muitas pessoas, pode ser tão ou mais gratificante permanecer em um papel de liderança e em seguida fazer movimentações laterais para outras funções ou regiões geográficas. Alguns líderes também "pulam" níveis de liderança – embora isso não seja recomendável. Você talvez conheça um líder de líderes que não tenha tido antes um papel de líder de outros. Caso em seguida ele migre para o papel de líder de outros, ainda precisará passar por uma transição. Da mesma forma, às vezes vemos líderes de outros ou líderes de líderes migrarem para papéis-chave de especialistas em vez de seguir avançando pelos papéis de liderança. Hoje em dia, as carreiras podem assumir muitas formas diferentes; uma definição bem-feita das exigências e responsabilidades garante uma discussão e um planejamento melhores.

Mantendo em mente a metáfora do pipeline, é possível visualizar as obstruções que às vezes ocorrem nas transições. Imagine uma empresa em que metade dos gestores, a cada mudança de direção, opere com valores de trabalho, aplicação do tempo e habilidades que não são os apropriados para aquele nível. Podemos imaginar que ou eles pularam um nível, ou nunca aprenderam o que era preciso saber, ou se apegaram a um modelo de liderança ultrapassado, que no passado deu certo para eles. Em algumas empresas, pelo menos metade das pessoas nos cargos de liderança (em geral nos níveis inferiores) opera bem abaixo do exigido no patamar que lhes foi designado. Podem até ter o potencial para dar conta do trabalho a ser feito, mas esse potencial continua não realizado. Em resumo, estão obstruindo o sistema. O planejamento de carreira, em qualquer organização, precisa se concentrar em alocar pessoas nas posições adequadas.

Promover alguém é uma decisão de negócios, como qualquer decisão de investimentos. Aplicados do modo certo, os Retratos de Liderança proporcionam os fatos que talvez sejam relevantes em qualquer outra decisão de negócios. Isso aumenta significativamente o nível de certeza nas promoções.

À medida que refletir sobre o conceito do Retrato de Liderança, você vai entender por que operar com modelos de competência como a espinha dorsal da avaliação, do desenvolvimento e do planejamento sucessório de lideranças está condenado ao fracasso. As competências de liderança são um *input*, mas apenas um *input*, entre três importantes. Além disso, em termos do trabalho a ser feito, fica faltando a parte do *output*. Os modelos de competência têm lá seus méritos, porém não como espinha dorsal ou estrutura de liderança como um todo.

Os retratos desempenham um papel central no desenvolvimento de líderes. Digamos que você esteja fazendo a si mesmo perguntas como: "O que está impedindo a performance desse líder?" ou "Por que esse líder não criou um plano de desenvolvimento para seus subordinados diretos?". Na maioria das vezes, a resposta é que faltam ao líder os valores de trabalho certos; sua gestão do tempo é ineficaz; ou lhe faltam habilidades. Da mesma forma, você precisa elaborar um desenvolvimento de lideranças com base na tríade de transição como um todo, e não apenas nas habilidades.

Ao avaliar se um líder de outros tem potencial para migrar para um papel de líder de líderes, determine se o líder em questão fez a transição plena para o papel de líder de outros. Se a resposta for sim, você pode comparar o retrato de líder de outros com o retrato de líder de líderes e perguntar a si mesmo: "Este líder de outros demonstrou, na função, algo que sinalize que está pronto para se tornar um líder de líderes?" "Ele ou ela demonstrou potencial em relação aos valores de trabalho e às habilidades exigidas?" Sem os Retratos de Liderança, você constatará que muitas vezes a discussão sobre o potencial de liderança se torna muito abstrata.

Seguindo em frente

Qualquer que seja o tipo de organização em que você está, ou seu nível de responsabilidade na liderança, você descobrirá que as informações dos próximos capítulos se aplicam ao seu contexto. O Pipeline de Liderança é um modelo muito flexível que as organizações podem adaptar aos seus cenários e preocupações. Foi projetado levando em conta as transformações das responsabilidades de liderança. Os conceitos tradicionais do que um líder precisa ser e o amplo uso de modelos de competência não mais respondem questões fundamentais relacionadas ao planejamento sucessório, ao desenvolvimento de lideranças e à gestão da performance. A situação atual dos negócios, bem como outros fatores que já discutimos anteriormente, estão criando novas exigências em todos os níveis de liderança e novos tipos de papéis de liderança. Vamos tratar dessa ampla variedade na Parte 3 deste livro.

Para usar o método do Pipeline de Liderança de forma eficaz, é preciso desafiar as ideias tradicionais sobre liderança. Embora não se possa responsabilizar os líderes antes de ter uma definição clara do trabalho a ser feito, não é possível desenvolvê-los de forma eficaz sem uma meta precisa. E não se pode ter uma discussão relevante sobre o potencial de liderança sem baseá-la em fatos relacionados à passagem em questão. Depois que se começa a desenvolver líderes com essa nova realidade em mente, fica muito mais fácil obter êxito no lado humano do negócio. Nos próximos capítulos vamos descrever algumas das passagens de liderança mais comuns que a maioria dos líderes vai vivenciar.

Por fim, uma advertência: evite uma implementação mecânica do conceito do Pipeline de Liderança. Cada organização precisa levar em conta a própria cultura, a estrutura organizacional e o modelo de negócio. Ao mesmo tempo, deve se manter ágil e pronta a fazer ajustes. Em outras palavras, deve evitar uma mentalidade burocrática de planilhas e pastas.

2
A proposta de valor do Pipeline de Liderança

Quando se trata de experimentar um modelo novo, uma pergunta importante é se a implementação vale a pena. Sempre existem curvas de aprendizado a superar e céticos a convencer. Em geral, há outras iniciativas que competem pelo tempo e pelo dinheiro.

Pense em uma empresa que tem um diretor financeiro, mas não dispõe de livro-caixa, um processo orçamentário, um sistema de contabilidade de custos ou de alocação de capital que sejam unificados. Esse diretor financeiro não teria muito êxito. Uma arquitetura financeira permite à organização como um todo trabalhar e discutir os assuntos financeiros de forma coerente. As empresas necessitam de uma arquitetura duradoura para focar nos processos e programas de liderança. Essa arquitetura tem que estabelecer padrões em comum para a performance e para o potencial, diferenciados por nível e funções de liderança. Ela também deve estabelecer a linguagem e os processos para tratar de questões, identificar problemas e explorar oportunidades de forma eficaz, além de dispor de dados para a tomada de decisões sobre tudo, das transições profissionais à melhoria da performance.

Você constatará que a aplicação da arquitetura do Pipeline de Liderança vale muito a pena. Quando essa arquitetura é adaptada à situação específica de sua organização, os benefícios são garantidos, mensuráveis e visíveis a todos. A linguagem em comum é um benefício subestimado e um dom que traz vantagens permanentes. Não há como pensar em algo sem uma linguagem apropriada.

Como reforçar seu elo mais fraco

Todo líder importa. Uma empresa é composta por vários elementos interconectados que precisam trabalhar juntos. Os líderes fazem as conexões acontecerem de modo que o trabalho flua de maneira mais eficiente. Eles garantem que o trabalho seja realizado.

Considerando como o pipeline de liderança é enxuto em várias empresas, a reação mais comum a essa situação é surpreendente: adotar uma estratégia de "melhores e mais brilhantes". Diversas organizações decidiram resolver seu problema de liderança detectando e fomentando os maiores talentos. Contratar gente talentosa faz sentido como tática, mas não como estratégia. Se existe um indivíduo talentoso que você pode contratar para sua organização, contrate-o. Estrategicamente, porém, esse método não se sustenta em razão da escassez de indivíduos bem talentosos. Não apenas essas pessoas custam caro, mas, o que é mais importante, nunca vão se desenvolver de modo pleno. Algumas estrelas do mundo dos negócios mudam de cargo ou de empresa com tanta frequência que muitas vezes têm dificuldade em terminar o que iniciaram. Não permanecem no mesmo lugar tempo suficiente para aprender com os próprios erros, dominar as habilidades certas ou adquirir a experiência necessária para uma performance sustentável.

Embora as estrelas possam dar uma enorme contribuição a qualquer organização, não existem tantas assim por aí. As empresas de hoje precisam de líderes efetivos em todos os níveis e em todas as sedes. Por causa da revolução da tecnologia da informação, da globalização e de outros fatores, a liderança é um requisito em todos os níveis da hierarquia. Para entregar o que é prometido de forma cada vez mais ambiciosa aos clientes, acionistas, funcionários e outros envolvidos, as empresas precisam mais do que nunca de líderes de performance incontestável. Isso exige encontrar um método para assegurar que mais líderes sejam preparados e colocados em cargos de liderança apropriados.

Nesse aspecto, existe uma ideia relevante surgida da análise econômica – o "elo mais fraco versus elo mais forte" nas decisões de investimento. Que parte da equipe deve ser o foco do investimento – o elo mais fraco ou o elo mais forte? A resposta depende do que se entende por vitória. Para deixar bem claro, pense nos esportes coletivos, em que é possível detectar um ou dois jogadores, no máximo, que fazem a diferença. No basquete, por exemplo, vencer exige marcar muitos pontos. Contar com um, dois ou três craques em uma equipe de 15 jogadores é suficiente para ganhar um campeonato. Contratar um ou dois jogadores capazes de pegar a bola em uma ponta da quadra e levá-la sozinhos até o outro lado e fazer a cesta é uma estratégia vitoriosa. Por melhor que seja a defesa adversária, esses jogadores são uma condição indispensável para o sucesso. No futebol, em compensação, marcam-se pouquíssimos gols, e não raro são necessários sete, oito ou mais passes para que isso aconteça. Muitas partidas são vencidas com um ou dois gols. Na cadeia de passes, todos precisam ter um desempenho eficiente para permitir um chute a gol. Ter alguns jogadores especialistas em marcar gols é imprescindível a qualquer time, mas eles não terão essa chance se a troca de passes der errado. No basquete, investir pesado em superestrelas funciona. No futebol, investir em todo mundo, para ter certeza de que todos dominam e passam a bola em alto nível, é uma exigência.

As empresas, em geral, se parecem mais com o futebol do que com o basquete. Todos os líderes precisam ter uma performance eficiente, e as empresas bem-sucedidas investem em todos eles. O Pipeline de Liderança indica quais são as habilidades necessárias para cada um dos líderes, como devem usar o próprio tempo e quais tarefas devem ser consideradas importantes. Também os distingue por níveis para propiciar o desenvolvimento adequado. As startups e as empresas muito pequenas até podem dar preferência ao investimento no elo mais forte, atuando para tornar excepcional o líder de design ou o líder de vendas. Essa estratégia precisa ser alterada assim que a empresa começar a crescer.

A redução dos custos com intangíveis

Um conceito gerencial importante, porém subutilizado, é o dos custos com intangíveis (*soft costs*). Cada real gasto pela empresa que não esteja diretamente associado a design, produção, venda e entrega do produto pode ser considerado um custo com intangíveis. Alguns são bastante necessários, como o recrutamento de talentos, a manutenção da contabilidade e o auxílio à comunidade. Mas a maioria dos custos com intangíveis é corrosiva para a empresa. Alguns exemplos: o tempo ocioso, que inclui a espera de instruções, o retrabalho para a correção de erros e a rotatividade do pessoal.

Acreditamos que o custo com intangíveis mais destruidor é o salário pago aos líderes que estão trabalhando no nível errado – em outras palavras, têm uma remuneração maior que a dos subordinados diretos, muitas vezes consideravelmente maior, mas realizam o mesmo serviço destes.

A produtividade da liderança não é discutida com a devida frequência, mas deveria ser. Embora seja difícil medi-la em termos absolutos, dá para analisá-la em termos relativos. Você pode perguntar a si mesmo se a sua empresa está operando de maneira mais eficiente este ano em comparação ao ano anterior. Se for o caso, e se puder atribuir essa melhoria às atitudes da liderança, é porque a produtividade dos líderes está melhorando. Uma métrica mais concreta é reduzir o número de líderes trabalhando nas coisas erradas ou no nível errado. Isso significa que eles foram designados para um cargo, mas continuam atuando em uma esfera geralmente inferior. Essa situação prejudica a contribuição dos que estão acima e dos que estão abaixo do líder. Além disso, salários são desperdiçados, tarefas importantes deixam de ser feitas, a produtividade é afetada, o moral cai.

Precisa-se de um banco universal de líderes

Na base do nosso foco no Pipeline de Liderança está a necessidade, que toda empresa tem, de pessoas que possam e consigam realizar o trabalho de liderança em níveis cada vez mais elevados. Vamos dar a isso o nome de *banco de líderes*. As empresas de sucesso crescem e vão adicionando gente para dar conta de um volume cada vez maior de trabalho. Alguém precisa definir metas relevantes, selecionar as pessoas, treiná-las e desenvolvê-las, planejar seu trabalho, dar feedback, recompensá-las. Quanto mais a empresa crescer, mais precisará de líderes em todos os níveis. Dispor de líderes prontos para assumir papéis novos ou maiores é um desafio importante para todas as organizações, não apenas para as startups ou as hi-techs. Os princípios e as práticas do Pipeline de Liderança representam um mapa do caminho para esse desenvolvimento.

Lideranças que fracassam estão por toda parte. O descontentamento e a movimentação constante do pessoal podem ser diretamente atribuídos a uma liderança ruim, sobretudo nos níveis inferiores. Isso, porém, pode ser consertado. Prever as futuras necessidades de talentos, desenvolver as pessoas em vez de torcer para que o profissional certo entre pela porta e aprender a vencer com o pessoal que você tem são contribuições essenciais à liderança. A maior parte disso pode ser ensinada.

Quanto mais líderes ineficientes, mais o desenvolvimento de lideranças se faz necessário. Dispor de um banco de líderes é mais valioso que um banco de dinheiro. Graças ao nosso trabalho prático, o Pipeline de Liderança mapeou o caminho eficaz em qualquer setor, país, tamanho de organização e situação da empresa. As variáveis que determinam quão bem-sucedido são a valorização do trabalho de liderança e a responsabilização dos líderes em relação a ele.

Montar um banco de talentos exige uma abordagem diferente daquela que vivenciamos na maior parte do tempo. Constatamos um investimento maior em gestão de ponta e estamos certos de que várias escolas de administração confirmam essa observação. Muitas organizações também adotaram uma abordagem estruturada para a aclimatação básica dos novos líderes. Mas a maior parte do treinamento se baseia em competências ou habilidades – e não em auxiliar os líderes a fazer a transição plena em relação aos valores de trabalho e à aplicação do tempo. Além disso, muitos programas não são interligados da base até o topo e quase não existem planos que lidem com a transição crucial para o papel de líder de líderes.

Nas grandes organizações, a impressão é que o senso comum deixa todo o treinamento da linha de frente a cargo de cada unidade de negócio ou região, enquanto os programas de talento sênior e desenvolvimento de executivos são elaborados para toda a empresa. O que mais ouvimos é: "Somos uma organização descentralizada." A consequência disso é o risco de nunca haver um fluxo vigoroso de talentos. Retomando nossa analogia com o setor financeiro, usada anteriormente neste capítulo: você consegue imaginar um diretor financeiro dizendo que só consegue medir receita e lucro em relação aos clientes principais geridos pelo setor global de vendas? Então ele não sabe nada sobre 80% da receita e do lucro da empresa? É inadmissível. Do departamento financeiro espera-se que implemente sistemas e processos que garantam plena transparência e uma abordagem única da gestão do dinheiro na empresa como um todo. Se você concorda com a ideia de que "nosso maior tesouro são os colaboradores", então precisa adotar a mesma abordagem para os processos de pessoal.

Avaliando o sucesso de várias empresas, independentemente da atividade ou da região em que operam, acreditamos ter captado os princípios básicos para o êxito no desenvolvimento de lideranças. Eles não podem ser ignorados e são atemporais, como os nossos têm demonstrado ser. Uma nova geração de líderes descobriu o Pipeline de Liderança e fala sobre isso, no mundo inteiro, pelo LinkedIn.

A força de sua liderança é o termômetro do futuro sucesso empresarial. Vale muito a pena o esforço para compreender e aplicar esses princípios.

Um modelo para o passado, o presente e o futuro

Nos últimos anos, as organizações vêm se conscientizando cada vez mais sobre a necessidade de criar empresas sustentáveis, e não apenas que gerem lucros de curto prazo. Essas organizações nos dizem que o modelo do Pipeline de Liderança as ajuda a focar no desenvolvimento futuro de líderes, e não apenas nas questões de performance do momento.

Na maioria dos casos que testemunhamos, notas de desempenho, promoções, bônus e participação no desenvolvimento da empresa se baseiam em padrões variados de acordo com a atividade, o que gera confusão tanto naqueles que tentam avaliar quanto naqueles que são avaliados.

Quando escrevemos *Pipeline de Liderança*, sabíamos que havia necessidade de uma arquitetura central, uma estrutura compartilhada por todos os líderes, para garantir a coerência da avaliação e da aplicação na parte humana do negócio, a fim de obter um efeito cumulativo de liderança. Desde então, aprendemos que esse requisito é ainda mais disseminado e forte do que imaginávamos no início.

Aprendemos também que o modelo do Pipeline de Liderança, em um grau cada vez maior, atende um objetivo mais amplo das empresas e está conectado a pautas que vão muito além do desenvolvimento de lideranças e do planejamento sucessório. A seguir, compartilhamos quatro exemplos.

Caso número 1: Internacionalização da empresa/Mudança significativa

Ao longo de vinte anos de atuação em um país, uma empresa tornou-se de grande porte, com subsidiárias pequenas e médias em 15 outros países. A mão de obra estava distribuída da seguinte maneira: 70% dos funcionários no país de origem e 30% em outros países. A expectativa da empresa era inverter esses números em até sete anos.

A estrutura de liderança, o método de detecção de talentos e a filosofia de recursos humanos atuais tinham um forte viés do país de origem e o foco sempre foi muito mais concentrado no desenvolvimento de líderes nesse mesmo país para os cem cargos mais importantes. Avaliou-se que essa atitude representava um obstáculo à expansão internacional. Era necessário transformar a atitude em relação à liderança e aos talentos.

Caso número 2: Melhoria significativa da diversidade de gênero e da quantidade de líderes

Uma empresa avaliou que um aumento significativo da proporção de lideranças femininas, da gerência média para cima, era crucial para o negócio. Analisou-se por que as mulheres não se candidatavam ou não eram escolhidas para os cargos de gestão.

Algumas das razões que mais chamaram atenção foram as seguintes:

- Os líderes que selecionavam outros líderes não dispunham das ferramentas que os ajudariam a ser objetivos no processo de seleção. Em consequência disso, o grupo predominantemente masculino tendia a avaliar as qualidades de liderança a partir de uma perspectiva masculina, e não de uma perspectiva objetiva.
- Não estava claro, para quem se candidatava a cargos de liderança, o que de fato se exigia para ser um líder na empresa. Como resultado, muitas candidatas tinham uma compreensão incorreta do que era exigido, e por isso evitavam buscar papéis de liderança.
- O processo de avaliação de pessoal, em que se examinavam a performance e o potencial, era defeituoso, porque as avaliações, de modo geral, estavam longe de se basear em fatos.

Foram identificadas várias outras razões, mas essas eram as que estavam obstruindo o pipeline de líderes da empresa.

Tanto no caso 1 quanto no caso 2, a chave do sucesso foi aplicar o modelo do Pipeline de Liderança, que é culturalmente neutro e focado no trabalho a ser feito, e não nas características pessoais ou nas competências de uma cultura ou um gênero específico. Além disso, essas empresas precisavam elaborar critérios de transição que ajudassem a avaliar o potencial de uma pessoa para ser guindada a uma primeira posição de liderança ou para posições mais altas.

Caso número 3: Redesenho e melhoria da eficiência de um projeto versus organização linear

Uma organização responsável por projetos de grande porte, geradora de ativos, precisava aumentar de modo significativo a possibilidade de ganhos de escala. A partir dessa ideia, reorganizou a distribuição de poder. Dali em diante, os projetos relacionados a ativos funcionariam muito mais como uma unidade de negócio com o apoio das funções da linha de frente. Uma organização à parte foi montada para supervisionar a engenharia e a construção de projetos futuros.

A possibilidade de ganhos de escala foi obtida elaborando-se uma organização matricial, em que 85% de todo o pessoal trabalhava de forma constante em uma configuração de matriz. Isso permitiu à organização tirar maior proveito da capacidade de entrega, garantindo ao mesmo tempo um olhar voltado para o dia de amanhã e também para um horizonte de três a cinco anos, tanto no desenvolvimento técnico quanto no de competências.

Em geral, os projetos tinham três anos de duração. Metade dos membros da equipe passava até 90% do tempo no projeto durante esse período. O desafio fundamental para a organização era a seleção, a exclusão, o desenvolvimento e a avaliação eficaz de pessoal nessa estrutura organizacional. Assim sendo, os papéis centrais de liderança foram divididos entre a organização de projetos e a organização das funções. E, em princípio, todos os membros das equipes de projetos tinham dois líderes – o líder de projeto e o líder da própria função. Parecia, então, que a questão da liderança estava resolvida. A realidade, porém, era que os membros do projeto tinham a impressão de estar sem qualquer líder, porque muita coisa caía em uma zona cinzenta, entre um e outro líder.

A chave para o sucesso foi usar o modelo do Pipeline de Liderança, porque ele possibilitou o desenvolvimento de uma estrutura integrada de liderança para os gerentes de projeto e os gerentes de função. Assim, alcançou-se transparência plena em relação à divisão do trabalho de liderança entre esses dois gerentes.

Caso número 4: Aceleração da execução da estratégia de negócio

A organização tinha se envolvido em um projeto de reestruturação com o apoio de uma empresa de consultoria estratégica. O objetivo era melhorar a capacidade de execução, por um lado removendo duas camadas de liderança e, por outro, aumentando o número médio de subordinados diretos para sete. Essa iniciativa exigia a reorganização da estrutura existente e um repensar do fluxo de negócios. Uma das soluções centrais recomendadas pelos consultores de estratégia foi aumentar a abrangência de controle. Esse é um fator importante, como qualquer líder pode confirmar. Então, por que vemos situações em que há muitos líderes e poucos subordinados diretos?

Talvez haja várias razões para isso. Com o passar do tempo, aprendemos que muitos líderes evitam ter mais de quatro ou cinco subordinados diretos, porque cada um exige que passem mais tempo liderando. Isso limita o tempo que podem passar "fazendo eles mesmos o serviço". Essa atitude é facilitada pela falta de uma transição eficaz para os papéis de liderança. Para esses líderes, continua sendo mais confortável e satisfatório fazer o trabalho por conta própria e resolver os problemas do dia a dia em vez de se dedicar às tarefas da liderança.

Em um projeto de reestruturação é possível redesenhar a organização à força, garantindo o número desejado de níveis e abrangência de controle. No entanto, se os problemas de liderança não forem equacionados, tudo voltará à estaca zero em três ou quatro anos. Os líderes encontrarão maneiras de reduzir o número de subordinados sob seu controle com o passar do tempo, se for o que desejarem.

A chave para o sucesso foi redesenhar os programas de desenvolvimento de lideranças da empresa, adotando uma transição plena dos valores de trabalho, da aplicação do tempo e das habilidades. Um ajuste na base dos valores de trabalho dos líderes – ou seja, como eles de fato vivenciam a agregação de valor e aquilo que gostam de fazer – é crucial para que eles gostem de ter o número ideal de subordinados diretos.

Como montar a arquitetura necessária

Hoje, mais do que nunca, a arquitetura descrita no *Pipeline de Liderança* precisa ser compreendida e utilizada por líderes de todos os níveis – e não apenas por aqueles que comandam o departamento de recursos humanos (RH). Entender e utilizar essa arquitetura tornará os líderes mais eficientes, sobretudo quando são líderes de líderes. A equipe de RH tem um papel essencial a desempenhar, mas é um papel de arquitetura e engenharia, e não de proprietário/operador. Os líderes são os operadores, fazem as avaliações e terão que conviver com os acertos ou erros delas. O RH é o "engenheiro" responsável pelo design, pela usabilidade, pelo valor e pela qualidade da arquitetura.

A sociedade globalizada não suporta mais os enormes índices de fracasso daqueles que estão nas posições de liderança, somados ao agravamento da escassez de pessoas capacitadas e dispostas a liderar empresas. Esse desafio precisa ser atacado de forma mais sistemática, de modo que o crescimento dos líderes se torne orgânico e o sucesso seja previsível. Considerando a necessidade de modelos eficazes de desenvolvimento de líderes e os obstáculos a esse desenvolvimento, este livro se torna ainda mais relevante e necessário hoje do que era dez anos atrás. Os leitores nos contam que o *Pipeline de Liderança* mudou o modo como suas empresas abordam o lado humano dos negócios em um nível fundamental.

PARTE 2

CINCO PASSAGENS DO PIPELINE DE LIDERANÇA

3
Liderar outros

Não existe nada mais valioso para um colaborador do que ter um bom líder no trabalho. O líder torna a experiência profissional mais agradável, facilita a realização das tarefas sem estresse desnecessário, responde às perguntas e contribui para o desenvolvimento de seus funcionários. Um líder ineficaz, no entanto, torna a experiência profissional desagradável, aumenta o estresse e faz as pessoas procurarem outro lugar para trabalhar.

Da perspectiva do empreendimento, mais de 80% dos funcionários se reportam a um líder de outros. Entre todos os líderes, este é quem tem o maior poder de impactar pessoas no que diz respeito a motivação, atitude, satisfação no emprego e retenção de funcionários.

Diferentes líderes de outros terão diferentes estilos de liderança, trabalharão em contextos organizacionais/empresariais distintos ou operarão em culturas diversas, mas a equação central de valor para esses líderes é sempre a mesma: criar valor por intermédio de outros. Vamos aprofundar essa análise.

Quando um colaborador melhora a produção total em 10%, ele faz a diferença sozinho. Se excluirmos fatores externos, um único colaborador consegue aumentar a própria produção se trabalhar mais ou de modo mais inteligente.

Essa equação de valor sofre uma mudança drástica quando se passa ao papel de líder de outros. Se ele é encarregado de melhorar a produção em 10%, a equipe toda precisa estar envolvida, e não apenas o líder. Em consequência, o líder de outros não tem como aumentar a produtividade de sua equipe trabalhando somente por conta própria. Ele precisa fazer a equipe produzir mais.

A forma mais eficaz de um líder de outros elevar o resultado geral da equipe é permitir aos colaboradores que incrementem individualmente seus resultados. Isso se faz mediante o trabalho de liderança, que inclui a seleção dos integrantes certos, a montagem de um time robusto, o coaching e o desenvolvimento dos colaboradores, a definição do direcionamento, o fortalecimento do propósito, o empoderamento dos subordinados diretos, o monitoramento da performance e a priorização contínua de tarefas.

Do ponto de vista intelectual, isso é de fácil compreensão para todos os líderes de líderes. Porém, em nossa experiência, muitos atuando na linha de frente sofrem por ter que representar esses papéis. O preço que os colaboradores individuais pagam é imediato; o preço que a organização paga é definitivo.

O trabalho a ser feito

Na Figura 3.1 resumimos a missão básica a ser cumprida pelo líder de outros. Mais adiante discutiremos como o papel do líder de outros pode variar conforme o setor, a estrutura organizacional e o modelo de negócios. Aqui estamos tratando do trabalho a ser executado na maioria dos papéis de líder de outros. No entanto, não se trata de um *job description*, e é preciso adaptá-lo para o uso em cada organização.

Para desenvolver cada categoria de trabalho, os líderes de outros planejam e indicam o que fazer a fim de fortalecer o propósito da equipe.

O líder de outros é o responsável pelo direcionamento da equipe

Isso inclui definir papéis e estabelecer os objetivos do negócio e os resultados de cada membro da equipe, garantindo que eles entendam como os alvos do projeto se encaixam nas metas gerais do time e da empresa. No dia a dia, ele orienta a equipe em relação àquilo que deve ser priorizado no trabalho – e, quando o pessoal entende o que se espera dele, pode ser chamado a ajudar na definição dos objetivos.

Figura 3.1. Liderar outros: o trabalho a ser feito.

O trabalho	Atividades exigidas
Definir a direção	• Definir os papéis e as prioridades dos subordinados diretos. • Criar uma noção precisa de como os objetivos de negócio individuais dos subordinados diretos se relacionam com os da equipe como um todo e da unidade de negócio. • Engajar os subordinados diretos na definição dos objetivos de negócio individuais.
Empoderar	• Permitir que os subordinados diretos cuidem de modo eficaz de suas responsabilidades. • Delegar a autoridade necessária para que os subordinados diretos atinjam seus objetivos. • Apoiar os subordinados diretos em seu trabalho, sem tomar para si as tarefas deles.
Desenvolver os subordinados diretos	• Estabelecer objetivos de desenvolvimento específicos para os subordinados diretos. • Proporcionar feedback construtivo, com base em fatos. • Incluir o coaching contínuo como parte do estilo de liderança.
Acompanhar a performance dos subordinados diretos	• Tomar a iniciativa de conversas de alinhamento regulares, apoiando o trabalho dos subordinados diretos. • Revisar constantemente o andamento do trabalho e a performance dos subordinados diretos. • Reagir a tempo a problemas individuais de performance e não deixar que se acumulem.
Selecionar os membros da equipe	• Escolher pessoas qualificadas para a equipe, que sejam bons colaboradores para a performance geral do time. • Tomar decisões difíceis e ser proativo na substituição de membros da equipe que estejam aquém na entrega dos objetivos. • Buscar membros da equipe que também tenham potencial de desenvolvimento em outros papéis.

(*continua*)

(*continuação*)

O trabalho	Atividades exigidas
Fortalecer a equipe	• Criar um ambiente inclusivo, em que o trabalho em equipe e a colaboração sejam valorizados. • Promover um alto nível de engajamento. • Criar um ambiente aberto e de confiança, que incentive as pessoas a opinar.
Promover a integração horizontal e vertical	• Manter o gestor direto informado do andamento dos projetos. • Compartilhar no devido tempo obstáculos que poderiam ser previstos. • Coordenar proativamente o trabalho com os colegas envolvidos.

Fonte: © Leadership Pipeline Institute.

Errar nesse aspecto é uma das razões mais comuns para que os funcionários de um novo líder peçam demissão nos 12 primeiros meses. Ouvimos várias vezes a mesma história, com muitas variantes: "Depois de seis meses no cargo, ainda não tenho certeza de como faço individualmente a diferença (...) Gosto dos meus colegas e da empresa, mas preciso achar uma função em que eu entenda o resultado que preciso apresentar e também o sentido do trabalho pelo qual sou responsável."

O líder de outros empodera a equipe

Empoderar inclui delegar tarefas *e* autoridade para a tomada de decisões a fim de que as tarefas sejam feitas de forma eficiente. O líder não deixa de dar apoio à equipe, mas o mais importante é se fazer presente sem assumir a responsabilidade por algum aspecto específico do trabalho do time. Isso exige adotar uma abordagem estruturada na relação com os subordinados diretos, por meio de conversas de alinhamento em que se discute como o trabalho está avançando e se oferece orientação e expertise.

Delegar representa um desafio importante para os líderes novatos. Uma coisa é saber o que precisa ser feito e quem precisa fazer; outra, bem diferente e muito mais complicada psicologicamente, é abrir mão de um tipo de trabalho para o qual se foi treinado e que o ajudou a se tornar bem-sucedido. É um passo muito difícil para os líderes de primeira viagem, e eles só conseguem dá-lo quando percebem que delegar não é abdicar – e que, assim, é possível produzir bons resultados.

O líder de outros prepara seus subordinados diretos

Essa responsabilidade é essencial para um bom desempenho. A performance como líder de outros equivale à consolidada da equipe. A melhor forma de assegurar um feito notável é saber como anda o trabalho do time e dar coaching aos subordinados diretos sobre como resolver os problemas que estejam encontrando. Quanto melhor a equipe se sair, melhor será a performance do líder. Não é só uma questão de encaminhar o pessoal para programas de treinamento: é saber o que está sendo feito e o que não está, e então dar coaching no momento certo. Em nossa experiência, esse coaching em tempo real e o desenvolvimento *on-the-job* são as opções mais poderosas. Isso evita gargalos nos resultados e, em muitos casos, torna o funcionário instantaneamente mais bem preparado em sua função.

Na Figura 4.3 (no próximo capítulo) você verá que a maioria dos líderes de outros sabe que precisa passar mais tempo no processo de desenvolvimento dos subordinados diretos, mas parece incapaz de encontrar horas necessárias para tal tarefa. É provável que não estejam adotando uma abordagem estruturada para o progresso da equipe. Na maioria das vezes, não se implantou algo como um simples plano de desenvolvimento em que são definidos objetivos e ações. Atitudes que eliminam pontos fracos e/ou acrescentam novas habilidades, a fim de obter resultados mais consistentes, são do interesse de todos. Ações precisas e focadas funcionam muito mais que ações genéricas. É assim que o líder de outros agrega valor de verdade.

O líder de outros monitora a performance de seus subordinados diretos

Essa responsabilidade vai muito além da simples avaliação de desempenho anual ou semestral. Inclui sessões constantes de alinhamento para discutir a performance e o andamento do trabalho, e tempo para coaching e orientação dos subordinados diretos.

Ao fazer uma avaliação de performance, o líder de outros precisa se certificar de que ela seja minuciosa e baseada em fatos, prestando atenção em seus preconceitos e seus vieses. Cada pessoa tem um jeito diferente de atingir um resultado excelente, que pode não ser o convencional. Muitas vezes, quem realiza um trabalho acaba encontrando um modo melhor de fazê-lo.

Quando algo não anda bem, é preciso tratar disso em tempo hábil. Deixar que problemas de desempenho se eternizem não é bom nem para o líder nem para o subordinado direto. Perdemos a conta das vezes que demos apoio a avaliações de pessoal em situação parecida com esta: um líder de outros descreve a baixa performance de um de seus subordinados diretos. Os fatos evidenciam claramente esse baixo desempenho. Quando perguntamos ao líder "Como seu subordinado direto reagiu quando foi informado pela primeira e pela segunda vez de que sua performance não estava no nível adequado?", uma resposta comum, e quase dói dizer isso aqui, é: "Ainda não tivemos essa conversa." A maioria das conversas "difíceis" só é difícil porque devia ter sido feita há tempos.

A avaliação de desempenho deve vir casada com um plano de desenvolvimento. Ações que podem eliminar pontos fracos e/ou acrescentar novas habilidades, favorecendo resultados mais positivos, são do interesse de todos. Atitudes concisas e focadas funcionam bem mais que ações genéricas.

O líder de outros seleciona os membros de sua equipe

Nossa experiência nos mostra que essa é a decisão mais relevante que a maioria dos líderes tem que tomar. Todo líder precisa aprender a contratar as pessoas certas para realizar as tarefas necessárias. Embora muitos logo aprendam como contratar pessoas com o talento e a experiência para executar determinada tarefa da forma apropriada, outros encontram mais dificuldade em contratar pessoas que se encaixam nas práticas e nos valores da empresa. Na maioria dos casos, quando alguém é dispensado depois de poucos meses, é porque não se encaixa na cultura da organização. Alguns vão embora porque lhes falta o talento para um cargo específico, mas a maioria não tem os princípios, os valores e a capacidade de se adaptar a um estilo de trabalho consolidado. Tornar-se um especialista na contratação de pessoas que combinem bem com o estilo de trabalho e as diretrizes da organização pode melhorar a efetividade de um líder de primeira viagem. Dedicar o tempo necessário a identificar candidatos qualificados a um lugar na equipe, pessoas que vão contribuir para o desempenho geral, é algo que merece a mais alta prioridade.

O outro lado da seleção é a dispensa. O líder precisa estar pronto a seguir a trilha mais difícil e ser proativo na substituição de membros da equipe que fiquem o tempo todo aquém na entrega de seus objetivos. Várias vezes ouvimos conversas em que o líder diz: "É, mas foi bom ele ou ela ter saído, não estava tendo uma performance tão boa mesmo." Como assim? Se a pessoa "não estava tendo uma performance tão boa", então por que o líder não assumiu a responsabilidade pela situação e substituiu esse profissional? E note que "assumir a responsabilidade" não significa apenas "se livrar" de alguém; poderia ser oferecer apoio à pessoa para que chegasse ao nível correto de desempenho. O líder precisa ter consciência de que, se um subordinado não vem apresentando bons resultados, toda a equipe já tem conhecimento disso. Ao não agir nessa situação, ele está dizendo ao time que não há problema algum em ter uma performance ruim.

O líder de outros fortalece sua equipe

Uma vez escolhidos os integrantes da equipe, o líder precisa montar um time de verdade. Um forte trabalho em conjunto é um método poderoso para reforçar a performance. Ter bons colegas também é um dos principais fatores de retenção de pessoal. O líder deve criar um ambiente em que o trabalho em equipe e a cooperação sejam valorizados. Precisa de um time em que as pessoas aprendam umas com as outras e falem sem receios sobre os erros e a importância do desenvolvimento. O aprendizado entre pares é importante, mas exige um ambiente em que os profissionais tenham mente aberta, confiança entre si e se sintam psicologicamente seguros. A segurança psicológica significa que todos os integrantes da equipe podem demonstrar fraquezas, expressar opiniões e questionar o status quo sem medo de consequências negativas futuras. Eles devem se sentir aceitos e respeitados por aquilo que são.

O líder de outros faz a ponte para quem está acima e ao lado

O líder de outros eficaz enxerga para além da equipe. Precisa fazer a integração com o gestor direto ou o gestor em organizações matriciais, que ocupam cargos mais elevados na hierarquia da empresa, assim como fazer a integração com os pares imediatos e, em alguns casos, com colegas em funções diferentes. Manter o chefe informado do andamento do trabalho e dos obstáculos em potencial facilita ao líder delegar autoridade. Hoje em dia, muitas organizações vêm se esforçando para romper hierarquias e permitir que decisões sejam tomadas na linha de frente do negócio. A digitalização oferece ao líder de outros uma quantidade significativa de dados e informações relevantes. Um pré-requisito para o êxito é que o líder de outros coordene proativamente o trabalho, compartilhe as prioridades e resolva os problemas com seus subordinados diretos em vez de permitir que se acumulem. Desse modo, o trabalho é executado mais rapidamente, e a digitalização possibilita tal resultado.

A transição para o papel

Quando alguém é promovido pela primeira vez a líder de outros, tem a sensação de que chegou lá. Todo o trabalho árduo como colaborador individual foi então reconhecido e a nomeação como líder é motivo suficiente para comemorar. É hora de chamar o cônjuge, fazer uma reserva no restaurante favorito ou comprar um presentinho para si mesmo.

O trabalho mais pesado, porém, está só começando. O sucesso do líder de primeira viagem exige uma transição de grande porte. Muitos não estão bem preparados para ela. Talvez o aspecto mais difícil dessa transição seja que os líderes de primeira viagem são responsáveis por fazer os outros executarem o serviço em vez de fazê-lo por conta própria. Embora em tese o líder seja capaz de se dar conta dessa transição, na prática sua atuação pode continuar a mesma. Abrir mão das tarefas e responsabilidades que lhe valeram a promoção é problemático. Para muitos líderes de outros, é uma barreira no caminho da transição.

A Figura 3.2 dá uma visão geral das diferenças centrais entre os valores de trabalho, a aplicação do tempo e as habilidades de um colaborador individual e os de um líder de outros. A lista representa aquilo que se aplica à maioria dos papéis de líderes de outros. Em sua organização, você talvez precise acrescentar itens, dependendo do que as atuações específicas exigem.

No Capítulo 1 fizemos uma descrição de nossa pesquisa de ações desde 2010. Na Figura 3.3 você verá os resultados consolidados para os líderes de outros.

Figura 3.2. Liderar a si mesmo versus liderar outros: diferenças centrais em valores de trabalho, aplicação do tempo e habilidades.

Liderar a si mesmo

VALORES DE TRABALHO
- Obter resultados graças à competência pessoal
- Entregar trabalho profissional ou técnico de alta qualidade
- Incorporar os valores da empresa

APLICAÇÃO DO TEMPO
- Ter disciplina diária (horários de entrada e de saída)
- Cumprir prazos dos projetos gerenciando o próprio tempo

HABILIDADES
- Demonstrar competência técnica ou profissional
- Jogar para o time
- Construir relacionamentos em nome de resultados pessoais
- Utilizar as ferramentas, os processos e os procedimentos da empresa

Liderar outros

VALORES DE TRABALHO
- Atingir os resultados por meio de outros
- Aplaudir o sucesso dos subordinados diretos e da unidade
- Atuar, de fato, como líder

APLICAÇÃO DO TEMPO
- Fazer um planejamento anual (orçamento, projetos)
- Reservar tempo para conversar com os subordinados diretos
- Ter um trabalho gerencial

HABILIDADES
- Fazer um desenho dos cargos
- Selecionar os integrantes da equipe
- Delegar tarefas
- Dar coaching
- Fornecer feedback
- Fazer a gestão da performance
- Manter a comunicação fluida e definir o clima entre os integrantes da equipe
- Fortalecer o time
- Aumentar a segurança psicológica

Fonte: Drotter Human Resources, Inc. e Leadership Pipeline Institute.

Valores de trabalho

A mudança mais difícil, quando se passa da liderança de si mesmo para a de um time, é a necessidade de começar a valorizar bons resultados pelo trabalho dos outros. Isso se dá pela aquisição de um *mindset de liderança*, o que representa iniciar cada dia fazendo a seguinte pergunta: "Como anda minha equipe e o que posso fazer para melhorar a performance dela?"

Figura 3.3. Resultados consolidados para líderes de outros.

Quais foram os dois ou três maiores desafios que você enfrentou nos primeiros três a seis meses depois de migrar para o papel de líder de outros?	Quais são as duas ou três coisas das quais você mais sente falta do tempo em que era colaborador individual?	Quais são as duas ou três coisas nas quais você gostaria de passar mais tempo no cargo atual, mas para as quais não encontra horas disponíveis?	Quais são as duas ou três habilidades mais importantes que você se deu conta de que precisa como líder de outros?
1. Abrir mão do trabalho de colaborador individual 2. Delegar 3. Definir objetivos 4. Liderar ex-colegas 5. Definir prioridades da equipe	1. Ter domínio total do trabalho 2. Ter tempo para mim mesmo 3. Ter mais reconhecimento do superior imediato 4. Ser mais independente 5. Sentir a satisfação de entregar eu mesmo os resultados	1. Dar coaching e desenvolver os subordinados diretos 2. Montar uma equipe 3. Ter tempo para mim mesmo 4. Conversas cara a cara e não apenas on-line 5. Cuidar do meu próprio desenvolvimento	1. Delegar 2. Motivar 3. Dar coaching 4. Liderar os membros da equipe que trabalham remotamente 5. Usufruir de ferramentas de gestão de pessoal

Fonte: © Leadership Pipeline Institute.

ESTUDO DE CASO

Durante três anos, Emma foi recrutadora no departamento de RH de uma grande empresa de logística. Ela entrevistava quatro ou cinco pessoas por dia, em média. Um dia, a chefe de Emma, Evelyn, perguntou se ela teria interesse em substituí-la e assumir o papel de líder de equipe. Emma nunca havia pensado em ser líder de equipe, mas perguntou a Evelyn o que deveria esperar desse papel, em comparação com o atual.

"Se você disser 'sim' ao cargo, esteja ciente de que sua rotina vai mudar um pouco. Nos últimos anos você tem encontrado e testado candidatos, feito entrevistas, redigido relatórios e discutido o perfil desses candidatos com os diversos gerentes de negócio. No papel de líder de equipe, com um time de oito pessoas, você continuaria realizando algumas entrevistas, mas no restante do tempo daria coaching à sua equipe de trabalho, do mesmo modo que fiz com você. Você seria responsável por garantir que todos os recrutadores usem corretamente nossas ferramentas e nossos processos de recrutamento. E mais importante: seus resultados pessoais são medidos hoje em dia. Como líder de equipe, você seria avaliada pelos resultados consolidados de todos os membros da equipe."

"Tudo isso parece empolgante, mas talvez eu devesse refletir mais e levar em conta os prós e os contras", respondeu Emma. "Posso lhe dar uma resposta daqui a alguns dias?"

No caminho de casa, a cabeça de Emma ficou fervilhando. O cargo de líder de outros aumentaria significativamente seu prestígio – sem falar do contracheque. Era possível até imaginar como os amigos e a família iriam reagir. Porém, no papel atual, as pessoas já vinham consultar Emma, porque ela sabia interpretar as ferramentas psicométricas muito melhor que os colegas, e o fato é que ela se aborrecia um pouco quando eles lhe pediam conselhos sobre os mais variados assuntos. Claro, é reconfortante quando você é consultada e se sente valorizada, mas Emma tinha a impressão de que aquilo a desviava do próprio trabalho. Achava que, se realizasse menos entrevistas com candidatos, ficaria na dúvida se as pessoas certas estavam sendo designadas para as vagas certas. Havia também a questão da perda de controle da própria performance. Ela teria que atingir resultados por intermédio dos outros. Dois dias depois, Emma recusou a promoção.

O caso de Emma é um dos mais felizes. Ela disse "não" no tempo correto. Gerar resultados por meio dos outros não a motivava. A sensação de "não dar conta do meu trabalho por ter tantos subordinados diretos" faz com que muitos encarem a liderança como uma armadilha. Emma evitou esse percalço sendo realista em relação ao que valorizava no trabalho.

Outros podem não ter tanta clareza em relação àquilo que valorizam ou não. Dizem "sim" ao cargo e então descobrem que de fato dão valor às novas tarefas, ou talvez venham a dar. Reconhecer os bons resultados por intermédio da equipe continua sendo a parte mais difícil do papel de líder de outros.

Aplicação do tempo

Em nossas conversas com líderes de outros, a maioria conclui que deveria passar mais tempo no trabalho de liderança, dando a essa tarefa uma prioridade maior.

Quantas horas se deve passar em um trabalho de liderança? O fator mais importante nesse caso é o número de subordinados diretos. Quando são cinco, a performance como líder pode ser muito boa investindo-se cerca de um terço do tempo em tarefas da liderança, enquanto trinta subordinados diretos exigem quase dedicação integral. Outro ponto determinante é a frequência ideal de conversas individuais, com tempo suficiente para que sejam conclusivas. E isso pode requerer bastante pesquisa e busca de informações.

A quantidade de tempo exigida pelo trabalho de liderança, portanto, é uma questão individual. O mais importante é que você analise bem a Figura 3.1, que apresenta o trabalho de liderança exigido do líder de outros, e em seguida faça as suas próprias contas. Para além do trabalho de liderança estruturado, você deve reservar tempo para as demandas dos subordinados diretos. Estar disponível durante o dia evita a tentação de sentir-se incomodado toda vez que o procuram.

Uma forma de testar se as horas gastas na liderança têm sido suficientes é se você identifica com clareza se os membros da equipe sabem o que têm que fazer, se estão fazendo corretamente, se estão aprendendo, se têm consciência de que podem imaginar um bom futuro na empresa.

Habilidades

Se você analisar as habilidades necessárias para ser um líder de outros, talvez conclua que elas não são tecnicamente tão difíceis de adquirir. Afinal de contas, a maioria das empresas dispõe de ferramentas de gestão de performance fáceis de usar. É possível encontrar vários modelos simples de feedback e coaching. Embora uma grande quantidade de líderes de líderes tenha participado de algum tipo de formação para profissionais de primeira viagem, eles continuam sentindo dificuldade em exercer o cargo.

A realidade é que é fácil aprender este ou aquele modelo de feedback, mas essa é apenas a parte técnica. O que realmente agrega valor é a adoção de uma abordagem estruturada, com base em fatos e aplicação constante. O que impede muitos líderes de dar feedback é a carência de fatos.

O líder novo pode aprender com facilidade um modelo de coaching. No entanto, esses modelos funcionam melhor quando se senta com o subordinado direto, em um momento tranquilo, para conversar. Nem todo líder vive essa situação no cotidiano. Ele precisa desenvolver um *estilo de coaching na liderança* que seja capaz de transformar encontros com a equipe, consultas na máquina de café, conversas sobre performance ou reuniões de projetos em oportunidades de coaching.

Outro exemplo é o design de cargos. É raro que seja o foco do treinamento do líder de outros, talvez porque as pessoas consideram essa uma habilidade intrínseca ou fácil de adquirir. Talvez seja porque as organizações pressupõem que no trabalho existem linhas divisórias naturais – a região geográfica, para a equipe de vendas, ou as etapas do processo, para a equipe de fabricação – e que a designação dos cargos flua a partir dessas divisões naturais. Embora seja verdade que alguns parâmetros facilitam a designação de tarefas, é necessário tomar decisões – sobretudo quando os funcionários na linha de frente estão se sentindo sobrecarregados e distantes da chefia. O *downsizing*, a redução do número de níveis, as fusões entre empresas e outros fatores dão aos colaboradores a impressão de haver coisas demais para fazer, de não se sentir valorizados e de não ter com quem falar sobre sua situação. Os líderes da linha de frente que souberem criar um design eficaz dos cargos poderão evitar esses sentimentos negativos dos funcionários, sinalizando que sua atribuição é algo importante. Assim, passam aos funcionários a ideia de que estão desenvolvendo habilidades altamente vendáveis e que elas irão fortalecer suas perspectivas de carreira.

Da mesma forma, a aquisição das habilidades certas nesse papel exige muito mais que a simples exposição a diversas ferramentas e técnicas. Prática e feedback são ingredientes necessários para desenvolver a maioria das habilidades.

Problemas típicos da transição

Na maioria dos casos, migrar do papel de colaborador individual para o de líder de outros traz desafios. Vamos repassar as armadilhas mais comuns usando alguns exemplos (ver a Figura 3.4).

Figura 3.4. Problemas típicos da transição para líderes de outros.

Problemas típicos da transição

- Sentir-se mais satisfeito com a própria colaboração do que com as contribuições dos membros da equipe
- Microgerenciar em vez de delegar
- Concorrer com o subordinado direto sobre "quem sabe mais"
- Evitar conversas difíceis com os subordinados diretos
- Considerar as perguntas dos subordinados diretos um incômodo em vez de uma oportunidade para dar coaching e estimular o desenvolvimento deles

Fonte: © Leadership Pipeline Institute.

Sentir-se mais satisfeito com a própria colaboração do que com as contribuições dos membros da equipe

> ### ESTUDO DE CASO
>
> Quando Zhang se tornou gerente regional de vendas de uma grande empresa do setor farmacêutico, enxergou nesse evento uma oportunidade de ganhar mais e ter mais influência dentro da organização. Quando o cargo lhe foi oferecido, não hesitou, mesmo adorando o posto anterior, de vendedor. Ele gostava de sua autonomia como vendedor e trabalhava a maior parte do tempo em casa, viajando pela região e encontrando médicos e gestores de hospitais.
>
> Como gerente de vendas, com oito representantes respondendo diretamente a ele, Zhang tinha que passar boa parte do tempo os observando, contratando e treinando pessoal novo, indo a reuniões com outros gerentes de vendas e cuidando de muita burocracia (avaliações, relatórios e coisas do tipo). Ele lamentava a autonomia perdida e se sentia incomodado com a papelada. A satisfação psicológica de fechar uma venda foi pelos ares quando ele se tornou gerente de vendas.

Talvez Zhang tivesse tido êxito em sua primeira passagem para a liderança se houvesse recebido o coaching para entender o que a transição exigia. Isso lhe daria melhor compreensão do que se esperava dele. Embora seja possível que Zhang não fosse talhado para ser líder, talvez conseguisse se adaptar ao papel se tivesse recebido ajuda para reconfigurar seus valores de trabalho.

A empresa de Zhang não dispunha de um conjunto de expectativas de liderança. Tampouco definiu os valores de trabalho, a aplicação do tempo e as habilidades exigidas para se sair bem como líder de outros. Pode-se alegar que a gestora de Zhang, Aaliyah, selecionou-o para o papel de olhos fechados, por não dispor dos critérios centrais para avaliar o preparo dele para a vaga. Da mesma forma, pode ser que Zhang tenha aceitado o cargo sem muita noção do que se tratava. Sua motivação era ganhar mais e ter influência. Ele deveria ter pensado desta maneira: "Genial, sempre quis liderar uma equipe e gerar resultados por intermédio de outros." Se alguém lhe tivesse apresentado um panorama do trabalho que precisava ser feito, dos valores de trabalho e da aplicação do tempo, talvez ele tivesse desistido dessa trilha de liderança antes mesmo de entrar nela.

Uma transição plena nesse valor de trabalho ocorre quando o sucesso de seus subordinados desperta tanta satisfação quanto o próprio sucesso.

Microgerenciar em vez de delegar

> **ESTUDO DE CASO**
>
> Aimee liderava uma equipe de sete pessoas. Todas trabalhavam no mesmo prédio, sentadas a duas mesas de quatro lugares, lado a lado, em um escritório sem divisórias. Ela era considerada "uma líder sólida": equipe com bons resultados, notas de engajamento que cumpriam as metas da empresa, disposição de promover os subordinados a outras vagas internas e assim por diante. Durante a Covid-19, todos os funcionários migraram para o trabalho remoto, porque o presencial não era necessário a suas funções. Apenas três meses depois, Aimee adoeceu, com sintomas relacionados ao estresse.
>
> O gestor de Aimee, Jamal, teve uma série de conversas individuais com ela e os membros da equipe, e concluiu que o estresse tinha relação com o trabalho. Jamal apurou que Aimee geria seu pessoal bem de perto. Ela não tinha estabelecido objetivos de negócio mais amplos para o time; delegava tarefas específicas. Cada integrante tinha mais de uma tarefa, mas se reportava a Aimee sempre que uma delas era completada. Além disso, Aimee fazia o *follow-up* de tarefas específicas todos os dias, sempre que alguma lhe vinha à mente.
>
> Liderar o pessoal de modo remoto tornou ineficaz o estilo de liderança de Aimee. Ela adoeceu por causa do estresse e perdeu o posto de líder. Hoje a empresa adota um ambiente de trabalho híbrido em que as pessoas podem trabalhar em casa até três dias na semana. Jamal avaliou que, nessas circunstâncias, Aimee não teria êxito na função. Ele não conseguiu convencê-la da necessidade de abandonar a microgestão.

Esse caso tem um aspecto interessante. Deparamos com ele em uma empresa na qual implementamos o conceito do Pipeline de Liderança. Quando encontramos Jamal, ele nos perguntou se tínhamos um programa de capacitação em liderança remota. Ao saber do caso de Aimee, dissemos a Jamal que não era uma questão de liderança remota. Era a situação de liderança remota que tinha revelado o problema. E o problema era a falta de transição básica para o papel. Aimee não valorizava a geração de resultados por meio de outros. Valorizava fazer as coisas por conta própria, com a ajuda prática de sete pessoas. A realidade é que muitos líderes da linha de frente têm como compensar a incapacidade de fazer a transição desde que trabalhem lado a lado com a equipe. A prioridade deles não é fazer a transição para o próximo degrau da liderança, e sim entregar os resultados exigidos. Em um papel de liderança híbrido ou remoto, isso tudo desaba. Vale a pena lembrar disso ao avaliar a performance da liderança e o potencial para ser líder de outros. O resultado pode até vir, mas será que estamos mesmo liderando, e não apenas controlando?

Concorrer com o subordinado direto sobre "quem sabe mais"

Muitos líderes de outros são promovidos a esse papel pela primeira vez por ter mais conhecimento e competência profissional que os demais membros da equipe. Como seria de esperar, eles "sabem tudo", ou, no mínimo, são sempre capazes de acrescentar algo, identificar falhas e ajustar a estrutura ou a linguagem de qualquer solução ou proposta apresentada pelos subordinados diretos.

ESTUDO DE CASO

Elijah era líder de uma equipe de nove pessoas de um departamento jurídico havia um ano e meio. Em uma multinacional de aparelhos médicos, sua equipe era responsável por garantir que as patentes protegessem as propriedades intelectuais da empresa. Além de liderar a equipe, Elijah era considerado por unanimidade o maior especialista de seu setor. Durante os três meses anteriores, ele vinha falando com sua gestora, Alison, sobre a sensação de que muitos membros da equipe não estavam obtendo um desempenho à altura da função, mesmo tendo as habilidades para isso, além de feedback e coaching constantes. Alison pediu, então, para participar de algumas reuniões da equipe de Elijah e discutir com o próprio Elijah dois ou três casos específicos de funcionários antes que ele lhes desse feedback.

Na reunião, Alison percebeu que, qualquer que fosse o assunto, Elijah encerrava a discussão "bombardeando" os outros com algum ponto de vista, ideia ou experiência pessoal. Alison constatou a mesma coisa ao discutir com Elijah sobre os casos profissionais. Com base nisso, ela teve uma nova conversa com Elijah. Será que ele não estaria tolhendo os subordinados diretos? Eles tinham consciência de que, por mais que se esforçassem, Elijah sabia mais e faria ajustes pequenos e desnecessários a qualquer trabalho que apresentassem. A primeira resposta de Elijah a Alison foi que ele estava apenas tentando treinar e desenvolver os funcionários. Alison comentou que eles não estavam se desenvolvendo e por isso estavam tendo aquela conversa. Aprofundando a discussão, Elijah se deu conta de que o único jeito de se justificar como líder da equipe era "saber mais" e que, por essa razão, ele nunca perdia uma chance de demonstrar seus conhecimentos.

Aqui não se está argumentando que o líder de outros não deva contribuir para a correção de erros ou para encontrar soluções. O que afirmamos é que o líder precisa fazer isso pelos motivos certos. Há momentos em que se deve simplesmente deixar rolar, mesmo quando daria para agregar um pouco de valor. Senão a equipe se acostuma a que o líder conserte as coisas e acaba desistindo de fazer o trabalho completo. Além disso, o líder deve exigir que o time assuma a responsabilidade pela tarefa de ponta a ponta. Do contrário, nunca aprenderá com seus êxitos e fracassos.

Evitar conversas difíceis com os subordinados diretos
Por sua própria natureza, são conversas complicadas, e portanto não é algo de que a maioria das pessoas queira participar. Em nossos programas para líderes emergentes, costumamos perguntar aquilo que eles mais desejam em relação a se tornar um líder de outros e o que menos desejam. As conversas difíceis sempre ocupam o topo da categoria "menos desejadas". Em

suas expectativas em relação aos líderes, a maioria das empresas inclui itens como "lidar proativamente com questões de performance", "não se esquivar de conversas difíceis", "não deixar problemas de performance se agravarem" e assim por diante. Todas as organizações pareciam ter experiências com esse tipo de problema.

A dificuldade pode aumentar ainda mais quando o líder de primeira viagem é promovido dentro da própria equipe e precisa ter conversas difíceis com um ex-colega. No entanto, isso faz parte do trabalho, e não pode ser desconsiderado. O truque é compreender antes de tudo por que você, o líder, foi parar nessa situação.

Você definiu objetivos de negócio claros, deu feedback constante com base em fatos, estabeleceu um plano de desenvolvimento e propiciou coaching permanente, e mesmo assim um de seus funcionários não está se saindo bem. Você fez tudo a seu alcance para posicionar o subordinado no rumo do sucesso – e a performance dele deixou a desejar. Quão difícil será essa conversa? Não é algo que se goste ou prefira fazer, mas a conversa precisa ser problemática ou, na verdade, apenas direta?

Em nossa experiência, essas conversas são tão difíceis porque não investimos o tempo necessário para fazer o trabalho de liderança. Os objetivos de negócio estão pouco claros; temos a sensação de que a pessoa não vem tendo bom desempenho, mas nos faltam fatos; e não adotamos uma abordagem de fato estruturada que ajude a pessoa a se desenvolver na função. Assim, a mesma conversa acaba se tornando desgastante e pode se transformar em um interminável pingue-pongue.

A melhor forma de lidar com conversas difíceis é não fugir delas. É preciso, então, estabelecer expectativas inequívocas, proporcionar feedback e coaching permanentes, ter conversas frequentes sobre performance e com base em fatos. Isso deve se encaixar em uma agenda de diálogo entre gestor e funcionário.

Considerar as perguntas dos subordinados diretos um incômodo em vez de uma oportunidade para dar coaching e incrementar o desenvolvimento deles

Talvez a habilidade mais simples – e com a qual muitos líderes novos nunca tiveram que se preocupar quando eram colaboradores individuais

– seja estar disponível. Isso não significa deixar a porta da sala aberta e responder de mau humor às perguntas. É muito mais uma atitude que um "evento". As pessoas sentem quando o líder é acessível. Tudo, do discurso à linguagem corporal, revela algo sobre a acessibilidade (ou a falta dela). Na verdade, é muito mais uma questão de valores de trabalho e aplicação do tempo do que um conjunto de habilidades. Quando o líder acredita que ser acessível é essencial para o seu papel de liderança, ele se torna disponível, tanto física quanto emocionalmente.

É claro que faz bem ao ego quando os outros precisam de você. Mas é fácil ter a sensação de que as pessoas que o procuram durante o expediente interrompem o seu próprio trabalho de colaborador individual. Alguns líderes vão criando o sentimento de que seu serviço está ficando atrasado porque precisa ajudar outros funcionários.

À medida que se progride de colaborador individual para líder de outros, é necessário ajustar os valores de trabalho, levando em conta que não se é mais responsável apenas por aquilo que efetivamente se produz. Há pessoas que dependem do líder – e o líder depende dessas pessoas para que o trabalho seja realizado. Ele precisa enxergar cada conversa como parte da função, como uma oportunidade de desenvolver seu pessoal, ajudando-os a melhorar a performance. Posicionar os subordinados para o sucesso é bom para o líder, bom para eles, bom para a organização como um todo.

Variações do papel

Muitos papéis de liderança não são pura liderança. Alguns líderes têm três ou quatro subordinados diretos e passam 80% do tempo fazendo trabalho de colaborador individual. Outros têm vinte a trinta subordinados diretos – e passam pouquíssimo tempo no trabalho de colaborador individual. Apesar dessas diferenças, todos agregam valor como líderes. Por isso, exige-se que tenham os valores de trabalho, a aplicação do tempo e as habilidades detalhadas neste capítulo.

Vamos analisar algumas das diferenças que constatamos em nosso trabalho com empresas.

Gerentes de loja (varejo)

Nas empresas de varejo com as quais trabalhamos, observamos que elas se beneficiam de operar com dois tipos de líder de outros. As expectativas em relação à liderança são diferentes: uma para os líderes de outros tradicionais, nas diversas funções na sede e nas filiais; outra para os gerentes de loja.

Há duas diferenças mais significativas entre esses dois papéis: o tipo de trabalho de liderança necessário no qual eles precisam investir tempo e as habilidades que são mais importantes.

Considerando a alta rotatividade dos funcionários em lojas, os gerentes perdem muitas horas fazendo o recrutamento e a adaptação dos novos empregados. No entanto, as funções costumam ser predeterminadas em uma loja, e o desenho dos cargos, nesse caso, torna-se menos vital. Ainda que cheguem a liderar vinte ou trinta funcionários em meio expediente ou tempo integral, os líderes executam o trabalho de colaboradores individuais quando necessário. Posicionam produtos nas prateleiras, fazem a limpeza, organizam as mercadorias e nas horas de pico dão até expediente no caixa. O planejamento diário e semanal se torna muito mais importante que o anual. O horizonte temporal é mais curto. A loja fica aberta por muito mais horas que o expediente deles, por isso esses líderes costumam treinar um gerente de loja adjunto, capaz de executar a mesma função deles. A cada dia, semana e mês recebem dados sobre os resultados de cada loja. Em geral, os funcionários não têm metas próprias, a não ser em alguns casos no varejo de roupas, em que o desempenho é medido pelas vendas individuais. Quando comparados a outros tipos de líder de outros, esses líderes não gastam a mesma quantidade de tempo fixando metas.

Convém elaborar expectativas de liderança específicas para as empresas de varejo, além de trabalhar os valores de trabalho, a aplicação do tempo e as habilidades para esse papel.

Supervisores (na indústria)

Quando implementamos o conceito do Pipeline de Liderança nas organizações industriais, é comum ouvirmos o seguinte comentário: "Isso não se aplica aos nossos supervisores, eles não são líderes do mesmo jeito." Nossa resposta é: vocês têm toda a razão. Supervisores não são líderes "do mesmo jeito". A natureza do cargo de liderança do supervisor em um parque industrial é bem diferente da de um líder de outros em um ambiente de escritório. No entanto, o supervisor é de fato um líder de outros, comandando cinco ou dez vezes mais funcionários que qualquer líder de outros de escritório. Então definir esse papel de liderança é tão relevante quanto.

Um supervisor na indústria chega a liderar de trinta a sessenta funcionários, o que não é trivial. Muitas vezes esses funcionários trabalham em turnos, e o supervisor precisa assegurar que a operação transcorra sem falhas, com ou sem a presença dele. Por causa disso, é comum que ele monte equipes autônomas. São times em que se concedem aos funcionários responsabilidades como aclimatar os novos empregados, planejar férias, cuidar de conflitos do dia a dia, realizar as reuniões da equipe. Cabe ao supervisor, então, treinar as equipes e os funcionários para esses papéis; passa a ser parte do próprio perfil operacional deles.

O supervisor não tem o mesmo tipo de discussão sobre carreira com os subordinados. A maioria fará toda a carreira no chão da fábrica. O supervisor raramente estabelece objetivos individuais. Ele agrega os funcionários em torno das metas da fábrica e das metas da equipe, em atividades importantes como controle de qualidade, produtividade e segurança. Além disso, não negocia o salário de cada funcionário nem gerencia o sistema de bônus individuais. O local de trabalho pode ser sindicalizado, o que exige que o supervisor tenha em mente os acordos sindicais ao realizar tarefas de liderança como recrutamento, análise de desempenho e demissões. Com muita frequência, os supervisores são líderes em tempo integral. Não têm um papel diretamente envolvido com a produção, embora possam se apresentar em caso de emergência.

O design do cargo é mais ou menos predefinido, mas motivar as pessoas e criar uma atmosfera tornam-se partes cruciais da função.

Levando tudo isso em conta, é difícil argumentar contra a inclusão do papel de supervisor ao projetar a arquitetura do pipeline de liderança em organizações industriais.

Líderes de outros que também são especialistas

ESTUDO DE CASO

Em uma multinacional de construção e manutenção, fizemos uma reunião com o CPO (*chief product officer*, o diretor de produção) e o GH L&D (*global head of learning and development*, o chefe global de aprendizado e desenvolvimento). Estávamos no processo de mapeamento dos papéis de líderes e especialistas nos quatro níveis superiores. Em determinado momento da conversa, discutimos o papel do GH L&D, que tinha uma equipe pequena, com quatro subordinados. A empresa era dividida em quatro regiões: América do Norte, América do Sul, Europa e Ásia/Pacífico. Em cada região, contava com um diretor de aprendizado e desenvolvimento (diretor de L&D). Esse diretor regional respondia ao chefe regional de recursos humanos – e não ao GH L&D.

O CPO fez a seguinte pergunta: "O papel do GH L&D é de líder do conhecimento ou de líder de outros? Entendo que ele lidera quatro pessoas e, desse ponto de vista, é um líder de outros. No entanto, sua função primordial não é liderar essas quatro pessoas. Essa é a parte fácil do cargo. O papel primordial é ser nosso líder de conhecimento, representando a área de desenvolvimento de lideranças, e impulsionar os resultados por meio dos diretores regionais de L&D, sem ter a autoridade formal para fazer as coisas acontecerem."

As reflexões do CPO eram bastante pertinentes. Dentro das funções centrais de apoio, muitos líderes de outros precisam atuar como experts de conhecimento, ou líderes de conhecimento, mesmo à frente de equipes pequenas. É assim que funciona no mundo real, mas a maioria das organizações restringe as pessoas a apenas um dos dois papéis. Um comentário que ouvimos com constância é: "Operar acumulando papéis acrescenta muita complexidade." Nossa resposta sempre é: "Não *acrescenta* complexidade, simplesmente cria transparência na complexidade *que já existe* no interior de sua organização."

Vivenciamos as mesmas situações em muitas empresas que têm por base o conhecimento. A maioria dos líderes de outros lidera apenas três ou quatro subordinados diretos e é nomeada para comandar equipes graças ao conhecimento especializado adquirido. Então, às vezes, dedicam no máximo 25% do tempo no trabalho à liderança. A função de liderança deles é a mesma que precisa ser cumprida por qualquer líder de outros. Porém eles passam horas e horas em liderança horizontal, atendendo às partes interessadas, fazendo contato com parceiros externos e se mantendo atualizados em relação às últimas novidades em suas áreas de expertise. São elementos que precisam ser acrescentados às expectativas de liderança e aos valores de trabalho, à aplicação do tempo e às habilidades desse papel.

Líderes de projeto

Em nossos encontros com grandes organizações de projetos, deparamos com alguns ótimos treinamentos de gestão de projetos. No entanto, além das ferramentas e habilidades básicas ofertadas nesses treinamentos, é necessário fazer a transição para o papel de liderança.

A diferença principal entre um líder de projeto e um líder de outros de linha não é a tarefa que precisa ser realizada nem os valores de trabalho, a aplicação do tempo e as habilidades exigidas, mas sim o fato de que ambos realizam apenas parte do trabalho de liderança para os integrantes do projeto. As demais partes são realizadas pelo líder de linha.

A divisão do "bolo da liderança" entre o líder de projeto e o líder de linha é um tema importante em muitas organizações. Por isso decidimos tratar dele de forma mais completa no Capítulo 11.

Poderíamos ter relacionado muitos outros exemplos. A questão principal é que você pode aplicar o Retrato de Liderança do líder de outros da maneira apresentada neste capítulo e a partir desse ponto descrever com profundidade os papéis de liderança específicos de sua organização.

4
Liderar líderes

Embora a maioria das organizações disponha de programas de treinamento para líderes de primeira viagem, poucas têm programas para líderes de líderes. Parte do problema se deve à falsa premissa de que não haveria muita diferença entre liderar outros e liderar líderes. A lógica seria a seguinte: se você é capaz de adquirir as habilidades de um líder de primeira linha, vai se adaptar a esse papel semelhante, porém mais relevante. O outro aspecto é psicológico: a promoção a esse cargo costuma ser vista como o meio do caminho, e não como uma transição importante na carreira. Embora ser nomeado líder de primeira linha seja motivo para comemorar, a passagem a líder de líderes costuma ser saudada com um entusiasmo mais comedido.

Porém existe uma diferença significativa em valores de trabalho, aplicação do tempo e habilidades para esse nível de liderança, em relação ao líder de outros. Espera-se que o líder de líderes selecione, desenvolva e atribua responsabilidades a líderes de outros. Caso não se cuide dessa transição, muitas contribuições de liderança são desperdiçadas, gerando prejuízo à organização. Quando a transição não é feita adequadamente, o líder de líderes acaba assumindo o trabalho do líder de outros. No curto prazo, a equipe fica confusa, ou é liderada de forma inadequada.

Os líderes de líderes são responsáveis pela esmagadora maioria do pessoal de uma empresa. Lideram os líderes de outros e o pessoal que coloca a mão na massa fabricando e entregando os produtos e serviços da organização. Como você pode imaginar, a qualidade e a produtividade sofrem quando o líder de líderes não desempenha seu papel de modo eficiente. Falhas nesse aspecto afetam a capacidade da empresa de executar o trabalho, podendo até criar uma desvantagem competitiva.

Identificar líderes que enfrentam dificuldades com essa passagem é mais fácil do que encontrar líderes bem-sucedidos. Fizemos uma observação interessante a partir de nosso trabalho com planejamento de sucessão de executivos desde os anos 1980: uma das razões mais comuns para o sofrimento dos executivos seniores nesse papel é nunca terem desenvolvido as habilidades exigidas pelo papel de líder de líderes. O tempo, em si, não resolve o problema, que só vai aumentando.

O trabalho a ser feito

Na Figura 4.1 traçamos um retrato sucinto da performance básica do nível do líder de líderes. Mais adiante discutimos como o papel desses líderes pode variar de acordo com o setor, a estrutura organizacional e o modelo de negócio. O que vamos apresentar é o trabalho a ser feito na maioria dos cargos de líder de líderes. No entanto, não se trata de um *job description*, e você precisa customizá-lo para que se encaixe nas necessidades da organização e nos resultados operacionais a serem entregues.

Um líder de líderes faz a equipe valorizar o processo de liderança.

Figura 4.1. Liderar líderes: o trabalho a ser feito.

O trabalho	Atividades exigidas
Traduzir a estratégia para o planejamento operacional	• Criar uma linha clara de visão entre as atividades da linha de frente e a estratégia geral do negócio. • Apoiar os líderes da linha de frente para dar sentido à estratégia de negócio. • Atribuir tarefas e delegar o poder de decisão necessário aos subordinados diretos.

(continua)

(*continuação*)

O trabalho	Atividades exigidas
Desenvolver líderes	• Adotar uma abordagem estruturada, apoiando seus líderes para que se tornem líderes melhores. • Dar coaching de liderança aos subordinados diretos no dia a dia. • Apoiar os subordinados diretos no desenvolvimento da expertise técnica.
Acompanhar a performance dos líderes	• Fazer uma avaliação dos subordinados diretos com base em fatos e na performance deles como líderes. • Avaliar os subordinados diretos com base em fatos e na performance deles em relação ao objetivo do negócio. • Incluir o feedback sobre performance de liderança nas conversas de alinhamento.
Selecionar líderes	• Escolher novos líderes com base no potencial de liderança – não apenas na expertise técnica. • Selecionar os subordinados diretos para amanhã – não apenas para hoje. • Substituir os subordinados diretos que se mantenham aquém de seu papel de liderança.
Fortalecer a organização	• Alinhar as capacidades organizacionais com as necessidades operacionais e as estratégicas do negócio. • Criar uma organização diversa. • Estabelecer um planejamento sucessório confiável.
Liderar na organização como um todo	• Adotar uma abordagem holística, promovendo os valores por toda a organização. • Romper barreiras e ensejar um fluxo livre de informações e ideias entre as equipes. • Estimular a colaboração ao longo de toda a cadeia de valor.

Fonte: © Leadership Pipeline Institute

O líder de líderes traduz a estratégia em planejamento operacional

Ele toma medidas para garantir uma visão clara da estratégia de negócio e faz sua parte na organização contribuindo para ela. Em seguida, subdivide a estratégia em partes entregáveis, para cada uma de suas equipes, certificando-se de que exista uma visão objetiva sobre a conexão entre as atividades da linha de frente e a estratégia geral. Quando não conseguem enxergar essa importante conexão, os funcionários mostram grave insatisfação com suas funções.

A atribuição de tarefas, a definição das entregas e a delegação de autoridade são exigências primordiais. Para garantir uma execução suave, o líder de líderes delega aos subordinados diretos a autoridade apropriada, de modo que os resultados sejam entregues em tempo. Quando as responsabilidades e a autoridade não são repassadas a quem de direito, o líder de líderes se torna facilmente o gargalo.

Até a melhor das estratégias enfrenta problemas. Partes dela podem ser adiadas ou, talvez, algumas iniciativas temporárias não estejam dando suporte completo a ela. Sempre que isso ocorrer, os funcionários podem adotar uma atitude cínica em relação à estratégia. O líder de líderes precisa estar o tempo todo a par de qualquer mudança no negócio e pronto a explicá-la dentro da organização. Nesses casos, precisa ser um defensor da alta direção. Pode ser uma tarefa complicada, mas faz parte das atribuições de uma gerência de médio escalão que funciona bem.

O líder de líderes desenvolve outros líderes

Tornar-se competente no desenvolvimento de líderes de líderes exige certa experiência. Leva algum tempo para entender como definir metas que exigem crescimento sem levar ao fracasso. É importante dar apoio aos líderes da linha de frente para que adquiram o próprio estilo de liderança em vez de forçá-los a enquadrar-se em determinado perfil. Por mais que o líder de líderes pergunte a si mesmo "Por que eles não fazem do jeito que eu fazia?", podem existir boas razões, e elas devem ser exploradas.

O treinamento de líderes de primeira linha exige um entorno que dê apoio, permitindo erros, mas não o fracasso. Um entorno em que exista enorme entusiasmo pelo aprendizado. Para fomentar esse ambiente, o líder de líderes precisa desenvolver sensibilidade em relação ao poder. Isso significa que deve usar seu poder de maneira a motivar e oferecer coaching em vez de menosprezar e desmoralizar os outros. Muitos chefes reagem impulsivamente ao erro de um líder de primeira linha, dando a esse líder a sensação de impotência. Um equilíbrio entre o feedback positivo e o negativo e o reconhecimento da hora certa de dar feedback ou *feedforward* negativo, sabendo como fazer isso, são características marcantes de um bom líder de líderes.

O líder de líderes faz o acompanhamento da performance dos outros líderes

Isso exige mudar o foco da atenção para a prestação de contas, porque anteriormente o líder estava concentrado em responsabilizar pessoas pelo trabalho técnico ou de colaborador individual. No novo papel, é preciso aprender como responsabilizar o líder de primeira linha pelo trabalho de liderança: a qualidade das decisões de recrutamento, a frequência e a qualidade do feedback de performance, o coaching, a capacidade de trabalhar em equipe com outras unidades e a habilidade para produzir resultados por intermédio da equipe.

O líder de líderes seleciona líderes

Selecionar líderes é uma tarefa que os líderes de outros desconhecem. Eles não estão acostumados a avaliar fatores como a disposição da pessoa a liderar; as habilidades de comunicação e planejamento; a capacidade de motivar e estimular o engajamento; os valores de trabalho. Isso exige identificar possíveis candidatos, dando a eles a oportunidade de descobrir se gostam e se fazem bem o trabalho de liderança. Atribuir às pessoas missões de liderança de equipes e de projetos é apenas uma forma de conhecer melhor a habilidade e a disposição dessas pessoas para liderar.

O líder de líderes precisa dispensar os líderes de primeiro escalão que não estejam à altura dos projetos. Em muitos casos, essa tarefa é mais difícil do que a dispensa de um colaborador individual. Enquanto os motivos para dispensar um profissional desse tipo costumam ser mais claros – não entregar os resultados necessários ou não se encaixar nos valores da empresa –, os motivos para transferir ou dispensar um líder de primeiro escalão são menos tangíveis. Deixar de cumprir os deveres de líder ou não gastar tempo suficiente com esses deveres são razões comuns. Reconhecer esses problemas e retirar pessoas do papel de liderança exige certa coragem, firmeza emocional e autoconfiança. Permitir que líderes com desempenho inferior continuem em cargos de liderança de primeira linha obstrui o pipeline de liderança na fonte e pode privar a empresa de colaboradores individuais de alta performance. Ninguém quer trabalhar com um mau líder.

O líder de líderes cria uma organização diversa

Essa é uma importante exigência, porque representa selecionar colaboradores, e não clones. Com grande frequência vemos líderes de líderes escolherem pessoas com quem têm uma relação consolidada, ou ex-subordinados diretos, em vez de pessoas que são mais qualificadas para o posto. É uma tática que pode ser desastrosa, porque muitas vezes esses amigos não estão dispostos a desafiar o chefe, podendo não trazer uma perspectiva inovadora para a função. Não prestar atenção na diversidade é um erro.

O líder de líderes lidera na organização como um todo

Isto significa administrar as fronteiras entre as equipes que respondem a ele e entre as organizações homólogas. O líder de líderes precisa entender de onde o trabalho vem e para onde vai. É uma questão crucial de responsabilização. Ele tem que ser um rompedor de barreiras, destruindo qualquer muro que impeça o fluxo de trabalho e informação entre as diferentes funções e com os outros grupos. Isto significa, é claro, fazer a transição de um mindset puramente operacional para um mindset de busca total de resultados. Tão importante quanto é incutir esse valor nos líderes de primeira linha e nos colaboradores individuais. Uma contribuição eficaz entre unidades costuma acelerar os processos de trabalho, e o líder de líderes forte ajuda sua organização a obter essa vantagem competitiva. Gerenciar as fronteiras é uma questão de habilidades relacionadas a valores e gestão do fluxo de trabalho. Isso representa monitorar o fluxo entre a própria unidade e as demais da organização, fazer perguntas e recomendar melhorias.

A transição para o papel

Não é difícil fracassar na transição necessária de líder de outros para líder de líderes. Se o líder achar que se trata apenas de liderar mais pessoas, estará cometendo um erro terrível. Muitas vezes, o líder de líderes é promovido ao novo cargo sem qualquer apoio à transição. A organização simplesmente acredita que aquele líder parece bem preparado para ser líder de líderes, com base em muitos anos de boa performance na liderança de outros. O líder de outros capacitado e sério dá a impressão de que pode assumir com facilidade o papel de líder de líderes de uma hora para outra. Nesse nível, as aparências podem ser enganosas. A função de líder de líderes é muito diferente da de líder de outros.

Quando a organização não opera com uma definição clara de retratos diferenciados para os líderes de outros e para os líderes de líderes, e um cenário de valores de trabalho, aplicação do tempo e habilidades, está atraindo problemas para si.

A Figura 4.2 apresenta um panorama das diferenças em valores de trabalho, aplicação do tempo e habilidades entre líderes de outros e líderes

Figura 4.2. Liderar outros versus liderar líderes: diferenças centrais em valores de trabalho, aplicação do tempo e habilidades.

Liderar outros

VALORES DE TRABALHO
- Obter resultados por meio de outros
- Observar o sucesso dos subordinados diretos e da unidade
- Ser você mesmo um líder

APLICAÇÃO DO TEMPO
- Criar um planejamento anual (orçamento, projetos)
- Reservar tempo para os subordinados diretos
- Fazer um trabalho gerencial

HABILIDADES
- Criar um design de cargos
- Selecionar
- Delegar
- Ser coach
- Dar feedback
- Fazer a gestão de performance
- Fortalecer o engajamento da equipe
- Fortalecer a equipe
- Desenvolver segurança psicológica

Liderar líderes

VALORES DE TRABALHO
- Obter resultados por meio de líderes
- Ver o sucesso na cadeia de valor
- Lidar com ambiguidade
- Liderar com base em valores

APLICAÇÃO DO TEMPO
- Fazer um planejamento operacional de longo prazo (dois a três anos)
- Alocar recursos
- Fornecer informações aos escalões superiores para o planejamento estratégico
- Fazer a gestão das fronteiras entre as equipes
- Dedicar-se à gestão das fronteiras com as organizações homólogas

HABILIDADES
- Criar um design organizacional
- Selecionar líderes
- Fazer a gestão dos *stakeholders*
- Avaliar a performance dos líderes
- Criar uma organização diversa
- Estabelecer a agilidade dentro da organização
- Fortalecer a capacidade estratégica

Fonte: © Leadership Pipeline Institute.

de líderes. A lista representa aquilo que diz respeito à maioria dos papéis de líder de líderes. Sua organização pode necessitar de alguns acréscimos à lista.

Figura 4.3. Resultados consolidados para líderes de líderes.

Quais foram os dois ou três maiores desafios que você enfrentou nos primeiros três a seis meses depois de migrar para o papel de líder de líderes?	Quais são as duas ou três coisas de que você mais sente falta da época em que era líder de outros ou colaborador individual?	Quais são as duas ou três coisas às quais você gostaria de dedicar mais horas em seu posto atual, mas parece não encontrar tempo para fazê-las?	Quais são as duas ou três habilidades mais importantes que você concluiu que precisava ter como líder de outros?
1. Perder o controle por não ter um conhecimento aprofundado de tudo 2. Ter clareza quanto à posição na cadeia de valor – como minha organização se encaixa no cenário mais amplo 3. Comunicar-me por meio dos líderes – há uma demora entre meu briefing à equipe e a realização na linha de frente 4. Fazer a gestão dos *stakeholders* 5. Não pôr a mão na massa e confiar na equipe.	1. Estar perto da ação – a satisfação de completar uma tarefa 2. Ser um expert em minha área de trabalho 3. Contar com um panorama detalhado – saber em que pé estamos 4. Estar no controle do tempo: a) ter tarefas únicas/múltiplas; b) ser mentor de outros; c) comandar os próprios prazos 5. Ter equilíbrio entre vida pessoal e profissional	1. Focar na estratégia em vez de ficar apagando incêndios 2. Compreender a estratégia da empresa 3. Fazer networking/compartilhamento de conhecimento com os pares 4. Criar um planejamento de longo prazo – ser menos reativo 5. Ter mais visibilidade em minha própria organização – e não apenas perante meus subordinados diretos	1. Liderar por intermédio de outros líderes 2. Gerir os *stakeholders* – formação de relacionamentos 3. Avaliar meus líderes – como saber se eles são bons líderes? 4. Empoderar minhas equipes para que as coisas sejam feitas sem minha interferência 5. Dar coaching aos líderes

Fonte: © Leadership Pipeline Institute.

No Capítulo 1 descrevemos nossas pesquisas de campo desde 2010. A Figura 4.3 traz os resultados consolidados em relação aos líderes de líderes.

Valores de trabalho

Liderar líderes é um cargo de liderança muito mais puro. Alguns líderes de líderes comandam pequenas organizações com apenas 15 pessoas, mas a maioria tem mais de trinta, cinquenta ou cem. Nessas grandes empresas raramente executam qualquer trabalho de colaborador individual.

Qualquer que seja o tamanho da organização, tornar-se um líder de líderes eficaz passa pela adoção do mindset ideal. O primeiro pensamento de cada dia deve ser: "Estou criando líderes e conectando uns aos outros." O desenvolvimento de lideranças começa pelos líderes de líderes, e não pelos programas de treinamento. A eficiência se constrói pela conexão entre todos os líderes de outros, para que o trabalho flua de forma harmoniosa por toda a organização.

ESTUDO DE CASO

Miguel trabalha no departamento de P&D de uma empresa de eletrônicos de luxo. Como líder de outros, há vários anos ele é reconhecido por desenvolver especialistas talentosos e de alta performance. Um ano e meio atrás, ele foi promovido ao cargo de líder de líderes, graças à sua capacidade de atrair, reter e desenvolver pessoas. No novo perfil, Miguel chefiava três ex-colegas, todos eles no papel de líder de outros. Ao longo desse ano e meio, dois ex-colegas pediram demissão e outro mudou de função dentro da empresa. Os prazos deixaram de ser cumpridos. Tudo isso aborreceu Ahn, a chefe do departamento de P&D.

Ahn pediu ao departamento de RH que analisasse a situação. A primeira impressão dela era de que os ex-colegas tinham se sentido preteridos no processo de promoção, algo que ela queria evitar no futuro. Depois de estudar o caso, o departamento de RH trouxe uma conclusão diferente. As entrevistas demissionais com os dois líderes de outros que haviam saído da empresa, além das conversas com os atuais líderes de outros que se reportavam a Miguel, pintaram um

> quadro claro de um Miguel que, em muitos aspectos, tratava os líderes de outros como trabalhadores especializados, e não como líderes de outros. Não houve nenhum esforço para fortalecer o trabalho em equipe ou as habilidades de liderança.

No caso apresentado, Miguel pegou seus pontos fortes como líder de outros e utilizou-os no papel de líder de líderes. Ele sempre soube desenvolver trabalhadores especializados, dar-lhes coaching e feedback. Porém, no novo cargo, os subordinados diretos tinham a expectativa de receber desenvolvimento como líderes. Ao selecionar novos líderes de outros, o foco se concentrava apenas na expertise profissional das pessoas, sem levar em conta o potencial para liderar. Em vez de formar uma equipe de líderes, Miguel optou por liderar seus subordinados diretos individualmente, muitas vezes participando das reuniões que eles faziam com as próprias equipes. No fim das contas, Miguel não dava muito valor a liderar por meio de outros líderes, apoiando-os para que se tornassem melhores e permitindo que fossem líderes plenos de suas equipes. Nesse caso específico, Ahn acabou transferindo Miguel de volta ao papel de líder de equipe, ainda que comandando uma equipe significativamente maior que antes.

Aplicação do tempo

Como foi mencionado anteriormente, o papel de líder de líderes é de liderança muito mais pura, em que a má aplicação do tempo gera consequências. O líder de outros cuja equipe é composta por menos de dez funcionários pode até passar boa parte do tempo fazendo o serviço de colaborador individual. No entanto, os líderes de líderes não deveriam atuar como colaboradores individuais. Nesse nível, sua função é fazer as coisas acontecerem por intermédio dos líderes que se reportam a ele. Alguns líderes de líderes também têm especialistas seniores que se reportam diretamente a eles. Em estruturas assim, é preciso criar condições em toda a organização para que os especialistas seniores realizem seu trabalho do jeito exigido, sem interferência.

A maioria dos líderes de líderes tem no máximo sete subordinados diretos. Como podem passar o dia inteiro "liderando"? O fato é que o papel de liderança, hierarquia abaixo, não toma o dia inteiro. No entanto, o líder de líderes também desempenha um papel importante de amarração horizontal da organização. Ele precisa reservar um tempo considerável para fazer contatos por toda a organização. Gerenciar as fronteiras entre sua unidade e as unidades homólogas, tratar com *stakeholders* de toda a empresa e participar de diversos projetos transversais exigem tempo. Além disso, muitos líderes de líderes precisam passar informações hierarquia acima, subsidiando o processo estratégico. Têm de dedicar tempo a obter uma compreensão integral da estratégia, porque são responsáveis por traduzi-la em planejamento operacional.

Muitos líderes de líderes se surpreendem com a quantidade de horas que a atuação horizontal do papel de liderança absorve. É comum ouvirmos comentários como "Sinto que fui subtraído da minha organização", "Nunca vou conseguir realizar meu trabalho passando tanto tempo longe da minha unidade" ou "Tenho que participar de muitas reuniões fora da minha própria organização". No entanto, é essa a natureza do papel do líder de líderes. É parte da função. Em consequência, os líderes de líderes não têm tempo para realizar o trabalho de colaborador individual.

Habilidades

A um primeiro olhar, algumas das habilidades exigidas do líder de líderes parecem semelhantes às do líder de outros. Por exemplo, o líder de outros dá coaching a seus subordinados, assim como o líder de líderes. O líder de outros avalia a performance dos subordinados diretos, assim como o líder de líderes. E, no fim das contas, essas são as tarefas que mais consomem tempo quando se é líder. Então, qual é mesmo a diferença?

Essa é, de fato, uma pergunta pertinente, mas a resposta é simplíssima: existem importantes diferenças, e não reconhecê-las é um dos maiores erros que um líder novo pode cometer.

A Tabela 4.1 ilustra as diferenças entre os dois papéis em três áreas em que são mais sutis – e, por isso, muitas vezes ignoradas.

Ao migrar para o papel de líder de líderes, liderar se torna uma profissão. A principal armadilha relacionada às três habilidades da tabela é focar em proficiências técnicas/profissionais na hora de selecionar, desenvolver e avaliar a performance dos subordinados diretos que lideram outros. Ao fazer isso, eles não apenas terão dificuldade com a própria performance como farão com que todo o pipeline de liderança fique obstruído. A habilidade nova é a capacidade de avaliar e melhorar a forma como os subordinados diretos tomam atitudes como definir a direção, dar coaching, atribuir tarefas e medir a performance.

Tabela 4.1. Três diferenças entre o líder de outros e o líder de líderes.

Líder de outros	Líder de líderes
Seleciona colaboradores individuais	Seleciona líderes
Desenvolve colaboradores individuais	Desenvolve líderes
Avalia a performance de colaboradores individuais	Avalia a performance de líderes

Problemas típicos da transição

Para a maioria das pessoas, migrar do papel de líder de outros para o de líder de líderes está associado a problemas significativos. Vamos repassar as armadilhas típicas usando alguns exemplos (ver a Figura 4.4).

Figura 4.4. Problemas típicos da transição para líderes de líderes.

Problemas típicos da transição

- Deixar de desenvolver subordinados diretos para ser líderes eficazes
- Não responsabilizar subordinados diretos pela performance de liderança
- Ser incapaz de empoderar os líderes que se reportam a você
- Focar em liderança hierarquia abaixo, mas pouco lado a lado e acima
- Sentir dificuldade com a combinação de colaboradores individuais e líderes de outros como subordinados diretos

Fonte: © Leadership Pipeline Institute.

Deixar de desenvolver subordinados diretos para ser líderes eficazes

Trabalhamos com uma organização que, durante vários anos, buscou criar uma cultura de desenvolvimento comandada por líderes. A intenção era que todos os líderes assumissem a responsabilidade por desenvolver os subordinados diretos em plena atividade profissional cotidiana.

Essa organização implementou uma série de iniciativas a fim de atingir esses objetivos:

- Ofereceu treinamento em coaching a todos os líderes.
- Fez todos os líderes passarem por treinamento on-line sobre os princípios 70-20-10, definição de objetivos de desenvolvimento eficazes e outros temas relevantes.
- Adotou uma iniciativa especial no sistema de performance e desenvolvimento, permitindo que o departamento de RH verificasse se todos os funcionários tinham pelo menos um objetivo de desenvolvimento.
- Acompanhou as perguntas referentes ao desenvolvimento das pessoas em suas funções durante a pesquisa de engajamento. Isso incluía uma pesquisa de pulso trimestral, em que se faziam perguntas relacionadas ao desenvolvimento no trabalho a certo percentual dos funcionários.

Passados alguns anos, houve uma melhoria significativa da cultura de aprendizado da organização. Mesmo assim fomos procurados, porque ainda havia problemas para desenvolver um número suficiente de líderes qualificados, sobretudo no nível de líder da linha de frente.

Nosso diagnóstico indicou o problema. Entre as perguntas que fizemos a um número de líderes de outros selecionados, estavam as seguintes:

- Nas três últimas conversas com seu gestor imediato, quanto tempo foi gasto, em termos percentuais, para tornar você um líder melhor em vez de discutir números, marcos e problemas técnicos ou simples solução de problemas?
- Qual percentual de seus objetivos de desenvolvimento está concentrado em fazer de você um líder melhor?
- Até que grau você sente que é responsabilizado por ser um bom líder?

Havia várias outras perguntas, e elas foram combinadas à coleta de objetivos de desenvolvimento específicos e a entrevistas com líderes selecionados em diferentes níveis de liderança.

As conclusões desse pequeno exercício de diagnóstico foram bastante consistentes. Enquanto os líderes, de modo geral, focavam mais no desenvolvimento dos subordinados diretos, na comparação com o que costumamos ver, o foco primordial dos líderes de líderes era desenvolver as habilidades profissionais dos líderes de equipes em vez de habilidades de liderança. A falta de desenvolvimento de liderança se devia a dois fatores principais: (1) os líderes de líderes não sabiam como desenvolver líderes na função, por isso recorriam àquilo que faziam quando eram líderes de outros – especificamente, desenvolver as habilidades profissionais dos subordinados diretos, e (2) os líderes de líderes não valorizavam essa parte do papel. Tinham consciência de sua importância, mas na vida cotidiana nunca reservavam tempo para ela.

Não responsabilizar subordinados diretos pela performance de liderança

Quando aplicamos nossa ferramenta de diagnóstico de liderança a nossos clientes, perguntamos aos líderes de líderes qual a importância de seus subordinados diretos terem uma boa performance como líderes. A nota média, em uma escala de zero a dez, é 9,5.

Também perguntamos aos líderes de outros que se reportam a esses mesmos líderes de líderes: "Até que ponto, em uma escala de zero a dez, você sente que é cobrado para ser um bom líder?" A nota média em resposta a essa pergunta foi 5.

E por que os líderes de líderes, que consideram tão importante uma boa liderança, não cobram seus líderes de outros por sua performance de liderança?

Como discutido anteriormente, a maioria dos líderes de líderes foi promovida a esse papel a partir de um cargo de líder de outros. Como tal, eles cobram dos subordinados diretos seus resultados técnicos, trabalho e proficiência profissional. A partir desse diagnóstico, constatamos que os líderes de líderes continuam a atuar como líderes de outros ao analisar a performance dos subordinados diretos.

Do ponto de vista intelectual, os líderes de líderes têm consciência da importância de ter bons líderes como subordinados diretos. Portanto, em relação aos valores de trabalho, fizeram parte da transição. Porém não estão dedicando tempo suficiente a coletar dados sobre performance. Nem todos os fatos relacionados à performance de liderança podem, da mesma forma que muitos resultados de negócios, ser rastreados de maneira automática em um sistema. Nada substitui dar um passeio pela organização e ver as pessoas em ação. A habilidade para captar informações sobre a performance e interpretá-las corretamente é essencial para esse papel.

ESTUDO DE CASO

Contratado por uma grande empresa de tecnologia para ser gerente de desenvolvimento de software e conversão, Vic passou de responsável por uma unidade de aplicativos, gerindo 14 pessoas, a líder de 150 pessoas, com 12 subordinados diretos cujas unidades desenvolviam, adquiriam e faziam a manutenção dos softwares existentes. O novo empregador de Vic enfrentava sérios problemas de conversão, de prazos e de competitividade.

Como gerente de primeira linha, Vic tinha as qualidades necessárias para o cargo. Havia passado por um bom programa de treinamento e por um feedback de 360 graus para aumentar a compreensão de seus pontos fortes e fracos como gestor. Ele trabalhava com constância para corrigir defeitos. No novo papel, Vic gastava bastante tempo aprendendo sobre todos os projetos de sua área e conhecendo as pessoas. Durante essa fase de aprendizagem, ele descobriu que vários projetos importantes estavam atrasados, que ele era um gerente de primeira linha melhor que muitos de seus subordinados diretos e que o moral andava baixo porque as pessoas estavam fazendo horas extras sem muito resultado.

Com a assertividade e a habilidade que fizeram dele um bom gerente de primeira linha, Vic tomou atitudes imediatas. Ao fazer análises de projetos, reorganizar prioridades e reposicionar especialistas em aplicativos, ele conseguiu pequenas melhorias. No entanto, elas não foram significativas o bastante para satisfazer Vic e sua chefia.

> Além disso, ele estava atolado em problemas alheios. Todos os dias, assim que o dia começava, uma fila se formava na porta de sua sala, com subordinados diretos e colaboradores individuais requisitando sua opinião e aprovação para tal e tal trabalho. Vic não tardou a ficar sem o tempo de que precisava para as questões de projeto e de orçamento com que precisava lidar.

Ser incapaz de empoderar os líderes que se reportam a você

O foco principal do líder de líderes – a área em que há um fluxo simultâneo de valores de trabalho, aplicação de tempo e habilidades – é o empoderamento dos gerentes de primeira linha. Em vez de empoderá-los, Vic estava desautorizando-os. Ao dar ordens diretamente aos colaboradores individuais e ao realizar por conta própria a avaliação dos projetos, Vic assumia atividades que caberiam, por direito, aos subordinados diretos. Os colaboradores individuais começaram a pular seus próprios chefes para falar com Vic, porque era ele quem cuidava de tudo.

Se Vic tivesse tido a ajuda necessária para fazer uma transição adequada para o nível de liderança, teria reagido a essa situação de maneira diferente. Desde o começo, teria reunido a equipe, ouvido seus pontos de vista e pressionado por recomendações. Embora Vic pudesse, é claro, exercer o poder de veto caso essas recomendações fossem inadequadas, ele poderia ter deixado os gerentes de primeira linha tomar decisões a partir das opções disponíveis. Ao delegar a seu pessoal a tomada de decisões em relação aos projetos, cobrando a responsabilidade por essas ações, Vic teria criado um ambiente melhor para que seus subordinados diretos desenvolvessem habilidades de liderança. Assim, ele teria evitado ficar sem tempo.

Vic também teria momentos de sobra para observar como seus gerentes agiam. Em vez de tratá-los como se fossem colaboradores individuais realizando tarefas técnicas, ele os trataria e avaliaria como líderes realizando tarefas de liderança. Ao prestar atenção nos valores de trabalho, aplicação do tempo e habilidades de liderança dos subordinados diretos, Vic teria coletado as informações necessárias para lhes dar coaching de forma eficaz.

Focar em liderança hierarquia abaixo, mas pouco lateralmente e acima

Dê mais uma olhada na terceira coluna da Figura 4.3: "Quais são as duas ou três coisas às quais você gostaria de dedicar mais horas em seu posto atual, mas parece não encontrar tempo para fazê-las?" Você vai deparar com duas respostas:

- Compreensão da estratégia da empresa;
- Networking/Compartilhamento de conhecimentos com os pares.

Todos os líderes de líderes que encontramos são ocupados – ocupadíssimos, para falar a verdade. Dedicam-se muito, por muitas horas, ao trabalho. Portanto, nenhuma solução para os problemas advêm de horas extras. O que quer que façam, dificilmente terão tempo de realizar tudo aquilo que gostariam. O truque é encontrar o equilíbrio ideal para não se desgastar tanto e empoderar os subordinados diretos como líderes.

Uma empresa de produtos eletrônicos, com aproximadamente 1.800 funcionários, tinha notas muito baixas, entre os empregados da linha de frente, na pesquisa de engajamento. As duas perguntas com as piores notas foram:

- Você compreende a estratégia da sua empresa?
- Você entende como seu trabalho se relaciona à estratégia da empresa?

As notas também foram baixas em uma série de perguntas correlatas. Eis alguns comentários representativos feitos por empregados da linha de frente:

- "Vemos a estratégia geral mudar várias vezes por ano, por isso não temos uma estratégia de verdade."
- "Não vejo lógica entre a estratégia que temos no papel e o modo como priorizamos nosso trabalho no dia a dia."
- "Não tenho certeza de que meu gestor compreenda a estratégia."

A reação imediata da alta cúpula foi aumentar o número de encontros com os funcionários, de uma reunião anual para reuniões trimestrais. O raciocínio foi: "Precisamos nos aproximar dos empregados da linha de frente e explicar melhor nossa estratégia."

Isso não melhorou as notas.

Quando recorreram a nós, começamos entrevistando o escalão de líderes entre a alta cúpula e os líderes da linha de frente. Logo nos demos conta de que a origem do problema estava nessa camada – os líderes de líderes.

Existe uma enorme distância entre a estratégia de uma empresa e as atividades da linha de frente. Era preciso que os líderes de líderes compreendessem a estratégia e aderissem a ela, traduzindo-a na forma de planejamento operacional e garantindo uma linha clara entre as metas estratégicas e as atividades do dia a dia.

Além disso, por melhor que seja a estratégia implantada, a empresa pode precisar tomar ao longo do ano decisões que não ajudam diretamente essa estratégia e podem até ser vistas como contraditórias em relação a ela. Assim é a natureza das empresas, em um ambiente de negócios em rápida transformação. O papel do líder de líderes, nessas situações, é ajudar os gerentes e funcionários da linha de frente a entender o raciocínio por trás dessas decisões. Para isso, precisam eles próprios dedicar algum tempo a conhecer a situação estratégica em vez de apenas executá-la.

Embora a empresa tivesse 25 gerentes médios, esses gerentes nunca haviam criado um fórum em que pudessem se encontrar e discutir temas multifuncionais. Alguns até se encontravam, mas tinham conversas a dois bastante desestruturadas.

Nessa empresa específica, os gerentes médios não recebiam muito suporte quando assumiam suas funções. A alta cúpula ficava o tempo todo cobrando dos gerentes médios o levantamento de informações detalhadas de todo tipo. Da mesma forma, nunca se definiu o papel do gerente médio como uma atribuição à parte. Também vimos como a alta cúpula, depois de se dar conta das notas baixas de engajamento, assumiu a tarefa de incutir a estratégia na organização em vez de mobilizar os líderes de líderes.

É isso que torna esse caso particularmente importante. Ao procurar a razão original do problema, analise com cuidado antes de tirar conclusões. Teria sido mais fácil imaginar que a causa original do entrave era a prioridade dada pelos líderes de líderes à liderança abaixo na hierarquia. No entanto, a verdadeira causa era a forma como a alta cúpula enxergava e utilizava o papel dos líderes de líderes.

Sentir dificuldade com a combinação de colaboradores individuais e líderes de outros como subordinados diretos

Em alguns casos, vimos empresas cujo design organizacional é muito simples, com estruturas claras. No varejo, por exemplo, sempre há gerentes de loja (líderes de outros) se reportando a gerentes locais (líderes de líderes), que se reportam a gerentes regionais (líderes de líderes liderando outros líderes de líderes), que por sua vez se reportam ao CEO (o gerente de função). Na área industrial, encontramos designs organizacionais igualmente simples.

Em casos assim, o líder de líderes tem como únicos subordinados diretos outros líderes, o que faz todo o sentido. No entanto, essa está longe de ser a realidade de muitos líderes de líderes. Eles têm tanto líderes de outros quanto colaboradores individuais que se reportam a eles. Para todos os fins, isso significa que desempenham dois papéis de liderança. Quando têm conversas individuais de avaliação com os líderes de equipe, precisam assumir o papel de líder de líderes. Duas horas depois, podem ter uma conversa individual de avaliação com um de seus colaboradores individuais. Assumem, então, o papel de líder de outros.

É comum vermos líderes de líderes com dificuldade em equilibrar essas duas facetas de sua função. É complicado fazer a transição de líder de outros para líder de líderes e mostrar-se de fato à altura do cargo. Continuar sendo líder de outros ao mesmo tempo não facilita a tarefa. No entanto, essa é a realidade, e o que vemos é que os líderes de líderes tendem a tratar todo mundo como colaborador individual. As consequências são bastante visíveis.

Os objetivos de negócio, no caso do líder de outros, são estabelecidos em um nível muito baixo; o líder de outros descobre que não lhe delegaram a autoridade necessária; o líder de outros não tem nenhum objetivo de desenvolvimento relacionado a se tornar um líder melhor; o líder de outros só é cobrado pelo seu trabalho como colaborador individual, e não pela performance de liderança.

Variações do papel

Assim como ocorre com a função de líder de outros, o papel de líder de líderes pode variar de um setor para outro. Em organizações baseadas no conhecimento, muitos líderes de líderes têm como subordinados diretos líderes de equipe e especialistas de alto nível. Nas organizações de grande porte e altamente operacionais, podem existir duas ou três camadas de líderes de líderes. Da mesma forma, alguns líderes de líderes podem comandar uma unidade com 25 pessoas, enquanto outros comandam centenas de funcionários. Mesmo com essas diferenças, precisam agregar valor enquanto líderes de líderes. Por isso, todos estão sujeitos aos valores de trabalho, aplicação do tempo e habilidades da forma apresentada neste capítulo.

O líder de líderes no setor de tecnologia

Muitos líderes de líderes têm como subordinados diretos colaboradores individuais e líderes de outros. Isso é comum em organizações com base em tecnologia e em organizações científicas. Elas precisam garantir que seus especialistas de alto nível sejam promovidos, a fim de que suas vozes e seus conhecimentos estejam representados nas equipes de liderança. Isso é trabalho para o líder de outros.

Como esses líderes devem ser classificados: como líderes de outros ou líderes de líderes? É importante recordar que o Pipeline de Liderança não é um modelo hierárquico; é um modelo de liderança com base em papéis. Você não é ou/ou – você é as duas coisas. A aplicação do tempo costuma ser o fator determinante ao decidir qual treinamento deve ser dado ou quais recompensas são mais apropriadas.

Nas reuniões individuais com especialistas, vigora o papel de líder de outros. Mas, na hora de reunir-se com um dos líderes de equipe que se reportam a ele, o líder precisa se comportar como líder de líderes. Não é fácil. O líder de líderes tem de refletir sobre a orientação que dá aos especialistas.

O líder de líderes no setor industrial

No final do Capítulo 3 descrevemos como o papel do líder de outros nas organizações manufatureiras costuma ser visto como de supervisor, e não de líder. Concluímos que os supervisores precisam ser vistos como líderes de outros, mesmo existindo certos aspectos do papel de líder de outros que eles não fariam: atividades como design de cargos, discussões salariais, contratações, demissões e definição de objetivos de negócio individuais nem sempre são parte do papel do supervisor.

Da mesma forma, muitos líderes de líderes no setor industrial se veem envolvidos em algo que poderia ser classificado como trabalho de líderes de outros em algumas organizações. Não há nada de errado nisso. É preciso apenas se certificar de que, ao definir o papel do líder de outros no setor industrial, a descrição do trabalho a ser feito, assim como os valores de trabalho, aplicação do tempo e habilidades, seja reflexo das exigências do líder de líderes.

Usamos o setor industrial como exemplo aqui, mas isso se aplica a grandes serviços compartilhados, organizações de varejo e empresas de entregas, em que há um grande número de trabalhadores que recebem por hora, com acordos sindicais em vigor.

O líder de líderes pode ser líder de seção

Mesmo em uma era de eliminação de níveis, constatamos que nas grandes empresas não é raro que existam dois ou até três escalões de líderes de líderes. E é tudo uma questão de como você se organiza para executar a estratégia, levar em conta o distanciamento e liderar um grande número de pessoas.

Os problemas começam quando não se consegue distinguir um estrato de outro. Cada um deve desempenhar uma função diferente. Se isso não está ocorrendo, é melhor eliminar um dos níveis. Se eles têm papéis distintos, pode ser útil dar ao escalão superior dos líderes de líderes o nome de *líderes de seção*.

No Capítulo 11 dedicamos espaço a tratar como definir esses dois papéis colocados lado a lado e aquilo que de fato faz a diferença quando é preciso selecionar pessoal para cada um deles.

Poderíamos ter dado muitos outros exemplos. O argumento central é que é possível aplicar a descrição do papel de líder de líderes apresentada neste capítulo para, a partir de então, acrescentar o trabalho de liderança específico da sua organização.

Para encerrar, é importante ressaltar que, quaisquer que sejam os diferentes tipos de líder de líderes, sua fonte principal de criação de valor ocorre quando o trabalho é feito por líderes altamente capazes.

5
Liderar uma função

Quando alguém é promovido ao papel de líder de função, fica empolgado por ter chegado ao topo da profissão em sua área. Responde diretamente a um líder de negócio (que pode ser o CEO) e faz parte da equipe de negócio. Seus pares passam a ser os demais líderes de função.

O líder de negócio, na maioria dos casos, não é oriundo da mesma função e, por isso, não dará orientação técnica ao novo gerente. Dará, sim, orientação de negócio. Que precisa ser traduzida em planejamento. O gerente de função, por sua vez, orienta o líder de negócio sobre a capacidade e sobre o que há de melhor em sua função, de modo que ele possa tomar decisões bem fundamentadas e estrategicamente sensatas.

O objetivo principal do líder de função é dar à empresa uma vantagem competitiva, demonstrando capacidade no exercício da função e oferecendo resultados superiores aos da concorrência. Assim a empresa atinge suas metas e melhora sua posição no mercado graças à capacidade de cada funcionário de entregar o serviço.

Como parte da equipe de negócio, o líder de função tem como prioridades participar do desenvolvimento da estratégia de negócio e implementar a vantagem competitiva de sua função. Dessa forma, ele torna esse papel completamente diferente de qualquer cargo de liderança. Muitos líderes são bem-sucedidos atuando em posições de liderança de baixo escalão. Apenas uns poucos felizardos terão êxito como líder de função, porque o cargo exige uma transição do raciocínio operacional e planejamento para o pensamento estratégico e planejamento. A maturidade emocional é uma importante exigência da transição, porque esses líderes vão comandar ex-colegas e amigos.

Por sabermos que podem ocorrer atritos em relação a esse papel, vamos definir o que queremos dizer, no modelo do Pipeline de Liderança, com o termo *líder de função*.

A definição do papel

Existem muitas diferenças entre o líder de função e os demais papéis de liderança. O líder de função é responsável por determinar a direção, por criar a estratégia para aquela função e por assegurar que ela possa ser executada. Por reportar-se diretamente ao líder de negócio ou ao líder de empresa, ele traz expertise à equipe de negócio. Logo, seus pares passam a ser os demais chefes de função. Em muitas situações, ex-pares da época em que eram líderes de líderes agora são seus subordinados diretos.

A depender de variáveis como a dimensão, as práticas do setor e o alcance geográfico, as funções mais comuns são: fabricação e operações, cadeia de suprimentos, vendas, marketing, P&D, engenharia, TI, financeiro, RH, jurídico, auditoria e suprimentos.

Constatamos que algumas organizações usam o termo *líder de função* para uma série de posições. Isso se deve, em parte, a tendências empresariais, ideias de consultoria e um misto de definição de papéis versus definição de títulos. Evidentemente, cada organização dá a seus cargos o nome que melhor funcionar para ela.

As empresas de pequeno e médio porte estão organizadas como um negócio único, com um líder de negócio que é ao mesmo tempo o líder de empresa. Essa também pode ser a situação de grandes companhias constituídas por uma linha ou família de produtos ou serviços. Em casos assim, a empresa toda pode ter apenas cinco a dez líderes de função (ver a Figura 5.1).

Outras empresas têm múltiplas unidades de negócio (UNs), cada UN com seus líderes de negócio e de função (ver a Figura 5.2). O líder de empresa costuma ter líderes de função com responsabilidades empresariais.

Na Figura 5.2, os líderes de função da UN costumam ter uma linha pontilhada até o líder de função do grupo (note que algumas organizações usam

Figura 5.1. Provável estrutura organizacional em uma empresa de negócio único.

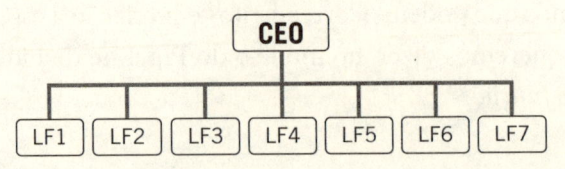

```
                    CEO
  ┌──────┬──────┬────┼────┬──────┬──────┐
 LF1    LF2    LF3  LF4  LF5    LF6    LF7
```

Fonte: © Leadership Pipeline Institute.

o termo funções *de grupo*, enquanto outras preferem funções *corporativas* – só a terminologia é que muda). Havendo quatro UNs, haverá quatro CFOs (diretores financeiros) de UN e um CFO de grupo. O trabalho a ser feito pelo líder de função de UN é diferente do papel de líder de função do grupo; discutiremos mais adiante as principais diferenças.

Figura 5.2. Provável estrutura organizacional em uma empresa de múltiplos negócios.

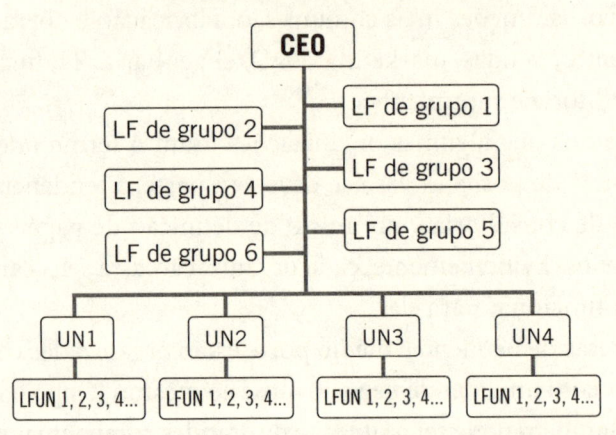

```
                         CEO
                          │
         LF de grupo 2 ───┼─── LF de grupo 1
                          │
         LF de grupo 4 ───┼─── LF de grupo 3
                          │
         LF de grupo 6 ───┼─── LF de grupo 5
                          │
         ┌────────┬───────┴───────┬────────┐
        UN1      UN2             UN3      UN4
         │        │               │        │
   LFUN 1,2,3,4  LFUN 1,2,3,4  LFUN 1,2,3,4  LFUN 1,2,3,4
```

Fonte: © Leadership Pipeline Institute.

Um indicador do papel de líder de função é reportar-se diretamente ao líder de negócio ou ao CEO. Mas nem sempre é o caso: quando líderes de negócio e CEOs decidem como os cargos serão organizados, escolhem quantas e quais funções querem ter reportando-se diretamente a eles ou elas. Alguns CEOs e líderes de negócio contam com um COO, ou diretor operacional,

CFO, etc. que supervisiona os departamentos jurídico, de relações públicas, de suprimentos e, às vezes, o RH. Vimos muitas vezes empresas em que várias funções, como TI e jurídico, se reportam ao CFO. Esses elementos agregados (jurídico, TI, RP e assim por diante) continuam sendo funções.

Para entender quem é líder de função, pode ser útil entender quem *não é*.

O diretor de gestão de impostos que se reporta ao diretor da contabilidade; o diretor de talentos que se reporta ao diretor de recursos humanos; o diretor de segurança de TI que se reporta ao diretor de TI às vezes são chamados de líderes de função. No entanto, esses papéis não comandam uma função por completo. Comandam uma prática dentro de uma função, mas não se exige que elaborem uma estratégia de função. Caso queira um rótulo separado para eles, uma possibilidade é batizá-los de líderes de prática. Mas eles não são líderes de função. Muitas vezes seu papel é uma combinação das posições de líder de outros e líder de líderes com a de especialista no nível de líder de conhecimento. Existe uma diferença entre cargos e papéis. O Pipeline de Liderança foca nas atribuições.

O trabalho a ser feito

Na Figura 5.3 resumimos o trabalho básico a ser feito na maioria dos papéis de líder de função. Não se trata, porém, de um *job description*, e é preciso que você a adapte à sua empresa. Não incluímos, por exemplo, os resultados operacionais. O conteúdo específico do trabalho exige que o encarregado elabore e execute a estratégia da função; contribua para a estratégia de negócio e dê aconselhamento sobre as capacidades da função como membro da equipe de negócio; estimule a excelência da função; monte o modelo operacional da função; e se responsabilize pelos talentos da função. Tudo isso é feito em favor do negócio.

O líder de função de grupo realiza tarefas semelhantes para toda a empresa. As políticas e os programas da organização representam uma parte importante de seu papel. Normalmente, eles teriam certa voz em relação às tarefas dos líderes de função das UNs, como definir os padrões de performance, aprovar a estratégia e as metas da função e a alocação dos talentos. O líder de função da UN precisa equilibrar aquilo que foi decidido no nível do

Figura 5.3. Liderar uma função: o trabalho a ser feito.

O trabalho	Atividades exigidas
Ajudar a equipe de negócio a ter êxito	• Participar ativamente da definição e execução da estratégia geral de negócio. • Reconhecer o valor das outras funções. • Levar em conta as preocupações transversais nas discussões e na tomada de decisões em vez de pensar apenas na própria função.
Desenvolver e executar a estratégia funcional	• Elaborar uma estratégia funcional que dê apoio à estratégia geral de negócio. • Impulsionar a agenda funcional rumo ao futuro, buscando vantagens competitivas de curto e longo prazos. • Executar a estratégia funcional no tempo certo e de maneira eficaz.
Estimular a excelência funcional	• Implementar e otimizar os processos funcionais-chave oportuna e rigorosamente. • Criar um ambiente inovador que inspire novas formas de trabalhar. • Definir os indicadores-chave de performance relevantes para a função.
Fortalecer a função	• Fortalecer a função para atender às necessidades de negócio de curto e longo prazos. • Implementar um sistema/ritmo funcional. • Estabelecer uma estrutura organizacional para permitir iniciativas no âmbito da função que cheguem ao restante da organização na velocidade desejada.
Responsabilizar-se pelo desenvolvimento dos talentos no exercício daquela função	• Identificar sucessores de longo e curto prazos em todos os níveis da função. • Criar espaço, dentro da função, para o desenvolvimento de talentos. • Cooperar com os pares na função para garantir o desenvolvimento de oportunidades transversais para os talentos.

(*continua*)

(continuação)

O trabalho	Atividades exigidas
Desenvolver líderes	• Adotar uma abordagem estruturada para ajudar os líderes a se tornar ainda mais bem preparados. • Dar coaching aos subordinados diretos no dia a dia. • Apoiar os subordinados diretos no desenvolvimento da expertise naquela função.
Acompanhar a performance dos líderes	• Dar aos subordinados diretos uma avaliação com base em fatos sobre a performance como líderes. • Avaliar os subordinados diretos com base em fatos sobre a performance em relação ao objetivo de negócio. • Incluir o feedback sobre a performance de liderança nas conversas de alinhamento.
Selecionar líderes	• Escolher novos líderes com base no potencial de liderança – não apenas na expertise na função. • Buscar subordinados diretos para amanhã – não apenas para hoje. • Substituir os subordinados diretos que ficam aquém de preencher o papel de liderança.

Fonte: © Leadership Pipeline Institute.

grupo com as necessidades da UN. Isso adiciona complexidade ao papel do líder de função, podendo levar a um conflito com o líder de negócio.

Na Figura 5.3 detalhamos as responsabilidades e algumas das ações mais prováveis. Claro que essas ações vão variar conforme a situação atual do negócio, a maturidade da organização e a qualidade dos membros da equipe.

Vamos detalhar uma a uma cada categoria de trabalho: o líder de função foca no futuro do negócio e da função que lidera.

O líder de função ajuda a equipe de negócio a ter êxito

Essa responsabilidade exige uma compreensão total do modelo de negócio, do direcionamento estratégico de longo prazo, das metas e das contribuições que virão das demais funções. Pode parecer óbvio e fácil de alcançar, mas não é. Um líder maduro reconhece que precisa ter uma compreensão global, e não apenas do pedacinho onde se sente à vontade. O líder de função pode testar se está preparado para a equipe de negócio respondendo perguntas como estas:

- O que esta empresa está tentando atingir?
- Como ela quer se posicionar no mercado?
- Como se ganha dinheiro neste setor?
- Qual deve ser a contribuição da minha função?
- Como a minha função afeta a capacidade de contribuir das outras funções?

O líder de função desenvolve e executa a estratégia funcional

Essa é uma mudança significativa, porque até esse nível de liderança os líderes focaram na criação e execução do planejamento operacional. O líder de função avalia a contribuição da função, determinando como ela deve adicionar valor. Pode ser necessário redesenhar a estratégia, considerando as condições econômicas, o ganho ou a perda de talentos essenciais para a função e as inovações disponíveis. O líder de função precisa ter ao mesmo tempo a visão daquilo que é necessário para a posição e a capacidade de liderança para concretizá-la. Perguntas interessantes de fazer a si mesmo são:

- Como minha função contribui para a vantagem competitiva?
- Como minha função deve colaborar no futuro para a vantagem competitiva?
- Quais atitudes devo tomar para obter uma vantagem competitiva melhor hoje e no futuro?

Estar a par das últimas tecnologias é um desafio para o líder de função. Saber o que é possível nos âmbitos técnico, operacional e profissional é essencial, pois afeta de modo direto a capacidade de contribuir para a empresa. No ambiente atual, uma estratégia que ainda não tenha adotado tecnologia de ponta pode levar a uma desvantagem competitiva. Na era digital, é fácil obter informações sobre novas tecnologias e os funcionários podem encontrar e pleitear oportunidades eletronicamente. O líder de função precisa capitalizar as buscas pela internet e criar redes para se manter informado sobre novos desdobramentos. Também tem de decidir se a busca de uma nova tecnologia é adequada e se vale o tempo e o dinheiro investidos.

O líder de função estimula a excelência funcional

Essa responsabilidade exige elaborar e implementar processos funcionais cruciais. Alguns deles são aplicados ao negócio como um todo, a exemplo de procedimentos de segurança, modelos de gestão e planejamento sucessório. Outros afetam os métodos de gestão no relacionamento com o cliente do setor de vendas, enquanto podem determinar o enxugamento das operações na área de produção. O desafio para o líder de função é identificar e desenvolver os processos, muitas vezes implementando-os em toda a empresa, em alguns casos envolvendo toda a organização e fazendo um acompanhamento ano após ano. O treinamento é parte importante desse esforço.

O líder de função cria um ambiente que inspira maneiras melhores de trabalhar. Ele precisa deixar claro que espera inovações em toda a função, e não apenas nos escalões inferiores ou superiores. Nos diferentes níveis, os líderes precisam oferecer espaço para experimentações, mesmo que não sejam bem-sucedidas. A tolerância ao erro é necessária para dar chance à inovação. Quando os erros são punidos, ninguém tenta nada de novo. O tom geral precisa ser dado pelo líder de função.

O líder de função fortalece o cargo

Essa responsabilidade tem a ver tanto com o design organizacional quanto com as competências certas para atender às demandas de curto e de longo prazos do negócio.

Depois de implantar a estratégia da função, o próximo passo é tomar atitudes para agregar habilidades em falta. Não é só uma questão de trazer mais gente – envolve também decisões sobre realocar parte da função a outra região onde haja mais talentos disponíveis ou terceirizar certos cargos ao mesmo tempo que novos são criados. São decisões muitas vezes complicadas, que apenas o líder de função pode tomar.

Possibilitar que a função entregue seus objetivos – tanto operacionais quanto estratégicos – requer uma estrutura organizacional que dê espaço para iniciativas abrangentes. O design da função deve assegurar que a decisão certa possa ser tomada pelas pessoas certas envolvendo *stakeholders* relevantes. É igualmente importante estabelecer um sistema/ritmo de função robusto. É fácil deixar-se vitimizar pelos acontecimentos em vez de adotar um ritmo consistente para lidar com os problemas. Esse ritmo garante que as questões estratégicas e operacionais sejam resolvidas ao longo do caminho. Sem essa cadência, no cenário acelerado de hoje, a função pode se tornar vítima das circunstâncias quando a correção dos problemas de curto prazo consumir todos os recursos.

O líder de função se responsabiliza pelo desenvolvimento dos talentos no exercício daquela função

No dia a dia, todos os líderes, em todos os níveis, são responsáveis pelos talentos, mas o líder de função precisa instituir uma cultura que permita que pessoas talentosas prosperem e cresçam. "Talentos" não são apenas uns poucos que talvez um dia tenham potencial de liderança ou de se tornarem líderes de função. No ambiente de negócios atual, os especialistas vêm se revelando um recurso ainda mais escasso. Em consequência disso, tanto líderes quanto especialistas devem se ocupar do planejamento sucessório de curto e de longo prazos.

O líder de função desenvolve os futuros líderes de negócio

O líder de negócio recém-nomeado tira proveito de ter trabalhado em vários cargos ao longo da carreira. O líder de função precisa garantir oportunidades transversais de desenvolvimento. Este é um dos testes do líder de função: ele se dispõe a criar espaço para gente talentosa de outra função por um período de dois ou três anos? Essa pessoa teria que dar uma contribuição convincente. Caso o líder de função consiga abrir esse espaço, terá demonstrado adaptabilidade, versatilidade e capacidade de aprendizado, necessárias para um líder de negócio. Do ponto de vista funcional de curto prazo, poderia ser melhor atribuir os papéis-chave a especialistas, mas esse não é o raciocínio de desenvolvimento de talentos que esperamos de um líder de função.

O líder de função acompanha a performance dos líderes

Para que a empresa tenha êxito, é preciso entregar resultados operacionais, financeiros, técnicos e de liderança – rastreados e medidos. E é comum que falte um ingrediente, que por acaso é o mais importante – os resultados de liderança: são partes essenciais do trabalho definir uma direção clara, obter adesões, atribuir metas e tarefas adequadamente, monitorar o andamento dos projetos, desenvolver o próprio pessoal e prepará-lo para papéis mais elevados. A performance nessas responsabilidades de liderança precisa ser monitorada e medida de modo minucioso. Discussões rápidas e frequentes sobre o andamento ajudam a manter a performance nos trilhos.

O líder de função seleciona líderes de líderes

Os líderes de líderes costumam estar familiarizados com a seleção dos líderes de outros. Os líderes de função terão que selecionar líderes de líderes. Os critérios de seleção são diferentes, e o que é preciso observar não é tão simples. Os dois critérios mais importantes a levar em conta são: (1) foi feita a transição integral para o papel de líder de outros?; (2) a pessoa é capaz de dominar as engrenagens da função como um todo, e não apenas a parte atribuída a ela? As duas etapas seguintes são: (1) perguntar ao grupo de autogestão (especialistas, técnicos, analistas, etc.) sobre o plano de desenvolvimento pessoal e o coaching recebido; (2) pedir a opinião dos candidatos ao cargo em relação aos problemas da função.

A transição para o papel

Essa transição é mais complicada do que parece. Aparentemente, as diferenças entre o papel de líder de líderes e o de líder de função são insignificantes. No entanto, sob a superfície, diversos problemas relevantes estão à espreita. O líder de função novo costuma receber pouco ou nenhum apoio do líder de negócio ao assumir o cargo. Os colegas de função, na equipe de negócio, começam a pedir coisas ao líder recém-nomeado desde o primeiro dia. Essas demandas só vão aumentando. Nesse nível da organização, o período de lua de mel é curtíssimo, muitas vezes não mais que o tempo da primeira reunião da equipe de negócio. Depois a realidade se impõe.

É possível ter um bom começo no papel de líder de função quando há alta competência técnica e ótimas qualidades de liderança. E também quando se cai nas graças dos colegas de função. O tempo e a energia necessários para construir relacionamentos às vezes impedem o líder de função de investir na realização da transição necessária. A Figura 5.4 apresenta um panorama da transição em termos de valores de trabalho, aplicação do tempo e habilidades para o líder de função. Em algumas empresas, será preciso acrescentar outros itens, dependendo dos desafios. E, nas que mantêm vários negócios, devem-se incluir políticas, programas e padrões de estruturação da empresa.

A Figura 5.4 ilustra a transição da liderança de líderes para a de função. Em cargos menores, os líderes passarão diretamente do papel de líder de

Figura 5.4. Liderar líderes versus liderar uma função: diferenças centrais em valores de trabalho, aplicação do tempo e habilidades.

Liderar líderes	Liderar uma função
VALORES DE TRABALHO • Obter resultados por meio de outros • Ver o sucesso na cadeia de valor • Lidar com a ambiguidade • Liderar com base em valores	**VALORES DE TRABALHO** • Apreciar o que não se sabe • Ter vantagem competitiva • Obter resultados totais do negócio • Integrar a equipe de negócio • Ter raciocínio multifuncional
APLICAÇÃO DO TEMPO • Fazer um planejamento de longo prazo (dois a três anos) do negócio • Alocar recursos • Informar o planejamento estratégico aos escalões superiores • Gerenciar limites entre as equipes • Dedicar-se à gestão de fronteiras com organizações homólogas	**APLICAÇÃO DO TEMPO** • Preparar e participar de reuniões com a equipe de negócio • Buscar *benchmarks* e inspiração externos • Dedicar tempo aos talentos da função • Construir uma função robusta
HABILIDADES • Criar um design organizacional • Selecionar líderes • Fazer a gestão dos *stakeholders* • Dar coaching aos líderes • Avaliar a performance dos líderes • Construir uma organização diversa • Aumentar a agilidade interna da organização • Fortalecer a capacidade estratégica	**HABILIDADES** • Criar o desenvolvimento estratégico da função • Fazer o design da estrutura da função • Gerir os talentos da função • Manter indicadores-chave de performance (KPIs, na sigla em inglês de Key Performance Indicators) da função • Produzir um sistema/ritmo da função • Gerenciar o orçamento da função • Criar um ambiente de trabalho de apoio à inovação

Fonte: © Leadership Pipeline Institute.

outros para o de líder de função. Não há nada de errado nisso, mas a transição se torna um desafio ainda maior.

No Capítulo 2 descrevemos nossa pesquisa de campo desde 2010. Na Figura 5.5 você pode ver os resultados consolidados relativos aos líderes de função.

Figura 5.5. Resultados consolidados para líderes de função.

Quais foram os dois ou três maiores desafios que você enfrentou nos primeiros três a seis meses depois de migrar para o papel de líder de função?	Quais são as duas ou três coisas de que você mais sente falta enquanto liderava apenas uma área prática dentro da função, ou parte da função, e agora, como líder de função?	Quais são as duas ou três coisas às quais você gostaria de dedicar mais horas em seu posto atual, mas parece não encontrar tempo para fazê-las?	Quais são as duas ou três habilidades mais importantes que você concluiu que precisava ter como líder de função?
1. Definir eu mesmo a agenda ou os objetivos de negócio. Ninguém me ajuda, tudo tem que partir de mim 2. Reportar-me a uma pessoa que não entende de fato minha função 3. Ter várias áreas práticas funcionais nas quais não tenho experiência reportando-se a mim 4. Conquistar credibilidade/confiança entre os colegas de função	1. Ter um papel mais definido em termos de entregas do negócio 2. Não tenho nada de significativo a dizer	1. Ter tempo fora da empresa para buscar inspiração 2. Entender melhor as funções dos colegas 3. Trabalhar de modo estratégico em relação à função e à empresa 4. Fazer um alinhamento estratégico com as funções dos colegas	1. Definir e impulsionar os indicadores-chave de performance funcionais em toda a organização 2. Fortalecer a vantagem competitiva funcional 3. Compreender a estratégia de negócio 4. Ficar por dentro das funções dos colegas 5. Criar um design organizacional

Fonte: © Leadership Pipeline Institute.

Valores de trabalho

Os líderes de função precisam representar tanto a empresa quanto a própria função. Isso significa pensar e avaliar sua função como um CEO. As políticas e os programas criados devem refletir as necessidades da empresa. E isso começa pela adoção de uma mentalidade empreendedora.

Os líderes de função de um negócio precisam ter uma mentalidade de negócio. Quando um bom líder de função de negócio entra numa reunião, ele não briga pela própria função, briga pelo negócio. Podem existir prioridades conflitantes com outros cargos e disputas por verbas. Quando o líder tenta obter para a própria função mais do que seria justo, acaba criando obstruções no pipeline ao incutir uma mentalidade bairrista, incompatível com o sucesso do negócio. O profissional promovido a esse nível precisa trocar o sistema de valores por outro, que tenha foco no negócio ou na empresa.

Como o líder de função gerencia uma enorme quantidade de variáveis e questões que não lhe são familiares, o desafio é duplo:

- Aprender a gerir o que é novo;
- Aprender a dar valor a informações e ideias novas.

Valorizar o que é novo e desconhecido é desafiador para o líder de função menos maduro. Quando falamos *maduro*, não nos referimos à idade, e sim à autoestima, à autoconfiança e, acima de tudo, à capacidade de administrar as emoções. Conseguir postergar a própria satisfação enquanto os outros não tiverem tido êxito é um indicador-chave de maturidade. O líder de função menos maduro muitas vezes cai na armadilha de precisar saber todas as respostas, por achar que precisa justificar sua promoção. Ele teima em não fazer perguntas e evita dizer "Não sei", por medo de dar a impressão de que o status de líder não é merecido. Esse é o começo do fracasso e fonte de obstrução do pipeline.

O ideal é que o líder de função ame aprender aquilo que não sabe. Seus subordinados aceitarão as perguntas e incertezas no início do mandato do novo líder de função e terão toda a boa vontade para resolvê-las. Os clientes e usuários finais também estarão disponíveis para contribuir com ideias e conhecimento. A chave, para o líder de função, é envolver os outros no diálogo, ouvir com atenção e refletir sobre o que lhe dizem. O líder de função só valoriza o próprio trabalho quando o compreende de modo pleno, e a disposição para aprender vai ajudá-lo a ajustar da forma adequada seus valores de trabalho.

O líder de função eficaz começa passando bastante tempo nas áreas que lhe são novas, reconhecendo as contribuições dos pares e das redes externas, e tomando a iniciativa de procurar as pessoas em vez de esperar que elas se apresentem.

O líder de função integra uma equipe multifuncional. Por isso, é essencial pensar com esse propósito mais amplo. A esmagadora maioria dos líderes de função só trabalhou no cargo atual. Embora não ignore de todo o trabalho realizado pelas outras funções, na maioria das vezes ele não tem conhecimento suficiente para atuar como parceiro. O que possibilita desenvolver um processo mental multifuncional é ter conhecimento dos resultados, do planejamento, da vantagem competitiva e dos métodos das outras funções. O líder de função que toma as melhores decisões e atinge as metas mais ambiciosas é aquele que leva em conta o impacto sobre as demais funções. A meta é o sucesso da empresa, e não apenas da função. Aplicar um processo mental multifuncional viabiliza o elevado grau de integração para o sucesso do negócio.

A base de uma transição eficaz é a aquisição da mentalidade certa. Até então, o líder precisava ter uma mentalidade operacional. O primordial era realizar as coisas da melhor forma possível. A partir de agora, exige-se uma mentalidade estratégica. É preciso responder às perguntas "Como nossos concorrentes fazem isso?", "Como podemos ficar à frente deles?", "Para onde vai a tecnologia e como posso me beneficiar dela?". Refletir fora do negócio e trazer essa reflexão para dentro é algo novo e desafiador.

Aplicação do tempo

É importante que o líder de função passe bastante tempo em algumas áreas novas e relevantes a fim de:

- Preparar-se e participar das reuniões da equipe de negócio;
- Pesquisar *benchmarks* externos;
- Conhecer as tecnologias de ponta e os pontos fortes dos concorrentes, para fins de reavaliar a estratégia da função;
- Fortalecer os talentos da função, em especial os líderes.

Infelizmente, a terceira coluna da Figura 5.5 mostra que, em geral, os líderes de função têm a sensação de que passam pouquíssimo tempo fazendo o seguinte:

- Coletando inspirações fora da empresa;
- Aprendendo mais sobre as funções dos pares;
- Trabalhando na estratégia, tanto em relação à função quanto ao negócio;
- Fortalecendo o alinhamento estratégico com as funções homólogas.

Trabalhamos com um CIO (*chief information officer*) no desenho de uma estrutura para desenvolver talentos especialistas em TI dentro da função dele. Um dia, durante o almoço, ele contou que, depois de quatro anos no cargo, havia sido transferido para uma nova função operacional e de projetos de TI, respondendo diretamente ao CIO que assumiu a vaga dele. A explicação dada pela líder de negócio foi que "ela reconheceu que a função de TI tinha boas notas dentro da empresa, na pesquisa de satisfação de serviços transversais, e todos os projetos foram executados no prazo e dentro do orçamento, mas a função não estava trazendo avanços que pudessem reforçar a posição da empresa. A sensação era de que todas as ideias novas sobre como a TI poderia dar suporte ao negócio vinham de outras funções".

Ele ficou decepcionado, tanto com o rebaixamento quanto com o motivo alegado. Como observou: "Querem que eu me dedique à parte estratégica da agenda de função, mas sempre que fazemos uma reunião de negócio só se fala de questões operacionais de TI, e a última vez que eu tive uma conversa individual com a líder de negócio ela passou dez minutos discutindo por que o aplicativo de e-mail estava mais lento que de costume no celular."

Esse executivo não é o único. Constatamos que muitos líderes de função não se sentem considerados autênticos parceiros de negócio, nem pelo líder de negócio nem pelos próprios pares, ou quando isso acontece já é tarde demais. A lógica mandaria o líder de negócio dar diretrizes específicas, mas não encontramos evidências suficientes de que isso ocorra. O novo líder de função precisa se dedicar à solução desse problema.

Habilidades

A aquisição das novas habilidades necessárias pelos líderes de função estreantes é complexa, porque eles passam a ter que pensar fora do cargo e do negócio. Muitas vezes outras funções precisam estar alinhadas para que os programas deem certo. As habilidades nesse nível não são atributos que qualquer um possa aprender com facilidade. Já vimos líderes de função sofrendo em áreas diferentes. Eis alguns exemplos que ilustram esse fato.

ESTUDO DE CASO

Estávamos hospedados em um hotel de luxo em uma grande cidade. A fila do check-in saía pela porta, o que era incomum para uma noite de sexta-feira. Todos estavam reclamando, pois só havia uma pessoa cuidando da recepção. No dia seguinte, perguntamos à atendente qual havia sido o problema. Ela respondeu que as noites de sexta-feira costumavam ser pouco movimentadas. Para melhorar a taxa de ocupação, turbinar a receita e tornar o hotel mais conhecido, o departamento de marketing (localizado em outra cidade) havia lançado a promoção "Fim de Semana dos Namorados" para atrair moradores locais, que não tinham o hábito de se hospedar no hotel. Às sextas e aos sábados, passaram a oferecer duas diárias com café da manhã por uma pechincha. A estratégia de marketing deu certo e a receita triplicou – mas o resultado de longo prazo foi fraco. A pesquisa de satisfação dos clientes foi péssima: a fila de uma hora no check-in acabava com o entusiasmo dos hóspedes, cujo humor era testado uma vez mais na fila igualmente comprida do café da manhã de sábado. Isso aconteceu porque o marketing nunca informou a função operacional sobre a promoção. Por isso, o pessoal necessário não estava posicionado e não havia bacon suficiente. Conversando depois com um alto diretor na sede do hotel, descobrimos que a função de marketing tinha um indicador-chave de performance de aumento de 10% da receita, enquanto a função operacional tinha um indicador-chave de performance de redução de 5% dos custos operacionais.

Por que os indicadores-chave de performance corretos não foram estabelecidos e compreendidos por todas as funções? Afinal de contas, os líderes de função passaram a carreira definindo objetivos. A resposta: os indicadores de cada função precisam ser comunicados à organização, porque muitas vezes afetam todos os setores (medidas de segurança, retenção de funcionários, qualidade, diversidade, retenção de clientes e engajamento aplicam-se a diversas áreas). Como mostra o exemplo do hotel, os indicadores-chave podem estimular atitudes conflitantes se não houver uma reflexão cuidadosa e integrada com outras funções.

Pode parecer sensato definir um indicador-chave de retenção do tipo "menos de 5% de rotatividade de pessoas com alto desempenho". No entanto, atingi-lo exige um alinhamento transversal na avaliação da performance. Caso "alto desempenho" seja definido como uma nota de performance de 4 em uma escala de 5, mas não exista um processo de avaliação com credibilidade, em que os critérios da nota estejam alinhados em todas as funções, não há como ter certeza de que isso aumentará os resultados do negócio. É fácil reter quem tem desempenho alto pagando salários acima do valor de mercado. Da mesma forma, quando o indicador de retenção não anda passo a passo com um plano de compensação bem administrado, pode-se atingir o indicador de menos de 5% de rotatividade das pessoas de alto desempenho, mas é preciso fazê-lo a um custo aceitável.

O líder de função, por intermédio de seus exemplos práticos, cria um ambiente de trabalho propício a ações inovadoras. Entre elas, certificar-se de que os líderes da linha de frente desenvolvam segurança psicológica em suas equipes, proporcionem verba suficiente para experimentar coisas novas, melhorem a tolerância em relação a certos erros e apoiem pessoalmente os esforços do time. Definir os parâmetros da inovação por meio da estratégia da função é outra exigência-chave. Talvez o mais poderoso ingrediente seja exigir aprimoramento do que os integrantes da equipe fazem, e não repetir o que vinham fazendo.

Criar um clima de trabalho que apoie a inovação não é um samba de uma nota só. Exige conhecimento detalhado do comportamento humano, dos processos de inovação, da segurança psicológica e da estratégia da função. Também é preciso ter em mente gestão da performance, programas de recompensa e planejamento orçamentário.

Definir indicadores-chave de função que façam sentido exige a implantação de tudo que dê apoio a esses indicadores. O êxito do gerente de função requer um relacionamento robusto com os pares, a integração dos planos e a aceitação de um propósito em comum. Em relacionamentos assim, a complicação vem de metas conflitantes, como vimos no exemplo do hotel. Dificuldades também podem vir de picuinhas do passado, como "Por que vocês não vendem o que fabricamos?" e "Por que vocês não fabricam algo que dê para vender?".

O pensamento estratégico é uma habilidade nova e importante. Não existe garantia de que o novo líder de função vá dominá-la. Nos níveis inferiores da mesma função, ele cuidava do planejamento operacional, que começa pela análise daquilo que funciona e do que não funciona dentro da organização. É frequente que se busquem melhorias fora da empresa. O pensamento estratégico tem início fora da organização e busca maneiras de aprimorar, inovar, expandir ou crescer, geralmente analisando um horizonte de pelo menos três anos. Processar uma enorme quantidade de dados, avaliar os concorrentes, pensar em possibilidades e buscar formas de criar uma vantagem são exigências básicas. O pensamento e o planejamento estratégicos são grandes saltos para novos líderes de função.

Problemas típicos da transição

Não é difícil que líderes de função recorram aos mesmos valores de trabalho, aplicação do tempo e habilidades nos quais confiaram em seus cargos anteriores, assim como ocorre com líderes em níveis mais baixos. É um sinal de alerta de que não estão lidando da forma adequada com a transição, o que muitas vezes é mascarado pelo alto grau de competência na execução de uma tarefa subfuncional específica. Dão a impressão de estar fazendo um excelente trabalho, porque continuam gerando grandes ideias e resultados, a maioria em uma só área. Mas não aderiram ao que de fato interessa nesse papel de liderança. O líder de função que não souber fazer direito essa transição não tem habilidade de encaminhar a empresa no rumo certo às metas estratégicas ou à vantagem competitiva. Ao privilegiar uma só parte da organização, pode gerar raiva, ressentimento e rotatividade em outras áreas. Acaba prejudicando a performance a longo prazo. Vamos repassar os problemas típicos da transição usando alguns exemplos (ver a Figura 5.6).

Figura 5.6. Problemas típicos da transição para líderes de função.

> **Problemas típicos da transição**
>
> - Ter dificuldade em equilibrar a relação com o líder de negócio e o chefe da função de grupo
> - Não conseguir integrar a agenda da própria função com as agendas das funções homólogas
> - Priorizar as áreas bem conhecidas em detrimento das desconhecidas
> - Dar continuidade ao trabalho operacional em vez do estratégico
> - Preservar o status quo

Fonte: © Leadership Pipeline Institute.

Ter dificuldade em equilibrar a relação com o líder de negócio e o chefe da função de grupo

O líder de função pode acabar servindo a dois senhores. Um deles é o líder de negócio a quem é subordinado, o outro é o líder de função de grupo. Para administrar esses dois gestores, é preciso manter um relacionamento robusto com os líderes de função homólogos da UN e com os diversos centros de excelência dentro das funções de grupo.

> **ESTUDO DE CASO**
>
> Jane é líder de função de recursos humanos de uma UN do braço de serviços bancários para pessoas físicas de um grande banco global. Ela equilibra com inteligência seus vários pontos de contato.
>
> O banco acaba de escolher um novo chefe de RH de grupo, vindo de fora. O CEO lhe deu poderes para reinventar a forma como a função de RH do grupo agrega valor à empresa. Isso levou a uma redefinição

do processamento de talentos, à implementação de ferramentas-chave de avaliação psicométrica, ao redesenho do processo de planejamento sucessório e a uma nova estratégia de mobilidade interna transversal de talentos. Quando o RH do grupo impôs esses novos padrões à área de pessoas físicas, o chefe de RH do grupo e o líder de negócio do banco "bateram cabeça", porque historicamente o banco era a UN mais bem-sucedida em questões de pessoal e por isso sempre havia operado com relativa autonomia.

Jane percebeu que estava em uma posição difícil. Algumas pessoas teriam escolhido um lado e feito politicagem. Outras teriam tentado fugir de qualquer conflito. Jane, porém, estava operando no nível de liderança certo e reconheceu a necessidade de manter o equilíbrio entre seus pontos de contato. Para isso, implementou um processo novo de planejamento sucessório, com o qual era mais fácil trabalhar e que não prejudicava todo o trabalho de planejamento sucessório que já havia sido feito dentro do banco. Ela também criou um plano de implementação das ferramentas de teste, porém com um prazo bem mais extenso, poupando os atuais funcionários. Ela e o chefe de RH do grupo concordaram que o processamento de talentos vigente poderia se beneficiar de pequenos ajustes inspirados no processamento de talentos do grupo. Quanto à estratégia de mobilidade transversal, Jane deixou que seu líder de negócio assumisse, a fim de discutir mais com seus pares em outros negócios, por se tratar de algo que precisava ser implementado de comum acordo com toda a empresa.

Esse posicionamento satisfez o novo líder de RH do grupo. Ao mesmo tempo, Jane protegeu o banco daquilo que considerou como demandas insensatas do RH do grupo. Essa atitude agradou seu líder de negócio e os pares das funções dentro da UN.

É claro que outras questões envolvendo esses dois líderes pressionaram Jane a encontrar um meio-termo entre conflitos complexos.

Seis meses depois, quando o banco alterou sua estratégia para a área de pessoas físicas, criando a necessidade imediata de contratar mais pessoal, a equipe de gestão do banco começou a roubar profissionais de outras UNs, sem obedecer ao procedimento do RH de anunciar vagas para dar transparência ao processo de seleção. Jane não tardou a receber ligações do chefe de RH do grupo e dos pares líderes de função de RH das outras UNs. E ela também foi capaz de construir uma ponte com os pares do RH, por causa de sua competência e sua insistência na busca de uma base comum.

Não conseguir integrar a agenda da própria função com as agendas das funções homólogas

Quando o líder de função não tem o desempenho que o nível exige, é porque, às vezes, ele exibe um caráter ilusório para uma performance bem-sucedida. Em outras palavras, ele brilha na liderança da função em uma única área, e esse desempenho oculta as carências em outros pontos essenciais para alcançar bons resultados – quer dizer, oculta temporariamente, até que as consequências negativas acabem aparecendo.

ESTUDO DE CASO

A BRC é uma empresa que fabrica aditivos corantes para diversos usos. O grupo ao qual pertence tem seis negócios, dos quais a BRC era o menor. De modo geral, a função de marketing era fraca em todo o grupo. A BRC cresceu rapidamente nos primeiros anos, graças a excelentes vendas a um grupo restrito de clientes. Porém seu crescimento tinha estagnado. Era preciso arranjar novos clientes. Com esse objetivo, recrutaram uma nova vice-presidente de marketing, Aiyana, que parecia ser a contratação ideal. Anteriormente ela havia sido líder de função em duas empresas mais ou menos do tamanho da BRC, porém integrantes de grupos muito menores.

Aiyana herdou uma série de problemas, entre eles uma equipe reduzida com competências variáveis; falta de expertise no trabalho de marketing da empresa; ausência de espaço e papéis definidos para a função de marketing na equipe do negócio. Em relação a esse último problema, o antecessor de Aiyana era um cumpridor de ordens, que não tinha muito tempo para a função nas reuniões com a equipe da empresa nem angariava respeito dos pares. Para a sorte de Aiyana, sua reputação foi sua credencial para o cargo e seus pares e a equipe de marketing a acolheram com enorme entusiasmo.

Os resultados de Aiyana foram fortes no primeiro ano e ainda mais fortes no segundo. A excelência na análise estratégica e no planejamento de mercado a ajudou a identificar e desbravar novos segmentos. Ela dava coaching à equipe, que se tornou mais competente na análise do mercado, no engajamento dos clientes e nas vendas. Também incorporou uma pessoa talentosa ao desenvolvimento de mercado, com acesso imediato a novos mananciais de clientes. Graças à sua competência, Aiyana ajudou a empresa a atingir um crescimento de vendas de dois dígitos nos dois primeiros anos.

O sucesso era evidente, mas seu histórico não era impecável. Alguns pares começaram a reclamar dela com o líder de negócio: Aiyana não os envolvia na reflexão e no planejamento; o operacional tinha que correr para dar conta; a qualidade estava caindo; o financeiro tinha a impressão de falta de tempo para verificar o crédito dos novos clientes; o RH estava preocupado com duas estrelas do marketing trazidas por Aiyana, que tiveram notas ruins em entrevistas para cargos de liderança, mas foram selecionadas apenas com base na competência técnica; clientes começaram a reclamar de erros de cobrança e queda na qualidade dos produtos. Na metade do terceiro ano, Aiyana já estava isolada de seus pares. O crescimento das vendas se mantinha, mas o aumento da taxa de lucro era de apenas metade desse crescimento.

Por mais competente que fosse em aumentar as vendas, Aiyana deixava a desejar em outras partes do trabalho:

- Impulsionava o crescimento das vendas sem se preocupar com a capacidade das demais funções, em especial o operacional, de reagir. Não buscava a opinião dos pares em relação a que crescimento de vendas o negócio era capaz de suportar. Nunca se importou em aprender o que as outras funções realizavam, quais eram seus planos e que problemas encaravam.

- Focava o coaching e o desenvolvimento de sua equipe somente nas habilidades técnicas, deixando de lado o apoio ao desenvolvimento de habilidades de liderança. Em consequência, seu pessoal não tinha condições de ser promovido e não entregava a performance de liderança exigida.
- Fazia suposições a respeito de como a função financeira operava com base em sua experiência em outras empresas. A função financeira da BRC tinha procedimentos de gestão de risco muito mais rigorosos, levando o tempo necessário para checar devidamente os créditos, implantar o processamento automatizado e ajustar as previsões com base em mudanças no padrão das encomendas. Eles eram mais sofisticados e precisavam de uma comunicação melhor da parte de Aiyana. O responsável do financeiro tentou marcar reuniões com ela em vão.

Priorizar as áreas bem conhecidas em detrimento das desconhecidas

ESTUDO DE CASO

Toda a carreira de Asahi estava concentrada nas funções de produção e cadeia de suprimentos. Na maioria dos aspectos, Asahi era um líder de líderes notável. Empoderava os subordinados diretos a fim de experimentar novas tecnologias de produção e dava coaching a eles sobre como desenvolver o próprio pessoal. Embora Asahi estivesse, de modo geral, satisfeito com a situação, ele se queixava de não receber verba suficiente para projetos de aceleração do crescimento da área de produção. Durante os dois anos de sua gestão, a operação duplicou de tamanho e tanto ele quanto a equipe foram premiados por suas contribuições. A maior recompensa veio quando ele foi nomeado líder da função de manufatura.

Asahi tinha, ao todo, oito líderes de líderes. Os que se reportavam diretamente a ele eram responsáveis por planejamento da produção, controle de qualidade, aquisições, manufatura, engenharia e produção. Além disso, TI, RH e outras unidades de apoio respondiam a

Asahi em linhas pontilhadas do organograma. A maioria dessas pessoas era mais velha que Asahi em decorrência de sua rápida ascensão.

Como líder de função, Asahi esforçou-se para adquirir mais conhecimento sobre compras e duas operações de produção, áreas às quais ele praticamente não fora exposto. Fez um tour por essas áreas e analisou metas, planos e orçamentos. Depois de uma análise que considerou objetiva, Asahi concluiu que o setor de aquisições não estava sendo bem administrado e que as duas operações de produção tinham excesso de pessoal. Deduziu que, se transferisse parte da verba dessas áreas para projetos em sua antiga área de fabricação de novos produtos, o grupo de manufatura teria a ganhar.

Depois que Asahi cortou as verbas, os subordinados diretos, responsáveis por essas áreas, se mostraram indignados. Quando Asahi explicou a eles as ineficiências observadas, o chefe de aquisições pediu demissão no ato. Quando o chefe de Asahi soube do ocorrido, ficou ainda mais aborrecido que os subordinados diretos dele.

A análise superficial feita por Asahi não detectou que as duas operações de produção desempenhavam papéis essenciais na manutenção de um relacionamento robusto com os clientes; não apontou que o setor de aquisições fazia há muito tempo um enorme esforço para substituir os vendedores cuja qualidade vinha caindo e que o chefe de aquisições tinha enorme competência para encontrar fornecedores de maior qualidade e construir relacionamentos com eles. Esse chefe também havia construído uma rede poderosa na empresa como um todo. Asahi tirou conclusões precipitadas, com base em seu conhecimento e sua expertise limitados, e as usou como desculpa para financiar projetos que eram seus preferidos.

Beneficiar favoritos sinaliza dificuldades com o papel. Em geral, pede-se aos novos líderes de função que supervisionem áreas importantes, nas quais têm pouca ou nenhuma experiência. Sem boas referências, podem reagir superestimando a própria área de responsabilidade anterior, bem conhecida deles, e subestimando as desconhecidas. Asahi precisava fazer a transição de uma orientação operacional, focada em poucos projetos, para uma orientação estratégica, concentrada em todos os projetos da função. Infelizmente, ninguém falou dessa necessidade com Asahi nem o orientou nessa direção.

Como parte de nosso trabalho de diagnóstico de liderança, costumamos utilizar um exercício simples de aplicação do tempo para descobrir se o líder de função está no rumo certo. Pode ser muito útil para quem chegou ao cargo recentemente.

- Quanto tempo você tem passado com as diversas unidades que respondem a você?
- Sua atual divisão do tempo entre as diferentes unidades é justificada por questões importantes – por exemplo, um líder de unidade com menos experiência – ou porque elas são onde você trabalhou antes?

Dar continuidade ao trabalho operacional em vez do estratégico

Passar horas e horas resolvendo problemas que a equipe traz para você pode parecer relevante. Na verdade, é um sinal de que o novo gestor de função continua a realizar o mesmo trabalho de antes. Longas filas de pessoas na porta dão uma sensação de importância, mas significam que ele não delegou adequadamente. Apresentar uma estratégia superficial quer dizer que não se está investindo tempo suficiente em desenvolvê-la. Não estar disponível para reuniões com os pares significa que não se aceitou a responsabilidade de construir esses relacionamentos. Quando a agenda das reuniões da equipe se concentra no hoje e na véspera, e não no amanhã, é um forte indicativo de que se está preso ao presente. A estratégia se constrói olhando para fora e para a frente. Existem numerosos indicadores de que se está focado no trabalho operacional, e não no estratégico. A balança pode pesar para o lado das questões operacionais ao assumir o novo papel, quando o mais aconselhável seria aprender. Se esse fato persiste por muito tempo depois de começar no cargo, o gerente de função está em meio a um impasse e precisa de ajuda para ter êxito.

Preservar o status quo

Costuma ocorrer quando faltam autoconfiança e maturidade para atacar os aspectos mais incômodos do papel de liderança. É o medo dos desafios associados à constante reinvenção do cargo, ao aprimoramento dos talentos, à eliminação de iniciativas que nunca farão a diferença para o negócio e à busca de iniciativas ousadas, mesmo que a chance de êxito seja incerta.

É um papel que exige alguém com coragem para "encontrar o lance ousado que preciso fazer, mas que não vou fazer agora". É preciso pedir proativamente às demais funções que lancem o desafio, ter coragem de instigar outros profissionais e se fazer ouvir nas discussões estratégicas do negócio. No entanto, o que vemos são líderes de função muito bem remunerados, mas que se comportam como meros acompanhadores da função. São seduzidos pelo glamour do cargo, mas assim que assumem são esmagados pela realidade do trabalho a ser feito.

Quando o líder de função não é visto como um semelhante pelos pares, isso afeta toda a capacidade de gerar resultados. Vimos muitos líderes de função que se envolvem com politicagem, barganhas operacionais, comitês de direção e coisas do gênero, e não têm muito tempo para pensar nos rumos do cargo. Também não dedicam tempo suficiente a refletir sobre a situação atual, nem mesmo para oferecer uma contribuição apropriada aos projetos. No fim das contas, perdem o contato com as novas tecnologias da função e passam o tempo preservando o status quo. Relutam em fazer mudanças e adquirem aversão ao risco.

O líder de função avesso ao risco costuma carecer da capacidade de fazer barganhas adequadas no cargo. Quem está em um negócio nem sempre percebe quando determinada atividade foi encerrada. Só vai se dar conta anos depois daquilo que deveria ter sido feito, mas não foi. Por causa disso, para o líder de função avesso ao risco é mais confortável dar continuidade ao que já vem sendo feito em vez de priorizar decisões difíceis, encerrando atividades que prejudicam a estratégia, a lucratividade e a vantagem competitiva da empresa ou dando início a atividades que ajudem.

Um resultado importante

A maturidade é o resultado do aprendizado de êxitos e erros – em outras palavras, o saber somado à experiência. Seria ideal que as pessoas enxergassem a empresa em sua amplitude, fazendo uma imersão em situações variadas, acertando e errando. Teriam oportunidade de se comportar de forma imatura, aprendendo com os próprios erros por intermédio de mentoria, coaching, feedback. Considerando que muita gente relativamente jovem e de alto desempenho vem sendo promovida a cargos de líder de função, há grande chance de que essa maturidade não esteja desenvolvida de maneira plena. Para ajudar esses líderes a crescer, escale-os em forças-tarefa, equipes e comitês de líderes de diversas funções ou subfunções, com diferentes origens, habilidades e experiência. Ter que trabalhar de forma eficaz com gente diferente é uma experiência de crescimento. Os líderes de função aprendem sobre novas áreas de trabalho e estabelecem relacionamentos com profissionais novos, que usam métodos e habilidades diferentes. Isso os tira do casulo da função familiar, ajudando-os a enxergar um leque de escolhas mais amplo.

Desenvolver competências estratégicas pode ser um processo mais formal. Depois de três a seis meses no cargo, o treinamento nessas habilidades pode ser feito por meio de cursos universitários, consultorias ou recursos internos. O melhor método de treinamento, porém, envolve atividades de aprendizado com a mão na massa, em que o líder utiliza os próprios dados, problemas e recursos da função em uma missão relacionada à estratégia. Depois de cumprida a missão, o líder tem que ser avaliado e receber feedback.

O desenvolvimento voltado a ajudar as pessoas a se tornar plenos líderes de função pode exigir uma série de atividades. Uma das melhores é o encontro com outros líderes de função que possam compartilhar seus pontos de vista sobre esse papel específico. Onde eles enxergam necessidade de aprimoramento? Onde veem oportunidades de sinergia? A perspectiva dos pares pode dar ao novo líder de função uma avaliação muito mais abrangente daquilo que o cargo poderia ter.

A evolução desse desenvolvimento pode ser medida por meio de um cronograma de checagem. O líder de função precisa fazer mudanças significativas na forma de utilizar o tempo, caso queira uma transição bem-sucedida para o novo nível de liderança. É necessário reservar tempo na agenda para sessões estratégicas, reuniões de comunicação com representantes das subfunções e assim por diante. O líder de função precisa anotar na agenda as horas dedicadas a essas atividades. Além disso, deve passar algum tempo pesquisando *benchmarks* em diversos setores e participar de redes locais de aprendizagem. Uma revisão periódica da agenda dirá se ele está dedicando tempo suficiente ao desenvolvimento como líder de função.

Talvez a melhor forma de medir a evolução seja a busca de sinais de amadurecimento. Observamos muitos sinais desse tipo. Mas a maturidade pode ser medida pelo desenvolvimento de características como a humildade. O líder maduro sabe que não precisa ser expert em todas as áreas da função (e na verdade nem tem como), admite que outros podem saber mais do que ele e se dispõe a aprender com todos. Da mesma forma, o líder maduro reconhece que, para ter êxito, precisa obter cooperação alheia. Para isso, vai delegar, comunicar e garantir um fluxo suave e rápido da informação.

Por fim, um sinal claro de amadurecimento é abandonar os antigos comportamentos de barreira. Quando as barreiras são a regra, as funções e subfunções trabalham isoladas, e não em conjunto. Por mais que o gestor tente romper essas barreiras, atitudes antigas podem persistir. O líder maduro se afasta dessa dedicação bitolada à própria função e adota uma filosofia de negócio mais integrada.

6
Liderar um negócio

Não há como negar o choque que o líder sente quando assume sua primeira posição de líder de negócio e se dá conta do que isso envolve. Tudo em relação ao cargo é diferente de qualquer outro papel que já vimos. É a transição mais dramática e difícil. Precisa ser gerida de forma cautelosa. Há muitíssimo mais em jogo, tanto para o bem quanto para o mal. A transição ocorre sob o olhar de toda a organização e de muitos grupos externos, e a margem de erro é muito menor. A maioria dos líderes de negócio, porém, diz que é o melhor cargo que já tiveram.

O cerne desse papel é a produção de lucro, de curto e longo prazos, fortalecendo a organização sem exaurir seus recursos. Isso exige um processo mental inteiramente novo. Em geral, o líder de negócio assume a responsabilidade tanto pela produção (o custo) quanto pelas vendas (a receita). Dispondo dessas duas peças principais, ele adquire um controle maior do resultado. Quem ocupa o cargo tem enorme visibilidade diante de um público amplo, dentro e fora do negócio. Por isso não há espaço para experiências. Mesmo assim, é uma posição bem cobiçada.

O líder de função gera produtos, serviços ou suporte que satisfaçam o cliente e criem uma vantagem competitiva para a empresa. Suas perguntas mais interessantes começam com "É possível...?". É possível fazer? É possível vender? É possível atrair os talentos que queremos? É possível reduzir custos sem prejudicar o produto ou serviço? É possível adotar essa nova tecnologia? É possível negociar rapidamente? É possível fechar esse negócio? São perguntas importantes e fundamentais, que precisam ser respondidas. Quando a resposta é "sim", o líder de negócio entra em campo.

Ele é responsável por garantir que o negócio seja lucrativo, a curto e a longo prazos, fortalecendo ao mesmo tempo a organização e usando os recursos de forma sensata. Precisa aprender a fazer perguntas diferentes, focadas antes de tudo no "devemos ou não devemos". Vamos lucrar, se fizermos? Vamos ter que mudar o modelo de negócio? Outros programas importantes, em outras áreas, serão prejudicados? Vamos conseguir um retorno adequado sobre o investimento? Será preciso fazer o mesmo para cada cliente, fornecedor ou funcionário? É a melhor coisa a fazer a longo prazo? O simples fato de poder fazer algo não quer dizer que deva ser feito. Quem decide é o gestor de negócio.

O peso e o escopo do papel

Para evitar confusão em relação a quem é líder de negócio, propomos uma definição válida para a maioria das empresas. De maneira bem simples, o líder de negócio é responsável pelo lucro e tem autoridade para tomar decisões relativas a despesas e receitas. Além disso, líderes de função respondem a ele, diretamente ou pela linha pontilhada. Gerenciar o custo/benefício entre despesa e receita é essencial. Por isso, cuidar apenas de um ou de outro desqualifica a pessoa como autêntico líder de negócio. Muitas vezes se dá o nome de "líder de negócio" a quem cuida de linhas de produtos. Mas em geral essa pessoa só tem autoridade sobre a despesa ou a receita. Essa autoridade costuma abranger produtos e assuntos afins, e não produção e venda. Quem gere grandes organizações de produção ou de vendas também pode receber o nome de líder de negócio, mas só controla uma das duas variáveis-chave do negócio.

Encontrar o ponto de partida certo para o sucesso, no nível de líder de negócio, não é fácil. Caso a imagem mental seja "atingir minhas metas de lucro", é provável que as decisões fiquem aquém do ideal. Necessidades de longo prazo podem acabar ignoradas em nome do lucro de curto prazo. Importantes atividades de apoio serão ignoradas. Os investimentos podem ser inadequados. O mindset mais apropriado é "criar uma máquina de ganhar dinheiro". Isso vai ajudar o líder de negócio a compreender que tudo conta e que ele precisa da ajuda da equipe.

Um aspecto desafiador, e talvez motivo de confusão, do posto de líder de negócio é que ele também pode ser o líder de empresa, às vezes chamado CEO (*chief executive officer*). Quando esse for o caso, os requisitos do cargo serão dobrados. Investidores, *shareholders*, governos, comunidades e outros grupos de interesse especiais demandam sua atenção. Em geral, existe pouquíssima orientação em relação ao exercício do papel. Em microempresas, exige-se pouco do tempo do líder de empresa. À medida que elas crescem, a visibilidade aumenta e os deveres do líder de empresa passam a devorar bastante tempo. Neste capítulo vamos focar principalmente no papel do líder de negócio. Discutiremos o papel do líder de empresa no Capítulo 7.

O trabalho a ser feito

Detalhamos, aqui, cada categoria de trabalho: o líder de negócio constrói a organização e entrega lucros de curto e longo prazos (ver a Figura 6.1).

Figura 6.1. Liderar um negócio: o trabalho a ser feito.

O trabalho	Atividades exigidas
Lucro – curto e longo prazos	• Vender uma proposta de valor relevante. • Gerir receita e despesa, estimular a eficiência. • Equilibrar iniciativas de curto e longo prazos.
Estratégia de negócio	• Análise competitiva, identificação de ameaças. • Identificação de oportunidades, novos posicionamentos de mercado, novas tecnologias. • Habilidade em inovação e crescimento.
Alinhamento organizacional	• Fluxo livre de informação, hierarquia abaixo e acima. • Distribuição da responsabilidade e da autoridade ao nível inferior. • Alinhamento de todas as funções com a estratégia.
Liderança do negócio	• Conectar-se com todos os níveis. • Estabelecer um propósito comum e obter adesões. • Selecionar e montar uma equipe de negócio robusta.

(*continua*)

(continuação)

O trabalho	Atividades exigidas
Presença externa	• Engajamento comunitário e eventos. • Conexão e retenção de clientes. • Participação e presença no setor.
Gestão de talentos	• Planejamento sucessório em todos os níveis. • Desenvolvimento dos subordinados diretos, definição de padrões. • Programas de desenvolvimento de lideranças para todos os líderes.

Fonte: © Leadership Pipeline Institute.

O líder de negócio entrega lucro no curto e no longo prazos

É fácil pensar na responsabilidade de lucro do líder de negócio em termos numéricos: as finanças. Enxergar desse modo o trabalho pode levar a decisões com base em números. Por exemplo, "cortar custos rapidamente", "eliminar treinamento", "turbinar as vendas dando descontos". Talvez estejamos exagerando um pouco, mas não muito. O impacto dessas decisões imediatas, com base em números, pode ser prejudicial a longo prazo. Demitir pessoal de qualidade, dar descontos insustentáveis e não oferecer aos líderes a preparação necessária são coisas que podem comprometer o negócio. A competência mais importante para um líder de negócio é aprender a montar uma máquina que gere lucro agora e no futuro. É preciso gastar tempo estudando a organização e aprendendo como se ganha dinheiro e como as coisas são feitas em todas as partes do negócio. Usar a digitalização é mais fácil quando o líder de negócio sabe exatamente como o negócio funciona e onde é necessário fazer melhorias. Determinar quem está contribuindo para que os produtos e serviços sejam feitos e entregues ao cliente no tempo certo e com o custo certo é fundamental para uma boa tomada de decisões. Valorizar cada etapa e cada pessoa faz parte da função. Muitas dessas etapas e muitos dos profissionais envolvidos podem não ter sido valorizados na função anterior. Usar a digitalização para o aprimoramento do negócio, e não apenas para o aprimoramento da função, é uma competência básica exigida.

O líder de negócio desenvolve a estratégia de negócio

O antídoto à busca do lucro meramente numérico, com todos os problemas que isso traz, é ter uma visão mais ampla de para onde o negócio deve caminhar. Essa visão se adquire mediante o planejamento estratégico. O objetivo principal da estratégia é definir onde posicionar o negócio dentro do setor e no mundo. É preciso fazer a análise dos concorrentes, das tendências econômicas, das tecnologias de ponta e da disponibilidade de talentos. Entre as ideias de posicionamento comuns estão globalizar-se entrando em novos países; tornar-se líder de mercado em inovação ou serviço ao cliente; tornar-se um fornecedor *low-cost*. A estratégia serve de guia sobretudo para a tomada de decisões de negócio e de investimento.

O líder de negócio precisa desenvolver habilidades de pensamento estratégico e ter a coragem de escolher uma direção. Incentivar a participação ativa de todos os membros da equipe de negócio é a única forma de obter a análise e a informação necessárias.

ESTUDO DE CASO

Uma empresa de delivery de atendimento de saúde com a qual trabalhamos queria expandir-se rapidamente na região que atendia. Havia angariado uma sólida reputação de qualidade e serviço em seu mercado local. O líder de desenvolvimento do negócio apresentou um plano de expansão que entusiasmou toda a equipe, e em especial o líder de negócio. A análise deixava claro que a maior parte do país teria interesse no que estava sendo sugerido. A líder de recursos humanos pediu um dia para pesquisar. No dia seguinte, ela deu retorno à equipe de negócio. O crescimento proposto exigiria contratar todos os formandos de enfermagem pelos próximos quatro anos. Adotou-se, então, uma meta de crescimento muito mais modesta.

O líder de negócio usa a digitalização para obter o alinhamento organizacional

A fim de criar e manter o alinhamento dentro da organização é essencial usar a digitalização de forma efetiva. A digitalização oferece várias opções úteis para monitorar andamento, melhoria da tomada de decisões, redução de custos, inovação, comunicação ágil com um público amplo. Um pacote cada vez maior de sistemas e ferramentas torna qualquer tipo de dado rapidamente disponível. Decidir quais são úteis e quais são desnecessários faz parte do cargo. O líder de negócio toma as decisões finais em relação à automação e à inteligência artificial; quais veículos de comunicação devem ser utilizados; quais equipamentos devem ser adquiridos. Encontrar o equilíbrio entre automação e satisfação do cliente é crucial. O consumidor, em algum momento, vai querer falar com um ser humano. Como balancear velocidade, eficiência e necessidade que o cliente tem de suporte humano é um desafio permanente. Qualquer uso de tecnologia tem que melhorar a proposta de valor para o cliente, o investidor e o próprio negócio. O líder de negócio precisa ser proativo ao recomendar a atitude a tomar.

A disponibilidade de dados, nos níveis inferiores, permite às empresas fazer alterações de preço com base em dados de tráfego ou volume disponíveis em tempo real. Há pouco ou nenhum impacto direto sobre a despesa, mas a receita é afetada. Especialistas em TI criam sistemas que atendem a organização como um todo, permitindo que outros tomem decisões melhores. No fim das contas, é o líder de negócio quem decide qual tecnologia será usada, qual não será, e quando.

Embora a digitalização afete todos, é o líder de negócio quem carrega o maior fardo. É dele a decisão final em relação àquilo que deve ser comprado, desenvolvido e utilizado. Essas decisões têm consequências:

- Se a tecnologia utilizada não for de ponta, será difícil atrair e reter talentos. Monitorar isso de perto e fazer as mudanças necessárias é importante.
- Cada função tem suas demandas, mas a empresa não consegue dar conta de todas. Decisões difíceis terão que ser tomadas e alguns se sentirão desprezados. É preciso ter muito bom senso para obter aceitação e cooperação da equipe de negócio na hora de negociar.
- O funcionário tem mais poder porque dispõe de mais informações, melhores ferramentas e muitas oportunidades de emprego. Ele quer utilizar esse poder. É necessário que haja flexibilidade em relação à

trajetória de carreira, à estrutura organizacional, ao design dos cargos e ao papel na tomada de decisões.
- As decisões tomadas, ou não, sofrerão críticas e serão divulgadas nas redes sociais. Uma estratégia de comunicação bem pensada pode conquistar seguidores e evitar complicações.
- As expectativas do cliente só vão aumentar. Acompanhar essas expectativas, para geri-las e reter clientes, é um desafio incessante.
- Algumas decisões relacionadas a sistemas não vão dar certo. O convívio com o erro deve ser breve.

A digitalização e as tecnologias relacionadas são uma bênção ou uma maldição, dependendo de quão bem o líder de negócio aprende a utilizá-las e até que ponto o poder delas é valorizado. Embora as funções possam morrer de amores por uma tecnologia, é o líder de negócio quem avalia seu impacto na proposta de valor do negócio.

O líder de negócio serve de modelo para todos os líderes

Todo cargo de liderança tem algum grau de visibilidade; todo mundo tem um chefe que está de olho em sua performance. A visibilidade nesse nível, porém, é muito mais intensa e vem de todas as direções. Principalmente de baixo. Todos na empresa dependem da capacidade de gestão do novo líder de negócio. Os investidores querem saber se o retorno atenderá suas expectativas. A comunidade local quer saber se os empregos serão preservados. Clientes e fornecedores querem saber se o relacionamento será duradouro. Embora o líder de função receba muita atenção, boa parte dela vem de dentro do negócio. O líder de negócio atrai para si a maior parte da atenção de um público muito mais amplo.

O líder de negócio tem enorme poder sobre os projetos, planos e pessoas, e é um poder que faz com que cada ato seu esteja sujeito a análise. Quase todos os observadores têm perguntas:

- Esse líder vai chegar lá?
- A estratégia vai mudar?
- A cúpula vai ser mantida?
- A função anterior vai ser favorecida?

- Meu projeto continua ou vão matá-lo?
- Agora que tem poder, o líder vai mudar?
- O que vai acontecer com a cultura da empresa?
- Investimentos certos vão ser feitos?
- Contratos poderão ser renegociados de forma justa?

Existem muitas outras perguntas. O novo líder de negócio precisa aprender a antecipar-se às perguntas e dar valor a elas, como oportunidades para comunicar mensagens importantes. A competência em reagir de forma criteriosa a perguntas desafiadoras, sejam elas formais ou informais, é uma exigência inevitável do sucesso.

O líder de negócio molda a presença externa da empresa
Como já mencionamos, muita gente de fora tem interesse pessoal no êxito do líder de negócio. Clientes, fornecedores, concorrentes, comunidades e governos têm curiosidade de saber o que será do negócio sob essa nova liderança. Todos eles são afetados quando o negócio dá certo, muda de rumo ou dá errado. Estratégias, iniciativas de crescimento, acessibilidade e o apoio provável são assuntos sobre os quais eles querem ouvir. O líder de negócio deve propiciar uma abordagem organizada da comunicação, do engajamento e do suporte.

O envolvimento ativo no trato das questões sociais tem se tornado uma exigência cada vez maior. Consolidar a empresa como "boa cidadã" enseja um caminho externo suave para uma presença externa apropriada. Lidar mal com esse tema roda o mundo instantaneamente, provocando uma violenta reação contrária. Os resultados do negócio podem sofrer um impacto negativo em questão de horas. A comunicação externa precisa ser bem planejada e realizada com convicção.

O envolvimento proativo com clientes, grupos setoriais, organizações comunitárias, em alguns casos governos e grupos de interesse especiais é uma parte do trabalho a ser feito. As razões para isso são a promoção do negócio e a busca de informações úteis.

O líder de negócio define o tom da gestão de talentos

Os líderes de negócio bem-sucedidos com os quais trabalhamos realizam algo que muitos com menos êxito não conseguem: definem o tom da gestão de talentos. Por intermédio do envolvimento pessoal e das exigências dos programas, montam sólidos processos de planejamento sucessório, programas de desenvolvimento de lideranças e recrutamento e coaching, deixando claro que esse é um trabalho bastante valorizado e ao qual deve ser dado prioridade total.

A transição para o papel

Alguns líderes de negócio migram para o cargo a partir de um papel de líder de função. Outros vêm de uma posição de líder de líderes ou de líder de outros. Embora várias rotas sejam possíveis, o desafio subjacente é passar do trabalho com uma função para o trabalho com um negócio.

Pensar de modo diferente é parte relevante da transição para líder de negócio. Diversas outras mudanças são importantes. Para ter êxito, é necessário estimular uma performance plena de todas as funções. Na maioria dos casos, o novo líder de negócio só trabalhou em uma ou duas delas e as funções vivenciadas são as mais bem reconhecidas por ele. Valorizar todas por igual é a única maneira de obter um desempenho excelente em todas.

A solução dos problemas do dia a dia é importante no trabalho em uma função. O líder de negócio precisa abandonar essa tarefa. Enxergar os padrões dos problemas e suas causas profundas é essencial para ele. Todos os demais do time são responsáveis, de um jeito ou de outro, por solucioná-los. O líder de negócio realiza mudanças sistêmicas que impedem que o problema volte a acontecer.

O líder de função gasta tempo aprendendo o que há de mais moderno. O líder de negócio aprende o estado do negócio. O que há de novo em produtos, estratégias, mercados, legislação é uma informação valiosa para definir a direção e tomar decisões.

Integrar o líder de função em uma equipe de negócio demanda tempo e esforço. Estabelecer um propósito em comum, equilibrar a alocação de recursos, proporcionar oportunidades iguais de contribuições e realizar reuniões constantes são exigências intrínsecas (ver a Figura 6.2).

Figura 6.2. Liderar um negócio: valores de trabalho, aplicação do tempo e habilidades exigidas.

Liderar um negócio

VALORES DE TRABALHO
- Busca de lucro de curto e longo prazos
- Criação de valor para acionistas e *stakeholders*
- Perpetuação do negócio e da empresa
- Fortalecimento da organização

APLICAÇÃO DO TEMPO
- Planejamento sucessório e gestão de talentos
- Preparação e realização de reuniões da direção e da equipe de negócio
- Desenvolvimento da estratégia
- Envolvimento externo: clientes, comunidade, setor

HABILIDADES
- Montar e executar a estratégia de negócio
- Projetar e entregar o modelo de negócio
- Integrar funções
- Criar sistema/ritmo do negócio
- Gerir a complexidade
- Comunicar para públicos amplos e diversos
- Selecionar e utilizar dados

Fonte: © Leadership Pipeline Institute.

No Capítulo 1 descrevemos a pesquisa de campo que realizamos desde 2010. Na Figura 6.3 você pode observar os resultados consolidados para os líderes de negócio.

Valores de trabalho

Ao sair do papel tradicional em uma função e assumir a liderança de todo um espectro de funções, é preciso gastar tempo aprendendo os ingredientes-chave de todas as funções e como eles se encaixam para produzir resultados. À primeira vista, não é algo muito complicado, mas exige tempo, inteligência e perseverança. O mais difícil é aprender a valorizar todas as funções de forma adequada. Muitos anos de trabalho em um mesmo cargo levam a considerar essa função importante e bem compreendida. Desse grau de liderança em diante, o preconceito funcional passa a ser um problema grave. Pode resultar do excesso de dependência em relação a uma função à incapacidade de maximizar a contribuição de uma ou mais funções.

Figura 6.3. Resultados consolidados da pesquisa de campo para líderes de negócio.

Quais foram os dois ou três maiores desafios que você enfrentou nos primeiros três a seis meses depois de migrar para o papel de líder de negócio?	Quais são as duas ou três coisas de que você mais sente falta da época em que era líder de uma função, e não do negócio por inteiro?	Quais são as duas ou três coisas às quais você gostaria de dedicar mais horas em seu posto atual, mas parece não encontrar tempo para fazê-las?	Quais são as duas ou três habilidades mais importantes que você se deu conta de que precisa como líder de negócio?
1. Montar a equipe de negócio certa 2. Ter paciência: conceder às funções tempo para executar as decisões tomadas 3. Reconhecer que existem muitas coisas no interior de diversas funções que ainda tenho que aprender	1. Ter proximidade com os pares 2. Manter um diálogo muito menos frequente com meu gestor imediato 3. Nada relevante	1. Ter encontros informais com os clientes 2. Ter "tempo para mim" fora das reuniões 3. Buscar inspiração externa	1. Gerir conflitos de prioridade entre funções 2. Mobilizar a organização como um todo (muito mais complicado do que mobilizar uma função) 3. Montar uma equipe de gestão com subordinados diretos altamente capacitados, dominantes e ambiciosos

Fonte: © Leadership Pipeline Institute.

Talvez a razão mais importante para dar valor a todas as funções seja aceitar os conselhos dos líderes de função sobre os problemas do negócio.

Tiegen é um recém-nomeado líder de negócio que ascendeu por meio do setor de produção. James, o líder de vendas, pede a ele a aprovação de uma precificação especial, para convencer um novo cliente de grande porte a fechar negócio. Esse cliente está analisando outras propostas e quer uma solução rápida. James explica a situação e os prováveis benefícios. Tiegen não entende muito de vendas nem conhece o provável cliente. Por isso, não tem como avaliar corretamente os riscos. Confiar no julgamento de James é, nesse momento, o jeito mais provável de conquistar esse cliente. Tiegen não simpatiza com James, por conta de desavenças entre os dois no passado. Ele também acha que a força de vendas se preocupa mais com a própria comissão, e não com o negócio em si. Por isso, ele diz não. A venda é perdida. Tiegen não aceitou o fato de que James dispunha de um conhecimento superior.

Um líder de negócio nos disse certa vez: "Passei minha vida toda fugindo do jurídico e do RH. Agora eles se reportam a mim. O que eu faço?" Em geral, esse sentimento se origina de uma experiência ruim ou de uma relação ruim com a função. Esse sentimento do líder surgiu de uma promoção importante que o RH bloqueou e do trabalho com um líder de função do jurídico que era particularmente inflexível. É impressionante que um líder seja capaz de chegar ao nível de gestor de negócio sem ter compreendido o valor de funções de suporte como o financeiro, o RH, o jurídico, a auditoria e o crédito.

Sem essa compreensão, o líder de negócio muitas vezes ignora ou rejeita essas funções, causando forte prejuízo a ele mesmo e à empresa. Um bom suporte proporciona análises e relatórios úteis, que servem como alerta precoce de problemas, e oferece conselhos a partir de suas perspectivas. Os integrantes do suporte são os primeiros a identificar problemas de despesas e receitas, descontentamento da mão de obra e das lideranças, e riscos que se correm. Por dar apoio à organização como um todo, esses profissionais podem servir de olhos e ouvidos do líder de negócio em atividades e problemas que existem na equipe de negócio.

Aplicação do tempo

Considerando o trabalho a ser feito, é evidente a necessidade de gestão de tempo racional, e não emocional, para que o líder de negócio tenha êxito. Abrir mão de trabalhos valorizados que dizem respeito à função, como o desenvolvimento de estratégia funcional, a solução de problemas e a busca por tecnologias de ponta, é essencial. O volume de questões a tratar, diretamente ou por meio dos subordinados, exige o uso cuidadoso do tempo, a fim de que o líder possa gerir tamanha complexidade.

Tempo de reflexão, para ponderar o desenvolvimento de estratégias e as respectivas decisões de investimentos, é prioridade máxima. Para garantir que isso ocorra, as atividades do cotidiano precisam ser deixadas de lado pelo menos durante algumas horas todos os dias. Parte desse tempo de reflexão tem que ser solitária, parte com a equipe de negócio. O tempo gasto nessa reflexão pode ser bem definido. Muitos líderes de negócio, porém, não dedicam momentos suficientes a essa pausa.

Não é incomum que um líder de negócio passe metade de seu tempo cuidando de questões de pessoal. Problemas pontuais, como retenção de funcionários, demissões silenciosas e sentimentos de exclusão, exigem atenção de qualquer líder. Como o líder de negócio é o mais visível e poderoso de todos, gastar bons minutos com questões de pessoal pode ser eficaz. O número de pessoas na empresa influencia o tempo necessário; uma mão de obra menor exige tempo menor.

Habilidades

Poucos estão preparados para a avalanche de responsabilidades que acompanha o papel de líder de negócio. São muitos os deveres desconhecidos, e o volume deles pode assustar. A habilidade necessária para fazer essas conexões de forma adequada ganhou o apelido de "faro de lucro". Exigem-se habilidades para obter lucro tanto a curto quanto a longo prazos. Aprender a encaixar todas as peças é fundamental. Encontrar oportunidades de crescimento do negócio e de aprimoramento operacional é parte importante dessa ligação de pontinhos.

Se fosse apenas uma questão de aprendizado linear, seria mais fácil de administrar. Mas hoje em dia o aprendizado é tridimensional. Do ponto de vista conceitual, o desafio é *fazer as conexões corretas* entre diversas pessoas, recursos, ativos, atividades e processos. Essa necessidade de ligar pontinhos não é uma brincadeira de criança. Requer que o líder de negócio enxergue as conexões de curto e longo prazos. O recrutamento no nível básico da empresa, por exemplo, não é apenas uma questão de preencher vagas, mas de desenvolver funcionários que possam vir a ser líderes de função e líderes de negócio. Logo após a contratação deve haver capacitação. Capacitar exige tempo e dinheiro na maioria dos casos, então, de que e quando o líder de negócio deve abrir mão de modo a montar a estrutura de desenvolvimento correta?

Descobrir a combinação certa entre oferta de produtos, preço, qualidade, serviço e entrega exige muito *pensamento e planejamento estratégico*. É importante também ter um mix correto de controle de custos, aquisição de clientes, melhoria de processos, aplicação de tecnologia, uso de instalações e competências do pessoal. A proposta de valor resultante define o objetivo da empresa. Esse propósito se torna a força que orienta todos os líderes e funcionários. Clientes e fornecedores saem ganhando se conhecerem essa meta; por isso ela precisa ser *comunicada a um público amplo*. Os concorrentes tornam ainda maior a complexidade desse propósito, pois não vão ficar parados. Também buscam uma vantagem competitiva. Por isso suas atitudes afetam o jogo, que exige ajustes constantes na proposta de valor.

O segredo da gestão de tanta complexidade é *montar uma equipe de líderes de função* dispostos a dividir esse fardo. Para que tenham êxito, precisam trabalhar juntos e com foco no negócio, e não apenas na própria função. Valorizar uma equipe de negócio integrada e gastar o tempo que for necessário para montá-la é uma das prioridades do novo líder de negócio. Isso em geral não acontece espontaneamente. E não acontecerá se o gestor de negócio não valorizar todas as funções da mesma forma. Um gerente de função de alta qualidade não ficará no cargo, nem o aceitará, se tiver a sensação de que é um cidadão de segunda classe.

Problemas típicos da transição

Identificar aqueles que vêm tendo problemas na passagem para a liderança exige boa observação. Nem sempre os indícios e sintomas são evidentes. Quando o novo líder está sofrendo com a complexidade, não sai aos quatro ventos anunciando o que acontece. É até mais provável que esconda sua instabilidade. A Figura 6.4 mostra alguns dos sinais de conflito mais comuns, e as próximas seções discutem cada um deles.

101 elementos encontrados na maioria das empresas

- Almoxarifado
- Ameaças
- Análise de dados
- Armazéns
- Assinantes
- Associados
- Ativos
- Automóveis
- Autoridade
- Benefícios
- Boa vontade
- Bônus
- Capital intelectual
- Cargos
- Clientes
- Clientes em potencial
- Colaboradores individuais
- Compromissos
- Computadores
- Comunicação
- Comunidade
- Concorrentes
- Conhecimento
- Consumidores
- Contas
- Controles
- Copyright
- Crédito
- Cultura
- Custos
- Dados
- Dinheiro vivo
- Dívidas podres
- Energia
- Engajamento comunitário
- Escritórios
- Estoque
- Estratégia
- Ética
- Experiência
- Expertise
- Fábricas
- Fornecedores
- Garantias
- Hipotecas
- Ideias
- Imóveis
- Inovação
- Insumos
- Intranet
- Inventário
- *Job descriptions*
- Laboratórios
- Licenciados
- Licenciamentos
- Líderes
- Livro-caixa
- Logística
- Logotipos
- Lucro
- Marca
- Marcas registradas
- Matérias-primas
- Metas
- Métricas
- Missão
- Mobiliário
- Móveis
- Organização
- Parceiros
- Passivos
- Patentes
- Pensões
- Pesquisa
- Planos
- Plantas
- Posicionamento de mercado
- Prestadores de serviços
- Processos
- Produtos
- Programas
- Projetos
- Propósito
- Proprietários
- Publicidade
- Receita
- Recompensas
- Redes
- Regras
- Relatórios
- Reputação
- Risco
- Segredos
- Seguros
- Serviços
- Sindicatos
- Sistemas
- Suprimentos
- Tecnologia
- Títulos
- Treinamento
- Visão

Fonte: © Drotter Human Resources, Inc.

Figura 6.4. Problemas típicos da transição para líderes de negócio.

> **Problemas típicos da transição**
> - Não deixar de lado a mentalidade de líder de função
> - Não montar uma equipe de gestão robusta
> - Não entender como a empresa ganha dinheiro
> - Negligenciar as questões de relacionamento
> - Não entender como a digitalização e a IA vão afetar o negócio

Fonte: © Leadership Pipeline Institute.

Não deixar de lado a mentalidade de líder de função

Quando você vê um líder de negócio frenético, que pula de projeto em projeto e nunca tem tempo suficiente para gastar com nenhuma das pessoas-chave, é um sinal claro de dificuldade nesse nível de liderança. O novo líder de negócio costuma sofrer para encontrar o equilíbrio entre a elaboração da estratégia, as visitas aos clientes, as conexões externas, a montagem da equipe. Ainda está trabalhando como se fosse líder de função. Em vez de estar à escuta dos gerentes de função, como se fosse um colega de treinamento, tenta resolver por conta própria todos os problemas em todas as funções. Atua como um líder de função de todas as funções em vez de ser o líder de negócio que rege a organização. Chamamos isso de *trabalhar no negócio*, e não *pelo negócio*. A competência que está faltando é saber montar uma equipe forte e deixar que ela cuide das questões táticas. Definir prioridades a partir do ponto de vista da empresa como um todo, para entregar resultados em um ritmo adequado, tanto de curto quanto de longo prazos, exige trabalhar pelo negócio.

Um sinal parecido de que a transição nessa área está ruim é quando o líder de negócio intervém para tocar projetos ou programas essenciais do mesmo modo que fazia quando era líder de função. Quando ele assume "responsabilidade pessoal", tenta gerir o negócio por meio de produtos ou tecnologia, e não de pessoal e organização. O líder de função que era responsável é marginalizado. Isso pode dar ao novo líder de negócio a sensação de ser um herói, mas lhe rouba tempo do trabalho de estratégia e integração, que é imprescindível.

Em muitas organizações, os pipelines de liderança ficam obstruídos por líderes de negócio que se afastam da complexidade do novo posto. Em vez de gastar tempo e energia mental necessários para entender as situações que se encontram diante deles, recaem nos métodos de liderança que já conhecem.

ESTUDO DE CASO

Gary é o exemplo de alguém que aceitou a complexidade em vez de repudiá-la, ao ser nomeado líder de negócio em sua organização, uma gigante dos serviços financeiros. Ao longo de dez anos, Gary foi passando por uma série de missões cada vez mais difíceis na especialidade da empresa, a negociação de *commodities*. Saiu-se bem, e quando o chefe foi promovido, Gary sucedeu-o como líder de negócio. A promoção era esperada, porque a empresa era considerada uma das melhores do mundo e esse sucesso tinha muito a ver com ele.

O chefe de Gary também havia tido grande êxito na gestão do negócio. Por isso, quando Gary assumiu, poderia muito bem ter mantido a estratégia do antecessor. A receita estava em torno de 500 milhões de dólares e a empresa desfrutava de uma excelente margem operacional de 23,8%. Gary, no entanto, não era do tipo de contar com nada garantido em relação à empresa. Usou diversas ferramentas para avaliar, compreender e conectar o direcionamento estratégico, a competência individual coletiva e a competência organizacional. Também se dispôs a fazer perguntas aos subordinados diretos e aos clientes que revelavam sua "ignorância".

Ele descobriu que o setor estava em uma situação de sobrecarga, com o valor dos produtos tradicionais em declínio e a virada negativa prevista para o mercado prestes a se tornar realidade, reduzindo a demanda por seus produtos. Em nível global, a empresa estava forte na Europa, mas perdendo potência na América do Norte e na Ásia. Os talentos não eram distribuídos de maneira uniforme e a integração

> entre as metas era fraca. Trabalhando de perto com sua equipe, Gary chegou à conclusão de que o modelo de negócio em vigor não estava alinhado com a realidade e as carências dos clientes.

Não montar uma equipe de gestão robusta

Montar a equipe certa é vital nesse nível por causa da complexidade, do desconhecimento de certas funções e do volume de trabalho. Mesmo assim, alguns líderes de negócio insistem em ser o bloco do eu sozinho. Um sintoma comum dessa mentalidade é ser incapaz de montar uma equipe eficiente de subordinados diretos. Muitas vezes o líder de negócio privilegia uma função (em geral aquela em que cresceu), escanteando as demais. Pode acontecer também que ele não tenha conhecimento suficiente acerca de certas funções para buscar e contratar um líder competente. Às vezes ele não incentiva e não demonstra expectativas claras para que os líderes de função trabalhem em conjunto. Quando líderes de função fracos são herdados e não são trocados, os demais membros da equipe relutam em interagir com eles. Assim, pode surgir um subtexto de desconfiança nas reuniões dos líderes de função. Isso atrapalha o trabalho em equipe, necessário para o sucesso do negócio. Uma vez que as equipes de líderes de função estejam desunidas e sejam desrespeitosas e ineficazes, a transição do novo líder de negócio sinaliza que não está dando certo.

Não entender como a empresa ganha dinheiro

Esse é um problema de transição que observamos sobretudo quando o líder de negócio é promovido a gestor de um negócio em que ele não fez carreira. A responsabilidade dele é apresentar lucro, tanto a curto quanto a longo prazos, com alta eficiência de capital. Muitos líderes de negócio novos não entendem o que é necessário para aumentar os lucros. Embora tenham conhecimento das exigências até certo ponto, não são capazes de traduzi-las em ações apropriadas. Um líder de negócio novo do setor financeiro ou de operações pode carecer de confiança ao lidar com os clientes por falta de familiaridade com vendas e atividades de marketing. Por isso fica obcecado com as ligações para clientes, supondo equivocadamente que essa é a chave para o lucro. Em vez de enxergar a cadeia por inteiro, ele foca apenas em uma parte, o que acaba minando a função de vendas.

A incapacidade de reconhecer de onde o lucro vem pode ser resultado do desconhecimento dos processos-chave da empresa. Essa compreensão exige esforço. Representa fazer muitas perguntas e admitir a própria ignorância. Desenvolver conselheiros de confiança, capazes de preencher as lacunas, é um aspecto fundamental. A transição de uma função que você conhece como a palma da mão para uma vaga multifuncional com um oceano de incógnitas é bem complicada. Alguns ficam tentados a seguir em frente na base do blefe em vez de empregar tempo e energia necessários, sacrificando o próprio ego, a fim de entender quais são os processos centrais para vencer. O líder de negócio eficiente tem autoconfiança para reconhecer os pontos em que lhe faltam conhecimento e para demonstrar disposição de transferir as atribuições a quem conta com o saber relacionado à função.

Negligenciar as questões de relacionamento

O líder de negócio que ignora as questões culturais não aprendeu a dar valor ao poder que uma cultura adequada pode ter no sentido de ajudar a empresa a operar de modo correto. Em consequência, evita gastar tempo e energia moldando a cultura de que a organização necessita. Ser o guardião da cultura é uma responsabilidade nova para esses líderes, cuja reação pode ser ignorar ou dar pouca prioridade, mesmo quando a cultura existente já não é apropriada. Cuidar de uma mudança cultural exige tempo e é difícil, por isso há sempre a tendência a deixar esse tema de lado.

Não entender como a digitalização e a IA vão afetar o negócio

A digitalização pode ser o melhor amigo ou o pior inimigo do líder de negócio. Quando ele se mantém atualizado em relação às novidades e tem coragem de investir na tecnologia e flexibilidade para fazer pleno uso do investimento, a vantagem competitiva se torna possível. Mas também pode-se ficar para trás em relação à concorrência por causa da falta de conscientização e de investimento. O apego às práticas existentes, testadas e aprovadas, por ignorância ou falta de ousadia para investir, gera um ponto cego em relação à tecnologia, cuja consequência imediata é a desvantagem competitiva.

É quase consenso entre os líderes de negócio que é importante monitorar a digitalização e a IA. A diferença mora na forma como o líder de negócio age diante de oportunidades/riscos. Quase todo líder de negócio que encontramos deu início àquilo que poderíamos chamar de "digitalização gradual", ou seja, a busca de melhorias de custo/operacionais digitalizando alguns dados internos e alguns processos. O ponto cego surge quando o líder de negócio acha que, apenas com essas iniciativas pontuais, já entrou no jogo. Muitas vezes ele não entrou. Não está nem perto de entrar.

Enquanto se promove uma agenda de "melhoria gradual", os concorrentes estão reavaliando por completo o modelo de negócio. Estão identificando oportunidades para extrair todo tipo de dado de seus produtos em prol do negócio e dos clientes. E estão criando novos produtos com base em dados e entrando em mercados que antes não lhes eram acessíveis.

As principais agendas de digitalização têm que ser encampadas pelo CEO, pois é ele quem, no fim das contas, transforma como um todo o negócio que comanda.

No Capítulo 7 vamos discutir o papel do líder de empresa. Muitos líderes de negócio são ao mesmo tempo líderes de empresa, o que adiciona ao cargo outra camada significativa.

7
Liderar uma empresa

Essa passagem de liderança é alvo de enorme reconhecimento, assim como pode ser fonte de grande fracasso. Quando é nomeado um novo líder de empresa, chamado em geral de CEO, os jornais publicam reportagens, a indicação é saudada por amigos e colegas, a agenda social fica preenchida com rapidez. Muitos líderes de empresa adquirem destaque na mídia nacional e internacional. Poucos anos depois da nomeação, porém, muitos CEOs já deixaram ou estão deixando seus cargos. Nos últimos cinco últimos, a rotatividade se acelerou de forma quase inacreditável. Não estamos falando de pessoas insensatas. Ao contrário, muitos líderes de empresa que fracassam são brilhantes estrategistas e visionários. No entanto, faltam-lhes os valores de trabalho, a aplicação do tempo e as habilidades necessárias nesse nível de iiderança. Pode ser que careçam de um mindset de empresa.

> *Nota:* Edições anteriores deste livro incluíam uma discussão sobre os "líderes de grupo". Mas esse papel parece estar em extinção. À medida que as organizações se tornam mais achatadas e a informação flui hierarquia abaixo por meio da digitalização, grande parte do trabalho antes associado ao líder de grupo passou a ser atribuído ao líder de empresa. Falaremos mais do líder de grupo no Capítulo 11.

Os avanços tecnológicos deram origem a centenas de novos negócios em áreas como software e aplicativos, inovações médicas, drogas e medicamentos, gestão de dinheiro, coaching de liderança, novos serviços. Muitos são pequenas startups com meia dúzia de funcionários. Todas têm um líder de empresa. Os conceitos deste livro se aplicam a elas de um jeito diferente.

O líder de empresa bem-sucedido demonstra um consistente senso de julgamento sobre questões de pessoal e atua bastante bem no âmbito da organização. Embora capacidade estratégica, visão e outros fatores sejam habilidades importantes nesse nível de liderança, elas não salvarão um líder de empresa incapaz de realizar as tarefas, ou que careça da capacidade de colocar a pessoa certa no lugar certo, ou não consiga tecer relacionamentos. O que torna essa transição tão complicada é ter que gerir a organização em sua totalidade, e não apenas um negócio, e ainda ser responsável por múltiplos círculos de interesse – comitês, investidores, parceiros de alianças, mão de obra, acionistas, subordinados diretos, comunidades locais. Mais que qualquer outro líder, este é observado com lupa dentro e fora da empresa.

Em organizações muito grandes, o líder de empresa tem um líder de negócio que se reporta a ele, assim como líderes de função corporativos. Selecionar, desenvolver e liderar líderes de negócio eficientes é um componente importante do cargo. A fim de fazer a escolha certa, é essencial passar tempo suficiente com os líderes de função – que se reportam aos líderes de negócio – para conhecer seus pontos fortes e fracos, suas competências e ambições de carreira. Colaborar com os líderes de negócio atuais e com os líderes de função corporativos na elaboração do planejamento para os líderes de função, de modo a testar as possibilidades de promoção, é uma responsabilidade central. Em muitos e muitos casos, essa responsabilidade recebe pouquíssima atenção. Quando o líder de empresa escolhe um gestor de negócio que fracassa, quem sofre as consequências é o próprio líder de empresa. É do maior interesse do líder de empresa estabelecer um sistema de planejamento sucessório eficaz, valorizar esse trabalho de planejamento sucessório e dedicar-lhe o tempo merecido.

Nas companhias de médio porte, o líder de empresa também é o líder de negócio, e o líder de função se reporta a ele. Moldar os líderes de função em uma equipe de alta performance é de grande responsabilidade, porque no fim das contas o sucesso do negócio depende disso. A ideia é dispor de líderes de função que unam esforços para atingir os resultados almejados. Como cada função tem seus próprios interesses, suas tecnologias, novidades e necessidades de talentos, não é raro que cada uma tome um rumo diferente. Há necessidade de uma visão ou estratégia convincente.

Nas empresas de pequeno porte, o líder de empresa muitas vezes tem como subordinado direto um líder de si mesmo (na área técnica ou administrativa). O líder de empresa que também é líder de outros, além dessas exigências, tem de enfrentar os problemas do negócio e da empresa. Cumprir as metas de performance, aceitar os valores e trabalhar em equipe são itens de grande relevância. Não raro, o líder de empresa que também é líder de outros fica sobrecarregado com o desenvolvimento do produto e o esforço de vendas. Todo o restante, como o planejamento para além de um ano, o desenvolvimento de pessoal e a inserção do subordinado direto em uma equipe, deixa de ser feito.

ESTUDO DE CASO

Paul era líder de empresa de um negócio que produzia biscoitos maravilhosos. Tinha cerca de quarenta funcionários em tempo integral e duas sedes, sendo que uma delas também servia de varejista. Dois subordinados diretos exerciam papéis de liderança em meio expediente, mas passavam a maior parte do tempo trabalhando na produção ou na venda dos produtos. Os muitos clientes eram, na maioria, varejistas que vendiam os biscoitos da empresa. Eram fiéis ao produto e cada vez pediam mais. Paul concluiu que precisava expandir a capacidade de produção para atender à crescente demanda. Conseguiu um importante empréstimo com um banco local e deu um sinal por uma pequena fábrica abandonada em uma região mista, comercial e residencial. Sua ideia era transformá-la em um lugar simples para produção e vendas no varejo. Clientes e amigos ficaram empolgados com a perspectiva de maior disponibilidade do produto.

Atendendo a uma exigência da lei, ele entrou com um pedido de alvará de reconstrução junto aos governos municipal e regional. Os moradores do entorno do prédio abandonado se revoltaram. Achavam que criaria muito barulho e engarrafamentos. Temiam que o bairro perdesse seu charme e o preço dos imóveis caísse. Fizeram protestos veementes e ruidosos nos conselhos municipal e regional. Enviaram mais de cem questionamentos aos dois conselhos, exigindo respostas.

Paul contratou um advogado e um relações-públicas para cuidar dos questionamentos dos moradores e criar uma campanha publicitária positiva. Os moradores mantiveram os questionamentos. Dois anos e 500 mil dólares depois, a obra ainda nem começou. A prefeitura gostou do projeto, mas não queria aprová-lo sem o ok do governo regional. E este dava a impressão de estar do lado da população.

Paul teve raciocínio empresarial e pragmático. Seu foco no produto e na clientela era o certo, mas não suficiente. Ele não levou em conta o impacto sobre a comunidade. Avaliou mal as questões políticas. Seria preciso que o raciocínio empresarial incluísse esses elementos faltantes.

O trabalho a ser feito

Como seria de esperar, o papel do líder de empresa é o mais amplo dentro de uma organização. A visão de futuro vai muito mais longe e a dimensão do cargo inclui quase tudo. A amplitude da posição possibilita enormes êxitos, assim como grandes fracassos (ver a Figura 7.1).

O preço de cometer erros, para a maioria dos líderes de empresa, é alto. Deixar de cumprir a expectativa de faturamento em três de quatro trimestres em geral resulta em enorme publicidade negativa, que se espalha de forma instantânea na internet. No caso das empresas menores, os investidores têm pouquíssima paciência.

Como já comentamos, vimos pessoas se tornarem líderes de empresa rapidamente, sem ter adquirido a devida experiência. Pularam algumas das passagens que preparam um líder de empresa bem-sucedido. Muitas vezes demonstram falta de compreensão da complexidade das soluções exigidas. Ao deparar com problemas novos ou condições de incerteza, falta-lhes a experiência para criar soluções que façam sentido. Para alguns, sobretudo aqueles que acumularam poucos fracassos na vida profissional, pode ser um choque.

Figura 7.1. Liderar uma empresa: o trabalho a ser feito.

O trabalho	Atividades exigidas
Desenvolver uma visão de empresa	• Estabelecer o enquadramento estratégico da empresa. • Definir a missão da empresa. • Ser aceito por toda a organização.
Sustentar a lucratividade	• Definir as metas de resultados e investimento. • Criar um ambiente de comprometimento. • Alocar capital entre as diversas unidades de negócio.
Executar com excelência	• Montar uma estrutura organizacional eficaz. • Definir padrões de eficiência. • Revisar periodicamente a estratégia.
Montar uma arquitetura social	• Definir uma cultura de empresa apropriada. • Comunicar e envolver todos. • Criar espaço para a diversidade.
Liderar globalmente	• Monitorar os acontecimentos internacionais. • Envolver os líderes internacionais relevantes. • Apoiar as iniciativas ESG (sigla em inglês para ambiental, social e de governança).

Fonte: © Leadership Pipeline Institute.

A falta de experiência não está necessariamente relacionada à idade. Vêm surgindo líderes de empresa jovens e bem-sucedidos em TI, startups de biotecnologia de todos os tipos, serviços pessoais e atendimento de saúde, para citar alguns casos. Em setores com trabalhadores do conhecimento, chega-se ao topo em uma velocidade sem precedentes. Por conta disso, a transição de um nível de liderança para outro acontece muito depressa. Jovens brilhantes de 24 anos conseguem criar empresas, atrair o melhor pessoal e se valorizar.

Em alguns casos, a falta de experiência nas passagens de liderança um dia cobra seu preço. Quando não dispõe do pessoal certo ou da equipe certa, o líder de empresa não atende as demandas dos investidores e acionistas. Chegar lá com rapidez, sem treinamento nem experiência suficientes, é bem arriscado tanto para a empresa quanto para o indivíduo. Além disso, os líderes de negócio das grandes empresas de hoje não têm experiência de desenvolvimento na passagem pelo nível de executivo de grupo, algo que era comum no início dos anos 2000. Em muitas empresas, a adoção de uma estrutura organizacional mais achatada eliminou o nível de "líder de grupo", reduzindo as oportunidades de desenvolvimento.

Como adquirir um mindset de empresa

Se um líder de empresa novo ascendeu por intermédio de passagens do pipeline, é porque já houve foco nas questões mais relevantes para o negócio. Lucro, vantagem competitiva, funcionários, clientes, produtos, investidores, fornecedores, comunidades, todos foram importantes na formação do raciocínio. Alguns aspectos tiveram prioridade mais alta que outros, considerados secundários. Agora todos esses elementos são significativos. Como líder de empresa, o mindset exigido é "tudo conta". O perigo é continuar achando que o cliente é mais vital que os funcionários ou que o lucro é mais decisivo que os produtos. É mais difícil do que parece, principalmente quando se teve sucesso em um ou dois desses aspectos.

Vamos detalhar uma categoria de trabalho de cada vez: o líder de empresa faz aquilo que for necessário para perpetuar a empresa sem comprometer seus valores.

O líder de empresa cria uma visão de empresa

Visão, faro estratégico e *know-how* em posicionamento são, todas elas, habilidades cruciais para colocar a empresa no rumo certo para o êxito de longo prazo. Além disso, a digitalização adicionou uma camada de complicações e incertezas. A informação e o acesso a ela transformaram até mesmo os mais simples processos de negócio. O produto ou serviço em si, a forma como se produz, como se adquire e como se fornece, tudo isso está sujeito a rápidas transformações, impulsionadas pelas novas tecnologias e pelo acesso à informação. E por isso os líderes precisam encontrar uma forma de definir a visão da empresa nesta era digital.

O líder de empresa tem de avaliar para onde levar a organização, quais receitas ou modelos de negócio vão dar dinheiro e a quais padrões competitivos estar atento. Também é importante saber quais são as premissas do momento em relação às transformações no setor ou na área e conferir se essas premissas estão atualizadas. Líderes de empresa em todo setor de destaque – automotivo, de software, noticioso, de assistência à saúde, redes sociais, empresas de entretenimento – estão enfrentando neste exato momento, e continuarão enfrentando, esse desafio de posicionamento.

Estar à altura desse desafio exige mais que um simples testemunho de visão. Não faltam empresas com declarações desse tipo penduradas na parede. A maioria dessas visões é tão ampla e sem foco que deixa de ter sentido. Faça o teste: pesquise as visões de cinquenta empresas e você vai constatar que são incrivelmente semelhantes. A verdadeira arte, para o líder de empresa, é conceber uma definição concreta de para onde levar a empresa. No mínimo, isso exige que ele demonstre coragem genuína para tomar decisões difíceis. Essa coragem foi demonstrada por líderes de empresa que reposicionaram ícones do século XX, como IBM, GE, DeBeers e DuPont, rumo ao sucesso no século XXI. Essas empresas são, hoje, bem diferentes do que eram. Em um sentido bastante concreto, essa passagem de liderança requer que o líder de empresa dê valor a tarefas que nunca realizou antes, algo que pode dar medo. Mais de um líder de empresa nos confessou ser a primeira vez que sentiu falta de confiança na própria capacidade de definir o direcionamento estratégico. Valorizar a tomada de riscos, levar o tempo que for necessário para uma reflexão profunda e destrinchar complexidades nesse nível são atitudes essenciais para ser bem-sucedido.

O líder de empresa proporciona uma lucratividade sustentável

Em qualquer empresa de capital aberto, o líder de empresa é avaliado trimestralmente pelos investidores e analistas de investimentos. Na Bolsa de Valores, esse placar é exibido em tempo real. A cada trimestre, Wall Street publica as expectativas de crescimento em relação às receitas e aos resultados. Qualquer escorregão no cumprimento dessas expectativas e na entrega de resultados mancha a credibilidade do líder de empresa, seu ativo mais importante. A fim de sobreviver, ele precisa aprender a dar o mesmo valor aos resultados de curto e longo prazos, desenvolver a habilidade de equilibrar ambos e investir o tempo que for necessário para atingir esse equilíbrio. A marca do grande líder de empresa é a entrega de resultados consistentes e previsíveis na receita e no lucro final.

Estar à altura desse papel não acontece da noite para o dia. Na maioria dos casos, aqueles que têm êxito nessa transição fizeram todas as passagens anteriores do pipeline de liderança. Em cada nível, aprenderam a conduzir negociações cada vez maiores. Desenvolveram a capacidade de antecipar ramificações de longo prazo e ajustar a tática de curto prazo de olho no horizonte mais distante. Com o tempo, tornaram-se craques em enxergar o quadro geral, lidar com os diferentes interessados e ser comunicativo. Em algum momento, adquiriram a força emocional necessária para tomar decisões antipáticas.

O líder de empresa mantém excelência na execução

Ao contrário da crença popular, o líder de empresa não precisa ser um mago da estratégia ou um brilhante visionário para ter sucesso. Precisa, porém, fazer as coisas acontecerem. O líder de empresa indeciso, ou que não cumpre seus compromissos, faz a organização sofrer. A diretoria pede que ele vá embora.

A execução é ainda mais decisiva para o líder de empresa atual do que era anos atrás. A competição se acirrou em quase todos os setores por causa da tecnologia e da globalização do mercado. A carência de talentos de todos os tipos afetou essa execução. A tecnologia da informação empoderou o cliente de uma maneira que só aumentou a importância, para as organizações, de fornecer o que prometem. Por causa disso, não é possível que o líder de empresa viva só de discurso. Em outros níveis de liderança, uma execução defeituosa pode até dar para o gasto. Nesse, porém, defeitos levarão o líder à derrocada.

Nem sempre é fácil para um líder de empresa dar valor à execução. Os detalhes triviais não são um dos aspectos mais glamourosos do cargo. Os melhores líderes de empresa, porém, sabem reconhecer que é de onde vem a maior recompensa para si mesmos e para a organização. Aqueles que mantêm o foco na execução estão sempre fazendo a si mesmos as seguintes perguntas:

Como anda a minha performance? Para dar uma resposta positiva a essa pergunta, o líder de empresa elabora previsões de desempenho para os oito trimestres seguintes (e não apenas os quatro de costume). Desde o início, pensa em mudanças focadas na performance que possam ocorrer ao longo do caminho.

Sei o que está acontecendo? Executar exige dispor das informações mais recentes, das fontes mais relevantes. O líder de empresa precisa estar conectado aos clientes e aos funcionários da linha de frente, e estar bem informado em relação à situação da empresa e dos mercados. Até pouco tempo atrás, isso era feito pessoalmente, mas hoje em dia grande parte pode ser resolvida de modo remoto. Pesquisas com clientes se tornaram lugar comum em vários setores. Portanto, há disponibilidade de dados e opiniões. O importante é o que é feito com eles, e o líder de empresa tem a obrigação de fazer disso parte das responsabilidades pela eficiência do negócio.

Estão me dando as más notícias? Em algumas organizações, o pessoal tem receio de dar más notícias ao líder de empresa. Em outras, é o líder de empresa que não quer ouvi-las, minimizando qualquer relato negativo. Não é possível que o líder de empresa seja um bom executor se ele deixar as más notícias chegarem ao ponto de uma crise. Na hora em que se dispuser a ouvir, talvez já seja tarde demais.

A diretoria está cumprindo sua missão? Se forem meros carimbadores, estarão tolhendo a capacidade do líder de empresa de atingir resultados. Quando cobram o líder de empresa e seus subordinados diretos, pedindo informações a respeito de produtividade, sucessão, satisfação do cliente e mercados, por exemplo, garantem que o líder mantenha o foco na execução.

Minha equipe continua produtiva e motivada? Quando o líder de empresa é incoerente e controvertido, muitas vezes é sinal de que está com problemas. Quando a equipe não consegue chegar a um consenso para atingir metas relativamente simples, é provável que o líder de empresa esteja com dificuldade para produzir resultados aceitáveis.

Estamos usando a tecnologia certa? Ao pensar no uso de tecnologias, as organizações às vezes agem de forma radical. Algumas experimentam toda novidade que aparece, em geral a um custo altíssimo. Outras se aferram às tecnologias existentes, e seus respectivos processos, para fugir dos riscos. De um jeito ou de outro, a organização não vai operar de maneira adequada, criando uma dor de cabeça para o líder de empresa.

Para completar com êxito essa passagem, o líder de empresa precisa alterar valores de trabalho, aplicação do tempo e habilidades, direcionando-os para a execução. Isso significa que é preciso adquirir um apetite insaciável por realizações e resultados. Significa que é preciso conhecer bastante bem o negócio, adquirindo um senso quase instintivo de como a empresa fatura. Significa que é preciso passar muito tempo diagnosticando se a performance da empresa atinge o pleno potencial. Significa que é preciso adquirir habilidade na conversão do aprendizado em prática, identificando as melhores ideias e traduzindo-as sob a forma de ferramentas e programas benéficos para a organização.

O líder de empresa monta uma arquitetura social

Toda empresa é uma organização social. Quando duas ou mais pessoas trabalham juntas, é inevitável que desenvolvam algum tipo de relacionamento. Fomentar uma cultura em que relações assim evoluam de forma construtiva é uma responsabilidade primordial para o líder de empresa. Ele é responsável por moldar o lado humano da organização. Quando o trabalho em equipe e o suporte mútuo são valorizados, esses relacionamentos podem desabrochar. O foco nas questões humanas, ao mesmo tempo que se luta pelos suados resultados do negócio, é um malabarismo do qual nem todo líder de empresa é capaz de dar conta.

Hoje, mais do que nunca, os líderes de empresa precisam motivar os funcionários em todos os níveis, e especialmente no inferior, que é onde a ação acontece. Comunicar de uma maneira que estimule grupos de funcionários numerosos e diversificados é uma competência social que o líder de empresa precisa aprender a valorizar e dominar. Transparência, franqueza e abertura ao feedback são requisitos básicos.

Nenhuma empresa é capaz de progredir sem as pessoas certas nos lugares certos, sobretudo em uma época em que as habilidades de ponta podem ficar obsoletas em um piscar de olhos (ou uma mudança na tecnologia). Selecionar as pessoas certas e aprimorar continuamente suas habilidades e seu conhecimento são responsabilidades que, no fim das contas, recaem sobre o líder de empresa. Embora outros possam cuidar dos aspectos técnicos de seleção e desenvolvimento, o líder de empresa precisa iniciar, manter e gerir o processo, sobretudo quando se trata de líderes, fazendo o tempo todo perguntas como estas:

- Eu tenho a equipe executiva certa?
- O que posso fazer para melhorar o desenvolvimento de líderes na empresa como um todo?
- De que forma podemos transferir a autoridade de tomada de decisões para os níveis inferiores de modo a atrair o melhor pessoal?
- Até que ponto somos bons na seleção das pessoas certas?
- Até que ponto nosso feedback é franco e com que frequência ele é dado? Quais devem ser nossos padrões?
- Até que ponto estamos dispostos a pôr fim a descompassos entre cargos e pessoas, antes que seja tarde?
- Até que ponto somos vigilantes na retenção dos funcionários de alta performance, promovendo-os com mais rapidez, recompensando-os melhor e dando-lhes oportunidades realistas de serem testados?
- A empresa dá a devida importância ao equilíbrio entre vida pessoal e profissional?

Planejamento sucessório, seleção, gratificações, recrutamento, gestão da performance, retenção, comunicação e segurança são alguns exemplos dos sistemas necessários. O líder de empresa é quem garante que eles estejam implantados e funcionando de forma adequada.

O líder de empresa lidera internacionalmente

Nenhuma empresa pode sobreviver sem prestar atenção na comunidade e no mundo à sua volta. Assim como toda organização recebe algo da comunidade, precisa dar algo em troca. As organizações devem ser atuantes na solução dos problemas sociais. Têm de se posicionar em relação à preservação do meio ambiente, ao tratamento das questões de segurança e saúde do público e dos funcionários, a práticas igualitárias de recrutamento e à inclusão. Todo líder de empresa precisa conhecer seu público: ambientalistas, defensores da justiça social ou outros grupos com interesses específicos. Muitos líderes de empresa chegam a seus cargos carecendo de conhecimento ou experiência nessas áreas. Podem nunca ter pensado o suficiente em relação a como a própria organização influencia o aquecimento global ou qual a probabilidade de enfrentar as consequências de uma guerra. Muitos líderes de empresa nos disseram que não dominam a gestão dos diferentes grupos de interesse especiais, cujos modus operandi e base de poder são muito diversos dos deles. Na tentativa de liderar a empresa em um contexto global, mais amplo, acabam encarando a experiência como algo estrangeiro, tanto no sentido literal quanto no figurado. Porém, a fim de que a transição para esse nível de liderança seja efetiva, o líder de empresa precisa adaptar seus valores e sua forma de pensar a esse contexto mais amplo.

A transição para o papel

Apresentamos em termos específicos a necessária transição de valores de trabalho, aplicação do tempo e habilidades do nível anterior para o novo. Existem muitos estratos anteriores para aqueles que se tornam líderes de empresa. Alguns passam de líder de negócio a líder de empresa. Na outra ponta, alguns passam de líderes de si próprios, como engenheiros ou vendedores, a líderes de empresa. Em muitas dessas transições, apenas algumas exigências de líderes de empresa se aplicam. Por isso, na Figura 7.2 apresentamos esses requisitos.

Em organizações menores, com apenas dois, três ou quatro níveis, há algumas exigências vitais no nível empresarial. Valorizar a excelência é importante para qualquer líder de empresa, por menor que seja o empreendimento.

Para qualquer um que seja líder de outros, líder de líderes, líder de negócio e líder de empresa, o desafio da transição está centrado no cronograma. É fácil enredar-se nos problemas do dia a dia. Para assegurar que haja um futuro, é preciso gastar algumas horas pensando e planejando a longo prazo. Passar tempo monitorando tendências externas relevantes é uma necessidade para realizar esse planejamento. Avaliar as consequências futuras dos eventos atuais é o ponto de partida.

Figura 7.2. Valores de trabalho, aplicação do tempo e habilidades para líderes de empresa.

Liderar uma empresa

VALORES DE TRABALHO
- Resultados da empresa
- Excelência da empresa em todas as áreas
- Valorização dos diversos modelos de negócio
- Aprendizado contínuo

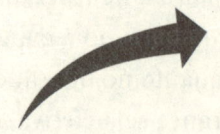

APLICAÇÃO DO TEMPO
- Fortalecimento da cultura empresarial
- Presença externa e formação de relacionamentos
- Comunicação com público amplo

HABILIDADES
- Pensamento visionário
- Montagem de equipe de nível executivo
- Formação de relacionamentos com líderes externos e a diretoria

Fonte: © Leadership Pipeline Institute.

No caso dos líderes de função que também são líderes de empresa, é importante fazer mudanças no próprio cronograma. A exigência-chave é ter um pensamento visionário, algo bem diferente da elaboração da estratégia da função. Migrar da excelência na função para a excelência na empresa requer refletir sobre um número de aspectos bem mais amplo.

No caso dos líderes de negócio que também são líderes de empresa, é essencial gastar tempo criando relacionamentos externos e relacionamentos com a diretoria. O pensamento visionário, algo bem diferente do pensamento estratégico, precisa ser aprendido.

Valores de trabalho

Considerando os enormes desafios que o líder de empresa encara ao fazer essa transição de liderança, ele precisa adaptar seus valores – e esse papel solicita uma mudança significativa dos valores de trabalho. Como indicado por nós, a liderança de empresa reivindica um sistema de crenças substancialmente diferente do exigido nos outros níveis de liderança. Embora já tenhamos tratado de alguns dos valores de trabalho que se mostram necessários para o líder de empresa, gostaríamos de focar, aqui, na transformação de valores mais ampla que precisa ocorrer.

Até chegar a esse ponto, a maioria dos líderes já aprendeu a valorizar os resultados operacionais de curto e médio prazos (um a três anos) e as realizações mensuráveis e constantes. Por mais que possam admitir a necessidade de planejamento e metas de longo prazo, por terem navegado com êxito pelos níveis de liderança anteriores, muitos sentem dificuldade em aceitar o ritmo em que ocorrem os resultados da empresa. Alcançar uma mudança de cultura ou implementar um novo programa de qualidade de modo pleno pode levar muito tempo. No caso dos líderes que construíram suas carreiras alcançando resultados com mais rapidez e mais eficiência que seus pares, dar valor a resultados progressivos, de grande porte, porém demorados, pode ser um sacrifício. Uma falha comum dos líderes de empresa é desistir de programas de ciclo prolongado (como a instalação de novas tecnologias ou a expansão para um território novo) antes que estejam implementados de fato e produzindo resultados mensuráveis.

Da mesma forma, muitos líderes de empresa sentem dificuldade para dar valor a apenas três ou quatro objetivos principais. O líder de empresa costuma ter uma lista de metas extensa. A satisfação, para ele, é ticar esses itens um por um. Mas a satisfação deveria vir de uma pequena lista de iniciativas de ciclo prolongado. A mudança de identidade de uma marca, por exemplo, pode demorar anos. Em um sentido bem concreto, a transformação dos valores tem que ser do contentamento imediato para a evolução sustentável. O bom líder de empresa reconhece que os objetivos mais ambiciosos e relevantes levam tempo para ser alcançados e aprende a deixar de lado as soluções paliativas, de resultado imediato, características de outros níveis de liderança, em prol de um trabalho mais lento, porém mais seguro, em direção a um êxito maior. O paradoxo que causa confusão é que com essa paciência coexiste a necessidade de entregar os compromissos trimestrais. A solução para esse paradoxo é aprender a fazer certas coisas com rapidez e outras com vagar, certificando-se de não misturar as duas (fazendo de maneira lenta aquilo que precisa ser feito rapidamente). Encontrar o equilíbrio entre o curto e o longo prazos, e colocá-lo em prática, é o que torna bem-sucedido um líder de empresa.

Outra mudança de valores problemática é a aceitação de recomendações da diretoria. Para aqueles que estão acostumados a gerir o próprio negócio dentro de uma empresa com vários interesses, isso pode ser um obstáculo.

Até alguns anos atrás, os líderes recebiam conselhos de pares, coaches ou superiores. Mas o comitê de direção é outro tipo de conselheiro. As opiniões dos membros da diretoria podem parecer superficiais ou menos informadas do ponto de vista de quem enxerga o negócio por dentro. Além disso, individualmente, diretores podem ter opiniões conflitantes, levando alguns líderes de empresa a menosprezar esses conselhos apenas por ficarem confusos. Constatamos, porém, que o líder de empresa que é franco com a diretoria, fazendo um esforço de escuta e aprendizado com ela, acaba tendo benefícios na própria tomada de decisões. Quando a diretoria é incapaz de propiciar um aconselhamento bem informado, a responsabilidade do líder de empresa é instruí-la até que ela se torne capaz.

Por fim, os melhores líderes de empresa são aqueles que dão valor a fazer perguntas e escutar um amplo espectro de pessoas. Esse é um valor quase paradoxal, considerando o poder associado ao cargo de líder de empresa e o ego necessário para atingi-lo. Um percentual significativo dos líderes de empresa ascendeu de um nível de liderança para outro graças a um estilo forte e agressivo e à capacidade de exercer o poder. Esse poder, porém, se torna contraproducente quando o líder de empresa não atua com comedimento. Embora tenha alcançado a posição máxima de poder, o verdadeiro líder de empresa não se baseia apenas nela para fazer as coisas: reconhece que é com energia e inovação que elas acontecem, e não apenas com obediência a contragosto. O líder de empresa influente compartilha sua visão com um grande número de pessoas, de modo a conquistar o interesse e motivá-las a colaborar.

O líder de empresa ditatorial, movido pelo ego, tende a não fazer muitas perguntas nem escutar as respostas. Valoriza a própria opinião acima de todas as outras e por causa disso minimiza ideias e pontos de vista que conflitam com os seus. Embora a maioria dos líderes de empresa não se encaixe no estereótipo do ditador, muitos não dão pleno valor à escuta de perspectivas variadas. Com grande frequência, os novos líderes de empresa recorrem a um único conselheiro de confiança, e não à equipe e à diretoria.

Aplicação do tempo

Como presta contas à empresa como um todo, o líder de empresa precisa empregar seu tempo em atividades que afetam os diversos setores. Cada vez mais, a cultura empresarial é uma ferramenta de união da organização.

O comportamento dos funcionários entre eles e o mundo à sua volta marca a empresa como boa ou má cidadã. A mudança de comportamento dos indivíduos, do foco que têm em si mesmos para a ênfase na cidadania, é conquistada pela implantação de uma cultura bem definida. Compreender qual é a cultura atual, definir como ela deve ser e colocar em prática os programas adequados para incutir as mudanças necessárias são essenciais na aplicação do tempo do líder de empresa.

Somente o líder de empresa pode tomar certas atitudes, como conectar a organização com o mundo à sua volta por meio da construção de relações importantes; engajar-se com as organizações externas certas; e comunicar a mensagem da empresa a um público amplo. Permitir que a equipe ajude a fortalecer essa presença externa é imprescindível para que o trabalho seja integralmente realizado.

A comunicação com funcionários, clientes, acionistas, diretores, consumidores e diversos níveis de governo, para deixar claro aquilo que a empresa tenta realizar e descobrir o que esses públicos esperam, requer planejamento e elaboração bem pensada das mensagens.

Habilidades

O líder de empresa é capaz de criar uma visão daquilo que a empresa pode ou deve ser. A maioria dos líderes de empresa novos descobre que se trata de uma reflexão maior do que aquela a que se acostumaram, e é raro que acertem logo na primeira tentativa. Testar essa reflexão com algumas pessoas-chave e ir corrigindo o quadro é a forma de desenvolver essa habilidade. O pensamento visionário é um processo gradual e fundamental para definir a cultura da empresa e moldar sua presença externa.

O desenvolvimento dos subordinados diretos, em uma equipe executiva, pode ser um desafio complicado. Subordinados diretos têm ambições pessoais, interesses conflitantes e necessidade de compromisso. Tudo isso cria um desafio para o líder de empresa, exigindo o desenvolvimento de algumas habilidades. Ele não tem opção a não ser adquiri-las, porque muitas obrigações do cargo exigem trabalho em equipe. É provável que o líder de empresa já tenha montado equipes em sua carreira. Mas essa tarefa pode ser mais difícil nesse papel, porque os membros da equipe também têm experiência e são bem-sucedidos, e podem não achar que o trabalho em equipe lhes convenha.

Adquirir habilidade em relacionamentos não é novidade para a maioria dos líderes de empresa. O desafio passa a ser um foco poderoso em um público externo, detentor de cargos importantes de liderança. Esses líderes externos têm agendas próprias e podem não se animar a aceitar aquilo que o líder de empresa se propõe a fazer. Talvez a relação mais importante de todas seja com a diretoria: conquistar a confiança do comitê é a prioridade máxima. O líder de empresa e o comitê querem a mesma coisa, mas podem não concordar na maneira de obtê-la. Se passarem tempo suficiente juntos, muitas vezes podem resolver essas diferenças.

Problemas típicos da transição

O sinal mais evidente é uma espiral financeira negativa que ocorre na gestão do novo líder de empresa. Embora nem sempre crises financeiras sejam causadas especificamente pela dificuldade do líder de empresa em fazer a transição de liderança, a reação (ou a falta de) a elas pode ser um sinal de problemas na passagem. Em muitos casos, porém, os sinais são um pouco mais sutis (ver a Figura 7.3).

Não procurar entender como a empresa atua

Isso remonta ao desafio de manter-se na vanguarda da execução. Às vezes o novo líder de empresa não entendeu a coisa – e a "coisa" é como a empresa funciona. Por suas palavras ou por seus atos, ele demonstra ignorância em relação ao que é necessário para colocar profissionais certos nos cargos certos ou implementar um novo programa ou uma nova política. Não entende como usar a própria influência para mexer os pauzinhos e superar a inércia ou enfrentar obstáculos para obter resultados. Ou não está interessado na forma como a empresa atua no dia a dia, ou se contenta com falsas premissas. Seja qual for o caso, faz pouco ou nenhum esforço para analisar ou revisar as operações das diferentes unidades, ouvir gente de todos os níveis e conhecer o ponto de vista do cliente em relação ao serviço e à qualidade. Os sinais de desinteresse em relação a essas questões são sutis. Os indícios mais evidentes são financeiros. A deterioração da receita indica que o líder de empresa está caminhando para o abismo. Conhecemos pelo menos quatro líderes de empresa que não faziam a menor ideia do funcionamento da própria organização, e em cada caso o resultado foi um prejuízo de pelo menos 1 bilhão de dólares. Quando o novo líder de empresa não enxerga importantes falhas operacionais, isso é um indicador de que não entende como as coisas são feitas.

Embora o líder de uma empresa com menos de duzentos funcionários possa entender a operação do negócio por ter passado alguns anos nela, nas empresas maiores, ou de rápido crescimento, ou de setores complexos, a curva de aprendizado é mais íngreme. O líder de empresa que se isola de uma série de pessoas ou informações, ou deixa a execução a cargo de outros, não está fazendo a transição de liderança.

Figura 7.3. Problemas típicos da transição para líderes de empresa.

Problemas típicos da transição

- Não procurar entender como a empresa atua
- Focar nas relações externas
- Evitar o lado humano da empresa
- Não responder satisfatoriamente às perguntas dos membros da diretoria
- Recusar-se a levar em conta outros modelos de negócio
- Liderar o negócio em vez de liderar os líderes de negócio

Fonte: © Leadership Pipeline Institute.

Focar nas relações externas

Interações com clientes, reuniões com o governo, eventos comunitários, torneios de golfe com celebridades são importantes. Parte do papel do líder de empresa é interagir com grupos externos e projetar uma imagem pública positiva de si mesmo e da empresa. Trata-se, porém, de uma atividade sedutora, e alguns líderes de empresa perdem de vista as responsabilidades de liderança mais amplas ao chegar a esse nível. Deixam de perceber que ninguém está cuidando da lojinha. O líder de empresa precisa equilibrar seu tempo entre as questões externas e internas. Quando a balança pende para um lado só – sobretudo quando é o lado externo –, é porque algo está errado. O líder de empresa que fica enredado na representação de um papel em vez de ser o executivo-chefe uma hora acaba ficando, junto com a empresa, em maus lençóis.

Evitar o lado humano da empresa
Problemas pessoais podem ser complexos do ponto de vista do líder de empresa, e alguns acabam achando mais fácil cuidar dos problemas do produto. Quando são responsáveis pelo pipeline de liderança e não demonstram interesse em recrutar ou desenvolver líderes em todos os níveis e setores da empresa, é sinal de que o lado humano da empresa não é importante o bastante para eles. Alguns líderes de empresa mantêm a cultura que a organização já tem, mesmo quando se tornou obsoleta. Da mesma forma, há quem chegue ao posto de líder de empresa e nomeie de imediato os amigos para os cargos-chave. Embora o líder de empresa tenha o direito de selecionar uma equipe de pessoas conhecidas em quem confia, o nepotismo corporativo envia uma mensagem equivocada para todos os profissionais. Desmotiva aqueles de alto desempenho e incentiva respostas acríticas aos superiores em vez de um diálogo franco. O líder de empresa precisa definir procedimentos e exigências para preencher os postos-chave. Também deve se certificar de que a empresa tenha uma cultura apropriada para o negócio e a época. Transformar uma cultura é uma tarefa difícil, que leva tempo. Por isso muitos líderes de empresa evitam se lançar a esse tipo de trabalho. Mas, ao não fazê-lo, demonstram ser avessos às questões humanas.

Não responder satisfatoriamente às perguntas dos membros da diretoria
Quando os resultados ficam abaixo das expectativas e os acionistas analisam bem de perto uma empresa, os membros da diretoria se sentem pressionados e passam a fazer perguntas delicadas ao líder de empresa. Caso ele não tenha respostas satisfatórias e as mesmas perguntas se repitam em várias reuniões de diretoria, é sinal claro de problemas à vista. Embora comitês de diretoria já não sejam os carimbadores do passado, raramente chegam a ser hostis. Uma relação pouco harmoniosa com a diretoria muitas vezes

significa que o líder de empresa carece de uma habilidade essencial ou não tem os valores apropriados para esse cargo de liderança.

Recusar-se a levar em conta outros modelos de negócio
O líder de empresa cuida muitas vezes de múltiplos negócios ou diferentes unidades de negócio nas grandes organizações. A maioria ascende dentro de uma ou no máximo duas unidades de negócio em sua trajetória à posição. Acaba conhecendo o modelo de negócio e como ganhar dinheiro naquela unidade. Como líder de empresa, passa a ser encarregado de todas as UNs. Negócios diferentes costumam exigir diferentes modelos de negócio, diferentes sistemas de premiação, diferentes formas de competir. Um exemplo simples são os grandes bancos. Muitas vezes consistem em três, quatro ou cinco das seguintes linhas de negócio: banco para pessoas físicas (varejo), banco para empresas, banco de investimento, financiamento imobiliário, crédito hipotecário, *leasing* e correspondente bancário. São todos negócios muito diferentes entre si. Constatamos, em várias empresas multinegócio, que o líder de empresa tenta impor um modelo operacional único para toda a organização, sem deixar espaço para diferenças em cada unidade. Descobrimos também que, quando uma unidade de negócio tem dificuldade para entregar resultados, o líder de empresa tenta impor o modelo com o qual ele mesmo se sente mais à vontade, e não o que seria mais apropriado. Esse líder não consegue perceber que, se um negócio é completamente diferente, as exigências também o são.

Liderar o negócio em vez de liderar os líderes de negócio
O líder de empresa proporciona liderança a seus líderes de negócio, o que inclui aprovar suas estratégias, mas não é ele quem gere seus negócios. Não se trata de uma simples questão de semântica. O líder de empresa pode sentir forte tentação de mudar uma estratégia de negócio, questionar a precificação, fundir fábricas e fazer todas as coisas "importantes" que fazia quando era líder de negócio. Embora seja crucial que pergunte e avalie se os líderes de negócio estão realizando essas tarefas de forma eficaz, ele faz muito mal ao pipeline de liderança quando as executa por conta própria. Quando o líder de negócio não está entregando resultados, o líder de empresa precisa desenvolver e dar coaching a esse líder ou es-

colher um novo. Nunca deve, porém, começar a gerir o negócio por conta própria. Estará deixando de cumprir outras tarefas importantes que só o CEO pode realizar.

Liderar uma empresa exige inteligência, mas não se resolve na ponta do lápis. Preparar apresentações maravilhosas à diretoria não é o principal do cargo. A questão real é posicionar a empresa para o sucesso de longo prazo, garantindo uma execução bem-sucedida, escolhendo as pessoas certas, valorizando os resultados, desenvolvendo uma cultura apropriada e fortalecendo relacionamentos dentro e fora da organização. O líder de empresa que não é habilidoso nessas tarefas – não faz a menor ideia de como selecionar e fomentar líderes ou construir relacionamentos em todas as direções – provavelmente estará fadado ao fracasso, por mais competente que seja no mapeamento estratégico.

Quando uma empresa tem apenas uma ou duas passagens de liderança, acabam surgindo lacunas no desenvolvimento de CEOs. Aparecem provavelmente deficiências na elaboração de estratégias e no pensamento de longo prazo; no tratamento de questões externas e na construção de relacionamentos; e na escolha e desenvolvimento de líderes. Aconselha-se buscar ajuda. Membros da diretoria, especialistas do setor, consultores e empresas de consultoria, cursos e tomada de decisões colegiada podem servir de auxílio. Seja como for, é importante para o novo líder de empresa reconhecer aquilo que ainda não aprendeu e ter a mente aberta para ouvir sugestões. As decisões não podem ser tomadas por pessoas de fora, mas estas podem dar conselhos e informações. O líder de empresa e a equipe é que devem tomar as decisões.

PARTE 3

APLICAÇÃO

8
Estratégias para implementar o modelo do Pipeline de Liderança

Implementar a estrutura do Pipeline de Liderança não costuma ser tão complicado. O motivo é que você já tem um pipeline de liderança! Você tem líderes de outros, líderes de líderes e assim por diante. Em princípio, você não "implementa" o modelo do Pipeline de Liderança propriamente dito na organização. Você *aplica* o modelo do Pipeline de Liderança para descrever papéis de liderança que já existem. Damos a isso o nome de Retrato de Liderança.

Do ponto de vista da implementação, você tem que levar em conta as seguintes questões:

- Se precisa começar com uma implementação parcial ou partir imediatamente para uma implementação organizacional total;
- Como situar a estrutura do Pipeline de Liderança em seus modelos e suas estruturas já existentes.

Depois de apresentar o Retrato de Liderança, abordaremos essas questões; ao final do capítulo daremos dicas específicas para uma implementação eficaz.

Como elaborar os Retratos de Liderança

Nos capítulos 3 a 7 demos um panorama do trabalho a ser feito e dos valores de trabalho, da aplicação do tempo e das habilidades exigidas para os diversos papéis de liderança. A combinação desses elementos é o que resulta naquilo que chamamos de Retrato de Liderança. Nas figuras 8.1 e 8.2 ilustramos o Retrato de Liderança para um líder de outros.

No Capítulo 2 demos um panorama dos problemas da empresa que podem ser resolvidos com o modelo do Pipeline de Liderança e os resultados que podem ser alcançados. Para colher os benefícios do modelo do Pipeline de Liderança, é preciso criar um Retrato de Liderança para cada um dos diferentes papéis/níveis de liderança típicos em sua organização.

O trabalho a ser feito representa a produção daquele papel de liderança. É o que o líder precisa apresentar, a linha de base daquilo que é cobrado dele e da avaliação de sua performance como líder. Isso tem que fazer parte da revisão periódica de desempenho do líder. Também é a linha de base de sua evolução. Quando se desenvolve um líder – e, aliás, qualquer pessoa dentro da organização –, é preciso prepará-lo *em direção* a algo. Do contrário, um plano de desenvolvimento não faz sentido e perde a importância no minuto em que é elaborado. Com o Retrato de Liderança implantado, pode-se localizar áreas para desenvolvimento e acompanhar se estão sendo alcançadas.

Figura 8.1. Retrato de Liderança para o líder de outros (1 de 2).

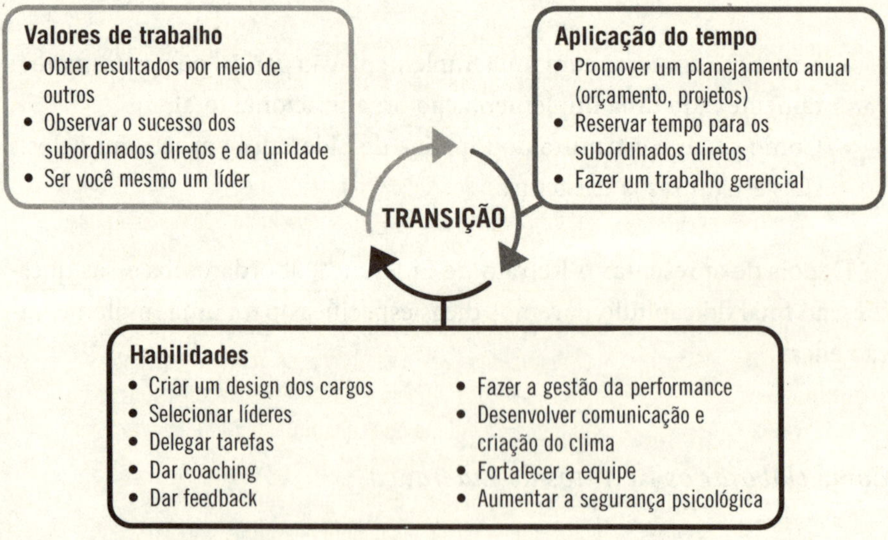

Valores de trabalho
- Obter resultados por meio de outros
- Observar o sucesso dos subordinados diretos e da unidade
- Ser você mesmo um líder

Aplicação do tempo
- Promover um planejamento anual (orçamento, projetos)
- Reservar tempo para os subordinados diretos
- Fazer um trabalho gerencial

TRANSIÇÃO

Habilidades
- Criar um design dos cargos
- Selecionar líderes
- Delegar tarefas
- Dar coaching
- Dar feedback
- Fazer a gestão da performance
- Desenvolver comunicação e criação do clima
- Fortalecer a equipe
- Aumentar a segurança psicológica

Fonte: © Leadership Pipeline Institute.

Figura 8.2. Retrato de Liderança para o líder de outros (2 de 2).

O trabalho	Atividades exigidas
Definir a direção	• Determinar os papéis e as prioridades dos subordinados diretos. • Criar uma compreensão clara de como os objetivos de negócio dos subordinados diretos se relacionam com os da equipe como um todo e da unidade de negócio. • Engajar os subordinados diretos na definição dos objetivos de negócio individuais.
Empoderar	• Permitir que os subordinados diretos cuidem de forma efetiva de suas responsabilidades. • Delegar a autoridade necessária para que os subordinados diretos atinjam seus objetivos. • Apoiar os subordinados diretos em seu trabalho, sem assumir a responsabilidade direta pelo trabalho deles.
Desenvolver os subordinados diretos	• Estabelecer objetivos de desenvolvimento específicos para os subordinados diretos. • Proporcionar feedback construtivo com base em fatos. • Incluir o coach contínuo como parte do estilo de liderança.
Acompanhar a performance dos subordinados diretos	• Tomar a iniciativa de conversas de acompanhamento regulares, apoiando o trabalho dos subordinados diretos. • Revisar constantemente o andamento do trabalho e a performance dos subordinados diretos. • Reagir a tempo a problemas individuais de performance e não deixar problemas de desempenho se acumularem.
Selecionar os membros da equipe	• Escolher membros qualificados, que sejam bons colaboradores para a performance geral da equipe. • Tomar decisões difíceis e ser proativo na substituição de membros da equipe que constantemente fiquem aquém na entrega dos objetivos. • Buscar membros da equipe que também tenham potencial de desenvolvimento em outros papéis.

(continua)

(*continuação*)

O trabalho	Atividades exigidas
Fortalecer a equipe	• Criar um ambiente inclusivo em que o trabalho em equipe e a colaboração sejam valorizados. • Criar um alto nível de engajamento. • Criar um ambiente aberto e de confiança, que incentive as pessoas a se pronunciarem.
Promover a integração hierarquia acima e lateralmente	• Manter o gestor direto informado do andamento dos projetos. • Informar no devido tempo obstáculos previstos. • Coordenar proativamente o trabalho com os colegas envolvidos.

Fonte: © Leadership Pipeline Institute.

A tríade de transição – valores de trabalho, aplicação do tempo e habilidades – representa a ideia de início, de contribuição a ser dada. Há tarefas a valorizar, há tempo a ser distribuído, há habilidades a dominar. A tríade de transição desempenha um papel fundamental no desenvolvimento de líderes. Digamos que você esteja fazendo a si mesmo perguntas como "O que está atrapalhando a performance desse líder?", ou "Como posso ajudar esse líder a ter um desempenho ainda melhor?", ou "Por que esse líder não criou planos de desenvolvimento para seus subordinados diretos?". Na maioria dos cenários comuns, faltam ao líder valores de trabalho adequados, embora uma aplicação ineficiente do tempo e a falta de habilidades também possam ser fatores responsáveis. Nesse caso, é preciso elaborar um desenvolvimento de lideranças que leve em conta toda a tríade de transição, e não apenas as habilidades.

Ao avaliar o potencial de um líder de outros que migra para o papel de líder de líderes, comece analisando se o líder em questão havia feito a transição plena para o papel de líder de outros. Em caso afirmativo, é preciso comparar o retrato do líder de outros com o do líder de líderes e se perguntar: "Esse líder de outros demonstrou no cargo algo que indique estar pronto para o papel de líder de líderes?" "Ele demonstrou potencial em relação aos valores de trabalho e às habilidades necessárias?" Quando não há um Retrato de Liderança, muitas vezes a discussão sobre o potencial de liderança se torna abstrata e carente de evidências. *O viés pessoal começa a ganhar um peso excessivo.* Promover alguém é uma decisão de negócio. É igual a qualquer outra decisão de investimento. Quando aplicados corretamente, os Retratos de Liderança levam você aos fatos de que necessita. É o processo utilizado em qualquer decisão de negócio, aumentando de forma significativa o grau de certeza em uma promoção.

Ao produzir um Retrato de Liderança, é importante que ele seja o *seu* Retrato de Liderança. Note que deixamos espaços vazios nas caixinhas que relacionam **valores de trabalho**, **aplicação do tempo** e **habilidades**. Sugerimos que você reflita se é preciso contemplar outros elementos essenciais. Além disso, algumas organizações acabam substituindo **Habilidades** por **Competências** para incluir o modelo de competências nos Retratos de Liderança. Outras trocam **Valores de trabalho** por **Mindset**, temendo que as pessoas não entendam a expressão valores de trabalho. Embora os dois termos não signifiquem a mesma coisa, é importante usar a terminologia que combine melhor com a organização.

Para que os detalhes do trabalho a ser feito sejam úteis para sua empresa, pode ser conveniente ajustá-los aos diferentes papéis/níveis aos quais você os aplica. Por exemplo, pode ser apropriado acrescentar **Resultados de produção**.

Quanto à coluna **O trabalho** da Figura 8.2, é importante incluir apenas trabalho de liderança real, que seja executado pelo papel de liderança em questão. Não é o momento de pensar em desejos sobre a liderança, e sim de concentrar-se no trabalho em si. Além disso, pode ser bom alterar a terminologia; há quem prefira *empoderar*, outros *delegar*. Tudo fica a seu critério. Caso você tenha que traduzir o modelo para vários idiomas, convém levar em consideração palavras de fácil tradução. Uma ideia é acrescentar áreas de trabalho relevantes para os papéis de seus líderes de outros. Recomendamos que adote prioridades e não elabore um modelo com excesso de áreas de trabalho. De preferência, que seja um modelo para ajudar os líderes a focar naquilo que realmente importa em seus papéis.

A coluna **Atividades exigidas** da Figura 8.2 serve para tornar o modelo prático e fácil de usar por líderes de todos os níveis. Essa coluna responde a perguntas como "O que significa definir a direção, empoderar e fortalecer a equipe?". É importante ser bastante descritivo. É aqui que você explica o que os líderes precisam fazer em seus cargos. Pode ser bom acrescentar outras frases. Talvez você possa reformular algumas ou usar termos diferentes – em "Empoderar", algumas organizações usam o termo "Sessões de acompanhamento" e outras operam com "Sessões individuais", embora o objetivo e o conteúdo da conversa sejam os mesmos. É preciso que as frases, de modo geral, captem a cultura de sua empresa. Existem maneiras diferentes de dizer a mesma coisa, e talvez você queira promover uma agenda de pessoal específica, que exija reforçar algumas frases ou repetir certas agendas em determinadas afirmações.

Como escolher o grau de implementação

Constatamos duas abordagens diferentes na implementação do conceito de Pipeline de Liderança:

- Implementação total;
- Implementação parcial.

As vantagens de fazer uma implementação total são as seguintes:

- Você consegue definir as dimensões e expectativas de performance, o que permite utilizá-las em toda parte;
- Você alcança um alinhamento total antecipado com as demais pessoas, ferramentas e processos corporativos;
- Você evita que diferentes modelos de liderança dominem partes distintas da organização.

Essas vantagens são bastante óbvias e dificilmente causarão surpresa. Menos óbvio é o fato de que você também pode fazer uma implementação parcial ou sequencial, mais fácil de vender.

A implementação parcial costuma ocorrer em duas nuances diferentes. Algumas empresas começam implantando o modelo em todos os níveis de liderança de determinada parte da organização – por exemplo, uma função ou unidade de negócio de uma região específica. Outras começam por um nível de liderança, como o de líderes de outros, ou com os cem maiores executivos, como parte de um programa de desenvolvimento de executivos ou de um processo de planejamento sucessório.

Uma das razões mais frequentes para a implementação parcial é quando uma unidade considera importante começar a trabalhar rapidamente e dispõe de recursos para isso. A função de RH não conta com esses meios e está ocupada com outras iniciativas da empresa. Outra razão da implementação parcial é quando uma grande empresa quer fazer um piloto de solução em uma unidade, conferindo se dá certo antes de implantá-la no restante da organização.

A estratégia de implementação parcial tem várias vantagens. Em primeiro lugar, é possível avançar mais rápido, identificando uma unidade organizacional para a qual essa iniciativa é de suma importância. Também permite testar diferentes ferramentas e processos antes da implementação em toda a empresa. Do ponto de vista da gestão das mudanças, pode-se gerar triunfos visíveis no curto prazo e histórias de sucesso empíricas.

Como sempre, quando o projeto não é gerido com bom senso, as vantagens podem se transformar em desvantagens:

- A unidade piloto insiste em customizar demais o conceito às suas necessidades específicas;
- Outras unidades podem se sentir escanteadas do conceito por não ter participado de sua elaboração;
- Os triunfos de curto prazo e as histórias empíricas são específicas demais de uma unidade e, por isso, não podem ser transpostos.

Concluindo, caso você queira fazer uma implementação parcial, precisa ter certeza de que alguém leve para o projeto o mindset da empresa, a fim de garantir uma estrutura projetada que seja um sucesso na unidade piloto e depois possa ser usada pelo restante da organização.

Qual a melhor implementação, parcial ou total, para a sua organização depende de seu ponto de partida. Mas ambas as estratégias são capazes de levar aos mesmos resultados.

Como situar a estrutura do Pipeline de Liderança

Esta segunda fase da implementação diz respeito a perguntas diferentes que você precisa fazer em relação à sua situação específica.

Como essa estrutura se encaixa em nossa nomenclatura corporativa de cargos?

A maioria das empresas opera com uma nomenclatura de cargos interna, enquanto algumas têm uma configuração externa para fins de marketing ou relações públicas. Vimos inúmeras nomenclaturas em inúmeras empresas. O objetivo é o mesmo: identificar a hierarquia e/ou o status. O nome transmite a estrutura hierárquica, sem muita relação com o papel ocupado pela pessoa. Algumas organizações têm uma mistura de hierarquia e papéis embutidos na nomenclatura. Vimos empresas organizadas por países em que o chefe é um líder de negócio com o cargo de *diretor-gerente*. Em empresas do setor industrial também vimos exemplos disso. O chefe de produção de uma fábrica pode ganhar o nome de *diretor de produção*.

Em comum, os critérios para dar títulos costumam ser desenhados de cima para baixo, com foco nos postos de liderança, alinhados à hierarquia corporativa e não ao trabalho de liderança a ser realizado. Isso faz com que em uma empresa haja muitos gerentes e líderes de outros com títulos diferentes, como supervisor, gerente, diretor ou vice-presidente. Os títulos não estão associados ao trabalho, e sim à posição hierárquica daquele papel. A maioria dos títulos corporativos faz todo o sentido e preenche um papel importante para a empresa.

Esse sistema hierárquico de nomes de cargos não funciona bem como ponto de partida para o desenvolvimento de lideranças, a avaliação de performance, o planejamento sucessório e outros processos de pessoal similares. O título não define o trabalho a ser feito – e sim o papel.

Implementar os princípios do Pipeline de Liderança resulta em um sistema de seleção, desenvolvimento e avaliação de lideranças com base no trabalho. Isso não significa que você não possa ter uma estrutura de títulos com base na hierarquia. Ambos são necessários e devem ser implementados da forma correta para coexistir em qualquer organização.

Como essa estrutura se encaixa em nosso sistema de classificação de cargos?

São muitas as boas razões para aplicar um sistema de classificação de cargos. A maioria das empresas o utiliza como padrão para os salários e algumas empresas o utilizam para montar uma estrutura de nomenclatura de cargos. Um sistema genérico de classificação pode ajudar a organização a ter uma ideia melhor dos salários e títulos entre diferentes funções, unidades de negócio e regiões. No entanto, isso não vai ajudar você a fazer o planejamento sucessório, a avaliação de performance ou o desenvolvimento de líderes. Para ter êxito nessas áreas em relação aos especialistas, é preciso adotar a abordagem proporcionada pela estrutura do Pipeline de Especialistas. Analise o exemplo a seguir:

ESTUDO DE CASO

Uma grande empresa de energia estava dividida em múltiplos empreendimentos, como produção de óleo e gás, construção e gestão de fazendas eólicas, *trade* de energia e outras áreas de negócio. Cada um deles estava organizado como uma unidade autônoma – contando com o apoio das mesmas funções de grupo, como financeiro, RH, aquisições, comunicação e jurídico.

As unidades de negócio eram diferentes em tamanho e experiência. A maior unidade de negócio representava 40% da renda bruta. Outras representavam 30%, 15% e 10%, deixando 5% para aquelas de pequeno porte.

Usando esse estudo de caso como exemplo, vamos analisar os desafios a ser encarados caso você utilize o sistema de classificação de cargos sem combiná-lo a uma abordagem com base em papéis do Pipeline de Liderança. A unidade de negócio principal tinha um impacto muito maior nos resultados gerais da empresa em relação às demais. A classificação do cargo de líder de negócio, e provavelmente a dos líderes de função na unidade principal, era mais importante que as de papéis similares nas UNs menores.

No entanto, o trabalho a ser feito por um líder de negócio ou um líder de função continua o mesmo, qualquer que seja a dimensão da UN; esses líderes são cobrados pelo mesmo tipo de *trabalho* de liderança. A ideia é que o plano de desenvolvimento foque em desenvolvê-los para os *papéis* de líder de função e líder de negócio.

Pode acontecer também que na maior unidade de negócio haja líderes de líderes com uma classificação maior que a do papel de líder de função na UN menor. Mesmo assim, continua a ser um papel de líder de líderes.

Não se está dizendo que não se deve usar um sistema de classificação de cargos – um sistema desse tipo é necessário. No entanto, quando se trata de elaborar o seu Pipeline de Liderança, o sistema de classificação de cargos não ajuda. O truque para o êxito é permitir que os dois sistemas coexistam.

Como a estrutura do Pipeline de Liderança se encaixa nos atuais modelos de competências?

Deparamos com muitos tipos de modelo de competências de liderança. Alguns são simples, com cinco ou sete competências de nível mais alto, enquanto outros são mais abrangentes, com grande número de competências e várias dimensões. São usados para avaliação, desenvolvimento, recrutamento, planejamento sucessório e outras funções semelhantes. Em geral, essas empresas recorrem a nós porque seus modelos de competências não estão funcionando bem o bastante.

Ao refletir sobre o conceito do Retrato de Liderança, você entenderá por que operar com modelos de competências de liderança como espinha dorsal da avaliação e do desenvolvimento de lideranças e do planejamento sucessório está fadado ao fracasso. As habilidades de liderança são fundamentais, mas apenas um dos três itens cuja importância é reconhecida. Faltam a aplicação do tempo e os valores de trabalho. E falta a diferenciação por nível. O líder de negócio e o supervisor do *call center* usam as mesmas habilidades. Falta também uma conexão direta com o trabalho a ser feito. Por isso é difícil medir sua eficácia. Os modelos de competências têm seus méritos, mas não como sistema de base para uma estrutura geral de liderança.

Ao avaliar a performance dos líderes e a qualidade da liderança, você precisa examinar a produção. Por exemplo:

- O que o líder está apresentando?
- O líder está delegando?
- O líder está fazendo seleção para lideranças?
- O líder está desenvolvendo a estratégia funcional?

A performance da liderança tem que ser avaliada em relação aos detalhes do trabalho a ser feito. Apresentar competências é bom, mas elas não são tão importantes se você não for capaz de conectá-las aos resultados.

O líder precisa se desenvolver no sentido de uma melhor performance na tarefa atual ou no trabalho futuro a ser feito. Pode ser que ele precise reforçar novas competências/habilidades. Ele também deve adquirir novos valores de trabalho e garantir que seu tempo priorize a eficiência. As competências não são abrangentes o bastante para resolver tudo, sobretudo nos níveis de líder de outros e líder de líderes. Quando o líder sai dos trilhos nesses níveis, a causa mais comum são os valores de trabalho. Encontramos muitos líderes que dispõem, sim, de habilidades, mas não as aplicam, porque não valorizam o trabalho de liderança da mesma forma que o trabalho dos colaboradores individuais; por isso passam seu tempo como colaboradores individuais.

A maioria dos modelos de competências que encontramos não tem diferenciação por nível/papel. Vimos modelos com sete competências, das quais apenas duas são relevantes para o nível executivo e algumas para os gestores da linha de frente. O mais importante, porém, é que eles não ajudam os líderes a compreender o que precisam apresentar no dia a dia, e não ajudam os líderes de líderes a entender o que devem cobrar dos outros líderes.

Em muitos casos, os modelos de competências foram minuciosamente desenvolvidos, com participação dos executivos e a um custo significativo. Por causa disso, vêm para ficar. Então a chave do sucesso é fazer as competências existentes coexistirem em vez de concorrerem com a estrutura do Pipeline de Liderança.

Nos modelos simples, com cinco ou sete competências de liderança de alto nível, isso é feito definindo as competências como uma aspiração coletiva de liderança, aplicando-se então os Retratos de Liderança como ferramenta operacional do dia a dia.

No caso dos modelos mais abrangentes, isso é feito pegando as competências detalhadas e incluindo-as sob "Habilidades" na tríade de transição.

Simplificando, é difícil medir o valor das competências para a empresa. O comportamento sugerido por elas não tem sentido se não puder ser diretamente relacionado aos resultados. Competências podem ajudar a criar um ambiente de trabalho favorável, mas não apresentam resultados.

9
Dicas para a sintonia fina da implementação

O capítulo anterior especificou ideias básicas sobre a implementação do Pipeline de Liderança. Muitas empresas tiveram êxito e, sem exceção, estão satisfeitas por terem feito isso. Durante esse processo, líderes de negócio e RH precisaram tomar muitas decisões, todas elas influenciadas pelo tamanho da empresa e pelo estágio de desenvolvimento das lideranças. Muitas dessas empresas compartilharam conosco suas experiências; a partir do feedback delas, e do nosso próprio, descobrimos o que tende a dar certo ou não. Este capítulo traz algumas dicas para ajudar numa implementação tranquila.

Antes de compartilhá-las, gostaríamos de dizer duas ou três coisas. Note que "implementação" não significa consertar o pipeline que você já tem. É muito provável que você já conte com alguma versão de um pipeline de liderança. Alguma diferenciação entre os níveis já existe – pode ser em tomada de decisões, recrutamento e despesas.

Pode ser bastante útil refletir sobre quão efetivo vem sendo seu pipeline já estabelecido.

A seguir, alguns sinais de que seu modelo está avariado:

- Se a equipe de especialistas/profissionais de sua organização não tem certeza de onde receber instruções;
- Se você vem tendo dificuldade em desenvolver líderes em número suficiente;
- Se existem gargalos obstruindo o fluxo de trabalho;

- Se as pessoas estão pedindo demissão por falta de engajamento ou por não sentirem que o trabalho tem um propósito;
- Se o aprendizado em seus programas de desenvolvimento de lideranças não se traduz no local de trabalho.

É importante perceber que não é possível desenvolver líderes de maneira adequada sem antes diferenciar as definições dos diversos níveis. Elas precisam ser compreendidas, praticadas e mensuradas. Quando falamos em "implementar o pipeline de liderança", queremos dizer definir as diferenças entre os níveis, medir performance e desenvolver a capacidade de liderança usando essas definições de modo consistente na organização como um todo. E não nos referimos a aspectos técnicos e operacionais das funções, como o percentual de fatia de mercado ou as metas de vendas em dólares. Estamos falando dos requisitos de planejamento (estratégico versus operacional, longo prazo versus curto prazo); acrescentar os temas a serem abordados cabe a você. Diferenciar as definições de cada nível é tão importante que ocupa o primeiro item da lista.

Dicas universais

Algumas dicas de implementação parecem se aplicar em toda parte. São ideias fundadoras. Por isso concluímos que todos devem cogitar utilizá-las.

Deixe clara a diferenciação da responsabilidade entre níveis/papéis

Comece focando nos líderes de outros e nos líderes de líderes. Pela nossa experiência, é nesses dois níveis que ocorrem rupturas importantes. Seja como for, eles abarcam a maior parte dos seus cargos de liderança. Para obter boa compreensão da situação atual, faça entrevistas com diversos líderes de outros e líderes de líderes – seis em cada nível, aproximadamente, serão suficientes. Dê-lhes o nome de *entrevistas de trabalho* e deixe claro que não se trata de uma discussão sobre performance, e sim sobre clareza de papéis. Certifique-se de que a pessoa entrevistada não se sinta avaliada – se isso ocorrer, você não obterá respostas precisas.

Faça-lhes perguntas como estas:

- Quais resultados espera-se que você apresente?
- Quais tarefas você realiza para obter esses resultados?
- Como você divide seu tempo?
- O que você gostaria de fazer por mais tempo? E por menos tempo?
- Qual tipo de decisão você toma? Em que momento gostaria de ter mais autoridade?
- De qual desenvolvimento você acha que necessita?

Junte os dados por pergunta e compare-os com os modelos dos respectivos capítulos. Mapeie as diferenças. Procure usar a linguagem de sua empresa, e não a nossa. Então faça uma revisão de validação com o nível hierárquico superior. Realize uma sessão de feedback com foco no trabalho *e não na performance*. O objetivo é obter uma compreensão e um compromisso com o trabalho de liderança necessário.*

Nota: Pode ser que você fique espantado, como nós ficamos, ao ver quanto trabalho dos líderes de outros está sendo realizado pelos líderes de líderes. As respostas dos que lideram outros vai revelar que eles estão fazendo muito trabalho de líderes de si mesmos.

Mantenha a simplicidade

Existe uma tendência (natural?) a criar programas ou iniciativas de transformação ao implantar algo novo. Fortalecer seu pipeline de liderança é algo mais próximo de ser inteiramente o contrário de um programa. Por isso não chamamos de "programa". É uma questão de voltar ao fundamental, ou seja, conseguir realizar o trabalho básico de liderança. O objetivo é fazer com que indivíduos em papéis de liderança foquem mais nesse trabalho de liderança, de modo que a empresa funcione melhor. O objetivo é atribuir o tempo certo ao planejamento, à contratação, à distribuição de trabalho, ao monitoramento do andamento, ao feedback, ao coaching e à oferta de gratificações. Tanto a performance da empresa quanto a performance das lideranças devem se

---

* Para uma abordagem mais completa desse tema, ver *The Performance Pipeline*, de Stephen Drotter (Jossey-Bass, 2011).

beneficiar ao mesmo tempo. É provável que haja necessidade de algum treinamento para que todos atinjam um padrão apropriado.*

Dicas para os líderes de negócio

A maioria dos líderes de negócio quer sentir confiança em que a organização é capaz de entregar os produtos certos no tempo certo, com o custo e a qualidade certos. São dependentes dos líderes de líderes e dos líderes de outros para exibir um bom trabalho por meio de suas equipes – ou seja, projetar, montar, vender e entregar o produto. É preciso que os líderes de função realizem mais trabalho estratégico. É do interesse deles montar esse pipeline.

Inspire um esforço de liderança nos níveis inferiores

É essencial que haja comunicação direta, cara a cara, regularmente. Não é preciso que seja frequente, mas deve ser periódica. É preciso que as reuniões com grupos ou indivíduos nesses dois níveis – para explicar suas expectativas e escutar as preocupações deles – sejam um alicerce para atender ao cliente. Explique onde você quer que atuem: no engajamento, no coaching, no desenvolvimento, no feedback ou no suporte para a equipe líder de si mesma. Explicar a diferença de papel entre os líderes de líderes e os líderes de outros vai reforçar a clareza. Encontre-se com todos os líderes de outros e líderes de líderes, não deixe nenhum de fora. Faça a conexão entre o trabalho de liderança deles e o sucesso do negócio. Reserve um tempo para perguntas. Vários de nossos clientes imprimiram as definições dos papéis em folhas grandes, afixadas nas paredes dos escritórios, fábricas e salas de reunião.

Transforme um pipeline de liderança pleno e fluente em parte de sua estratégia de negócio

Já é consenso que uma liderança efetiva é fonte de vantagem competitiva. É uma das pouquíssimas fontes de *vantagem competitiva sustentável*. É

---

* O Leadership Pipeline Institute oferece cursos de líderes de outros, líderes de líderes e líderes de função.

sabido também que a força de sua liderança é um dos indicadores mais potentes de sucesso futuro do negócio. Quando seu quadro de líderes é capaz de atrair, reter, desenvolver e escalar mais talentos que os concorrentes, sua execução será superior à deles, triunfando de forma constante no mercado. Na maioria das estratégias de negócio não se cuida do poder da liderança. Saia na frente.

Execute um processo de planejamento sucessório abrangente

Caso você almeje a efetividade do negócio que uma liderança poderosa é capaz de apresentar, planeje, tome decisões, invista tempo e dinheiro e corra certos riscos. O planejamento sucessório é o veículo da realização desse trabalho. E não é um programa de RH, é um processo da empresa. Trata-se de prepará-la para o futuro provável. O RH pode elaborar seu processo de planejamento sucessório e estruturá-lo, mas é você quem vai colocá-lo em prática.

Dicas para os líderes de RH

Pode parecer que a montagem do pipeline de liderança é "trabalho para o RH". É claro que o RH desempenha um papel fundamental. Embora não seja responsável pela performance individual dos líderes, pode ser cobrado pelo desempenho coletivo de todos os líderes. Programas, processos, cursos, coaching, gratificações são o que viabiliza a performance da liderança. Tamanha responsabilidade necessita ser compreendida e aceita pelo RH. A elaboração da arquitetura que ativa a performance e o desenvolvimento da liderança é o começo de tudo. Criar programas que dão apoio ao êxito individual dos líderes também é uma responsabilidade maior – que não será cumprida caso o RH fique à espera do pedido. Ele não precisa de permissão para cumprir sua tarefa, precisa de coragem.

Dê um passo atrás para ter certeza do que está dando certo e do que não está

Apressar-se a propor soluções antes de definir os problemas e as oportunidades é loucura. Existe um grande volume de informações disponíveis.

Preste muita atenção ao que chega até o RH. Leve em conta os seguintes fatores:

- Por que o RH está sendo procurado?
- O que está sendo pedido (por líderes e não líderes)?
- Quais problemas estão sendo levados até lá?
- Em quem estão pondo a culpa?
- Qual é o pedido daqueles que têm melhor desempenho?
- O que os resultados operacionais revelam sobre aquilo que está dando certo ou não está?
- Como está indo a transição dos promovidos a quaisquer níveis de liderança?
- Como anda o desempenho dos recrutados externos nos cargos de liderança?

Formule em frases claras as questões que precisam ser abordadas. Ao pensar em soluções, considere todos os aspectos e todos os programas como dignos de reflexão.

Faça a conexão entre todos os elementos do lado humano do seu negócio

Seu pipeline de liderança não pode ser criado ou corrigido sem negociações individuais. Contratar um bom líder é útil, mas não conserta nem cria nada. Organizar um curso, por mais sucesso que tenha, não vai gerar um pipeline melhor. Quem dera pudéssemos dizer: "Basta ler nossos livros, fazer nossos cursos, e tudo vai dar certo." Muito mais importante é levar em conta as seguintes questões:

- **Especificações de recrutamento e seleção.** Você está contratando pessoas para os cargos de liderança com base em habilidades técnicas ou no potencial de liderança?
- **Seu processo de planejamento sucessório.** Os indicados para promoção são bem-sucedidos depois?
- **O conjunto de cursos organizados ou recomendados.** Eles são genéricos ou específicos? O que vem sendo posto em prática no trabalho?
- **Critérios de performance usados para gratificações e promoções.** Os líderes fracos estão recebendo aumentos e bônus?

- **Instruções dadas aos coaches externos.** Estão cientes de seus padrões e expectativas em relação aos líderes ou estão usando os deles mesmos?
- **Planejamento e gestão de carreira.** O que os funcionários envolvidos dizem em relação à passagem para um papel de liderança? O que é dito a eles sobre a promoção a um papel de liderança maior?

Todos esses elementos precisam ser combinados em direção ao mesmo fim. A melhor forma de conectá-los é utilizar um único padrão. Sugerimos, como primeira dica, que sejam criadas definições claras das diferenças entre os níveis. Essa base pode servir de padrão para recrutamento, promoções, gratificações, programas de treinamento. Uma medida simples – usar o mesmo padrão para todas as transições – coloca você no rumo de um pipeline de liderança pleno e fluente. É importante observar quais requisitos específicos de certos cargos podem e devem ser acrescentados à base das diferentes transições, como as metas operacionais para gratificações. Nosso argumento principal é que o mesmo padrão específico deve nortear todos os tipos de avaliação.

Dicas para os business partners de RH na empresa

Os business partners de RH são os soldados no terreno da construção do Pipeline de Liderança. Entre as fontes de informação sobre como os líderes estão liderando, podemos citar as interações com os diversos níveis; a observação dos líderes em ação; a escuta de como os líderes são acolhidos pelos subordinados diretos; a conversa com funcionários insatisfeitos. Essas informações são vitais para a tomada de decisões em relação aos líderes atuais e futuros. Essa visão em tempo real, do interior da estrutura organizacional, sobre o desempenho dos líderes é singular e inestimável. Merece atenção e deve gerar iniciativas relevantes.

Consolide o que você vê, ouve e vivencia em relação aos líderes a quem dá suporte

Todos os dias – de preferência, ou ao menos semanalmente – faça um balanço daquilo que você aprendeu em relação aos líderes a quem dá suporte. Isso vai ajudá-lo a dar feedback e sugestões a esses líderes e é uma parte importante do desenvolvimento deles. *Os business partners de RH na empresa precisam dispor de opiniões formadas sobre a performance e o potencial dos líderes a quem dão suporte na organização.* Isso não tem nada a ver com influência em nomeações ou espionagem. O objetivo é dar apoio à performance e ao desenvolvimento atuais. É bom responder às seguintes perguntas:

- O que aprendi esta semana sobre o líder Fulano?
- Isso faz parte de um padrão ou é um caso isolado?
- Como posso usar isso de forma útil e construtiva?
- Quem mais precisa ficar sabendo e quando?

Não existe nada de incomum em tomar essas atitudes. Muitos líderes, sobretudo os bons, pedem esse tipo de feedback. Uma organização que desenvolve líderes precisa estar atenta a quaisquer padrões que surjam, tais como um problema que acomete vários líderes. Um curso pode ser uma boa forma de obter aprimoramento.

Ofereça suporte aos líderes em fase de transição

Pela nossa experiência, todo líder tira proveito de algum tipo de suporte inicial ao fazer a transição para um novo cargo de liderança. São pouquíssimos os que recebem esse suporte. Os business partners de RH na empresa estão em boa posição para ajudar. Um mito que é preciso denunciar e eliminar é "Deixe o novo líder se assentar nas primeiras semanas, para depois ver como ele se sai". A abordagem que se demonstrou a mais acertada é a inversa. Abandonado à própria sorte, o líder vai apegar-se àquilo que o tornava bem-sucedido no cargo anterior. Pode ser que o novo papel não esteja muito claro para ele.

Comece discutindo os detalhes específicos do novo nível. Use os Retratos de Liderança que você elaborou, ou o capítulo respectivo deste livro, com foco naquilo que a transição exige em termos de valores de trabalho, aplicação do tempo e habilidades. Preste atenção especial na implantação do novo mindset.

A etapa seguinte é encontrar um sentido para o novo papel. Use a base do trabalho a ser feito. Acrescente os requisitos específicos ou únicos desse papel na sua empresa em particular. O sentido virá da compreensão do valor que o cargo agrega.

Alguma mudança na própria imagem talvez seja uma boa tática. É uma mudança substancial para o novo líder de outros. Antes ele era parte da turma. Agora é o líder da turma. O time virá em busca de direcionamento, apoio, engajamento, conselhos de carreira, coaching. Fingir que ainda é um deles é prejudicial. O business partner de RH na empresa precisa ajudar o novo líder a se preparar para essas novas conversas. O novo líder tem de se ver como a pessoa que vai preencher essas necessidades. É preciso ser mais reflexivo e sábio ao interagir com a velha turma para mudar a conversa. Refletir bastante a respeito antes de interagir com os ex-colegas é crucial, e o parceiro de negócio do RH na empresa é quem faz essa reflexão acontecer. O time precisa enxergar o novo líder como alguém com quem pode contar e em quem pode confiar. A primeira reunião não deve ser do jeito antigo. É preciso enxergar o novo líder como um líder.

A assistência à transição costuma exigir mais de uma reunião. O planejamento das discussões de acompanhamento é parte natural desse apoio. Ter alguém com quem conversar, sem ser o próprio chefe, aumenta a disposição para compartilhar as preocupações e trabalhar para resolvê-las.

Dance com quem quer dançar

Quando a empresa se dispõe voluntariamente a fortalecer seu pipeline de liderança, é preciso que o business partner de RH dê feedback ou auxilie nas transições de liderança. Nem todo líder estará de acordo ou reservará tempo para seu parceiro do RH. Pode-se afirmar com segurança que alguns líderes desejam a ajuda ou o aconselhamento, para se aprimorarem ou aumentar as chances de promoção. Sendo assim, comece com eles. Que fique bem claro: não é preciso esperar um comunicado oficial do líder de negócio para lançar uma iniciativa. Muitos líderes querem ser os melhores que puderem. Tire-os para dançar. Eles vão contar aos amigos, que também vão querer entrar na dança. Outros, ao ver você dançar, vão pedir para aderir. Essa abordagem à base foi bem-sucedida em várias empresas.

Coisas que ninguém deve fazer

Algumas iniciativas de execução são equívocos que não recaem diretamente em algum indivíduo ou setor da organização. Eis alguns conselhos gerais:

Não espere por uma ordem

O sucesso é possível de qualquer ponto de partida. Não há necessidade de um decreto vindo de cima. Trabalhamos com empresas que começaram pelo nível do CEO, ou do líder de função, ou do líder de uma unidade operacional. Todos deram certo. O mais importante é começar por onde der.

Não confunda o nome do cargo com o papel

O título transmite o status, mas não necessariamente o trabalho a ser feito. O uso varia de empresa para empresa. Existem vice-presidentes sem subordinados diretos que são líderes de si mesmos. Líderes sem títulos oficiais podem ter milhares de subordinados nas organizações em que atuam. Nosso foco é o trabalho a ser feito. Desconsidere títulos honoríficos ao decidir como incluir alguém no pipeline de liderança. É importante observar que alguns cargos cruciais na equipe, sem subordinados diretos, podem incluir responsabilidades relacionadas a toda a empresa. Pense em casos assim como líderes de função ou líderes de subfunção.

Não use a terminologia deste livro de forma arbitrária!

A terminologia que adotamos aqui, como *líder*, *função* ou *empresa*, pode não se encaixar em sua organização. Sinta-se à vontade para usar esses termos se forem úteis, mas, caso possam criar confusão, incentivamos você a adotar seu próprio vocabulário corporativo. Dê aos papéis e níveis os nomes adequados à sua situação. O que interessa mesmo é ter uma terminologia coerente para diferenciar as responsabilidades.

Dicas para desobstruir o pipeline

Você fez o melhor possível em prol da implementação, mas não vem obtendo progresso suficiente. É provável que seu pipeline de liderança esteja *obstruído*. E, portanto, é preciso tomar medidas mais drásticas para liberar o fluxo. Eis algumas opções:

O líder incapaz de reservar tempo ou realizar o trabalho de liderança deve ser "devolvido" ao antigo papel operacional ou de apoio

Nem todo mundo nasceu para o trabalho de liderança. Nem todos os que ocupam papéis de liderança escolheram estar lá. Tem gente que experimenta ser líder e depois de algum tempo descobre que não é o que esperava ou queria. Deixar em papéis de liderança pessoas que não querem ou não deveriam estar lá entope seu pipeline de liderança. Frequentemente essas pessoas têm desempenho ruim. Quem trabalha para elas é prejudicada no coaching, no feedback, no planejamento de carreira, no engajamento. Ninguém fica contente nem é, no fim das contas, produtivo. Ao calcular o custo/benefício para cada um, para o líder em questão e para a empresa, percebe-se que é um negócio em que todo mundo saiu perdendo. Em geral é preciso ter uma discussão detalhada com esse líder antes de qualquer realocação. Supostamente, ele era eficiente quando líder de si mesmo, motivo pelo qual foi promovido a líder de outros. Voltar a esse papel fará todos saírem ganhando, indivíduo e empresa. Os funcionários terão mais sucesso se acabarem com um líder melhor e mais motivado. Não raro, as empresas esperam tempo demais antes de tomar uma atitude em relação aos líderes ineficientes. Aguardar e tolerar uma performance abaixo da satisfatória ou um líder infeliz rebaixa os padrões de liderança e dificulta a melhoria do pipeline.

Aumente a abrangência de controle para reduzir a mistura de papéis

Uma crítica frequente à realocação de líderes em cargos operacionais ou de apoio é a falta de substitutos suficientes. Considere as abrangências de controle atuais. Um líder de outros com até cinco subordinados diretos não tem o gostinho do verdadeiro cargo de liderança. É preciso fazer muito trabalho técnico para preencher o dia. O design da função o obriga a continuar no dia a dia técnico. Pela nossa experiência, um líder só se desenvolve quando tem sob seu controle algo entre dez e trinta pessoas. O limite máximo dessa escala é comum em grandes organizações, como *call centers* e lojas de varejo. As tarefas de liderança podem ocupar a maior parte do dia. O limite mínimo é para o trabalho técnico e de apoio quando é preciso resolver complicadas questões operacionais. Extensões de menos de cinco pessoas devem ficar reservadas a tecnologias de ponta ou vendas de altíssimo valor.

Uma nota de encerramento

Esperamos que você tenha achado útil este capítulo. Temos enorme interesse em saber como você lida com todos esses fatores em sua organização. Envie-nos um e-mail; nossos endereços estão na seção inicial, "Boas-Vindas".

10
Diálogos relevantes para o desempenho, o engajamento e a retenção

"Ninguém gosta de análises de desempenho; livre-se delas!" "A situação anda difícil; estamos sem verba para o desenvolvimento de pessoas!" "Sou ocupado demais para dar coaching a quem quer que seja." Se é isso que você ou outras pessoas em sua organização pensam, é hora de repensar. Baixa retenção, falta de engajamento, demissões silenciosas, burnout e outros problemas da atualidade surgem desse tipo de comportamento organizacional. Quando o funcionário tem a impressão de que não é valorizado – pela empresa em geral ou pelos líderes em particular –, é provável que desista e peça demissão, ou desista e fique na empresa, ou use as redes sociais para expressar sua opinião sobre a organização. Somos enfáticos sobre isto: você não verá melhoria na performance, nem no desenvolvimento, sem um engajamento relevante com seus funcionários.

Algumas organizações abandonaram as notas de desempenho, enquanto outras continuam a utilizá-las. Algumas aplicam conversas semestrais estruturadas sobre desempenho; outras o fazem de modo contínuo. Não há uma estrutura melhor que a outra, e nenhuma delas vai tratar dos problemas apresentados anteriormente. A única forma de abordá-los é conduzindo diálogos significativos de desempenho e desenvolvimento em todos os níveis.

O senso comum diz que o líder deve tratar desses problemas "demonstrando empatia", "escutando mais", "comunicando mais", "sendo transparente", "sendo autêntico". Embora cada uma dessas abordagens resulte em progresso temporário, elas não atacam o cerne do problema, a menos que funcionários e líderes ouçam por que são valorizados e por que o trabalho deles é importante. Vamos explicar como usando o Pipeline de Liderança.

Neste capítulo demonstraremos como os Retratos de Liderança vão ajudá-lo a chegar aonde quer. E vamos apresentar os Círculos de Desempenho do Pipeline de Liderança. Mesmo que você não goste de sistemas de pontuação de desempenho, esses círculos auxiliarão todos os líderes a ter conversas com base em fatos sobre o que consideram sucesso em qualquer papel específico – e até que ponto o funcionário em questão está preenchendo essa função. Além disso, os círculos vão guiar o diálogo direto do desempenho para o desenvolvimento.

Por onde começar

Para ajudá-lo a fazer bem esse importante trabalho, oferecemos as seguintes orientações, a partir de muitos anos de experiência:

Administre o desempenho atual e o futuro propiciando desenvolvimento. Trabalhar com o colaborador para ajudá-lo a se desenvolver é uma das ferramentas mais poderosas para fortalecer a retenção.

Discuta o desempenho e o desenvolvimento com cada funcionário o tempo todo. O melhor feedback é o imediato, e não o que acontece seis meses depois – e o constante em vez do periódico.

Parta do mesmo ponto que o funcionário. Antes de transmitir sua avaliação, descubra o que ele mesmo acha de seu desempenho, das necessidades de desenvolvimento e do próprio potencial. A luta para construir uma ponte entre o seu cargo e o dele pode ajudar a iluminar o caminho a seguir, ao mesmo tempo que evita possíveis conflitos (é provável também que você obtenha informações preciosas a partir dessas conversas).

O feedback mais construtivo é aquele que inclui respostas ponderadas às seguintes perguntas:

- "O que se espera de mim?"
- "Como meu trabalho se encaixa no negócio?"
- "Como estou me saindo?"
- "Um pedido de ajuda neste problema profissional é possível?"

- "Onde posso obter o desenvolvimento de que preciso?"
- "Como você [meu gestor imediato] vai apoiar meu desenvolvimento?"
- "Qual é meu provável futuro aqui?"

As respostas a essas perguntas precisam ser consideradas para que o diálogo seja eficaz. São problemas aparentemente universais. A responsabilidade primordial de todo líder é garantir que os subordinados diretos saibam e entendam o que se espera deles. A segunda é garantir que tenham certeza de como estão se saindo. Em capítulos anteriores já falamos dessa responsabilidade, porém do ponto de vista do líder. Agora queremos que o líder a enxergue do ponto de vista do funcionário. Quando o líder não proporciona essas respostas, está plantando a semente da insatisfação – porque é então que surge no empregado o desejo de abandonar o empregador.

Essas perguntas são eficazes porque envolvem o funcionário em um diálogo relevante. Esse tempo a dois *focado nas necessidades dele*, e não nas da empresa ou do líder, demonstra de modo inequívoco que o funcionário é valorizado. E, como as respostas a essas perguntas podem mudar à medida que o negócio evolui, os projetos são completados, os obstáculos surgem e novas metas são estabelecidas, sempre haverá necessidade de um novo diálogo. Por isso é imperioso que essas discussões sejam constantes.

Responder a essas perguntas também beneficia o líder. A performance dos dois participantes dessas discussões vai melhorar, porque a conversa proporciona mais clareza e foco para o funcionário e feedback útil para o líder. Além disso, é provável que o líder tenha as mesmas dúvidas em relação à própria situação.

Na falta dessas discussões, qualquer funcionário se sentirá desvalorizado ou desconectado. Pode ser que ele esteja imaginando o pior, como "Meu trabalho não é importante", "Eu não conto", "Não estou tendo bom desempenho", "Vou ser rebaixado", "Vão me mandar embora". Quando o funcionário se sente desconectado ou inseguro, a reação comum é a demissão silenciosa e a busca por um novo empregador. Isso é ruim para a empresa.

Encontramos muitos líderes que questionam nosso conselho porque acreditam que essa orientação decorre do excesso de expectativas das gerações mais jovens. No entanto, esses líderes estão deixando passar dois pontos importantes:

- É isso que o líder tem que fazer em seu papel de líder! Se ele não tem inclinação para oferecer esse apoio, seria sensato que abdicasse do papel.
- Fazer tudo isso não é importante apenas para o funcionário. O desempenho de qualquer líder é igual ao desempenho somado de seus subordinados diretos. Por que, então, ele não os ajudaria a compreender o que é considerado um bom desempenho – e a chegar lá?

É preciso estar atento

Nem toda deficiência de performance é igual; algumas são piores que outras. Há dois problemas de desempenho importantes para o líder que podem ter um efeito cascata sobre o pessoal em torno. Não podem ser ignorados ou varridos para debaixo do tapete, porque acabam atingindo um círculo de influência bastante amplo. Mesmo assim, são frequentemente menosprezados.

Líderes atuando no nível errado

Vemos isso acontecer em todas as empresas que nos procuram: líderes realizando tarefas que caberiam aos subordinados diretos – porque não conseguem abrir mão do trabalho que costumavam fazer (embora isso seja visto com mais frequência no nível de líder de outros, acontece em todos).

Esse é o pior erro que um líder pode cometer. Todos saem perdendo. O líder não dá a contribuição certa e deixa de evoluir profissionalmente. Os subordinados diretos não dão a contribuição certa e deixam de evoluir na carreira. E não obtêm do gestor a atenção de que precisam para se sentir engajados – isso exige que o gestor do líder intervenha e faça o trabalho que caberia ao líder, além das próprias atribuições. Essa é uma causa frequente de burnout.

Quando um líder ou um grupo de líderes atua no nível de liderança errado, é preciso fazer um grande trabalho de reparação. A intenção é que ele adquira os valores de trabalho e as habilidades certas de seu nível, além de atentar à aplicação do tempo, para garantir uma performance adequada. Desse desenvolvimento dependem o desempenho e as promoções futuras.

Essa é uma tarefa desafiadora por dois motivos: em muitas organizações, a clareza de papéis para o trabalho de liderança é mínima ou ausente. Por melhor que seja o trabalho da empresa para definir os requisitos financeiros e operacionais, muitas não conseguem explicitar as exigências de liderança e diferenciá-las por nível. Em consequência, até mesmo indivíduos que querem melhorar a performance de liderança sentem dificuldade em fazê-lo por causa da falta de clareza em relação a suas metas.

Papéis que permanecem indefinidos

Muitas empresas falham ao criar Retratos de Liderança diferenciados por nível de liderança. A tendência é que não haja Retratos de Liderança. A performance exigida tende a ser financeira e operacional em vez de um conjunto completo de requisitos que inclua os resultados de liderança. Em consequência, é difícil, se não impossível, mensurar os resultados em qualquer um dos níveis.

Pense na forma como os funcionários reagem a situações em que os requisitos do papel não estão claros e os padrões do que é considerado sucesso não estão definidos. É bastante improvável que eles se dediquem ao trabalho e se sintam satisfeitos com a própria situação. O mundo à volta deles parece arbitrário e eles não estão recebendo do líder o apoio de que necessitam. Essa indefinição gera incerteza, e a incerteza paralisa quem trabalha.

O Pipeline de Liderança proporciona uma maneira rápida e eficaz de melhorar a definição dos papéis. No Capítulo 8 ilustramos como você cria Retratos de Liderança para cada papel de liderança com base no modelo do Pipeline de Liderança. É possível aguçar a definição dos papéis comparando (1) o que o líder *faz* versus o que se *exige* de determinado papel de liderança, e (2) o que o superior imediato e o subordinado direto fazem versus o modelo do Pipeline de Liderança. Como a maior parte do desenvolvimento ocorre na prática, é importante estabelecer os Retratos de Liderança certos, para que o líder os compreenda e evolua na direção certa.

Como usar os Círculos de Desempenho do Pipeline de Liderança

O Retrato de Liderança não é um conceito teórico bonitinho de imaginar, mas difícil de aplicar. Os retratos que definimos e usamos em conjunto com o pipeline de liderança são concretos e permitiram que várias organizações desenvolvessem líderes em todos os níveis com maior velocidade e eficácia.

O problema das conversas sobre performance tende a estar na cabeça do observador. Se você pegar seis líderes de líderes de seis empresas, todos eles devem ter respostas convincentes sobre o que representa "fazer um bom trabalho". Por mais sinceros que sejam em querer realizar bem a sua parte do trabalho, todos têm ideias bem diferentes em relação ao que é um bom trabalho. Mesmo que seus papéis tenham sido definidos em termos de valores de trabalho, aplicação do tempo e habilidades, essas responsabilidades podem se expressar sob a forma de ações e resultados muito distintos.

Retratos de Liderança bem definidos, portanto, são essenciais para obter o engajamento apropriado. Sem eles é impossível transmitir as expectativas e as exigências de liderança. Criamos ainda os Círculos de Desempenho do Pipeline de Liderança para ajudar os usuários a visualizar a performance atual – sem usar sistemas de pontuação. Consideramos esse método um modo muito mais motivador, e menos ameaçador, de ter conversas sobre desempenho. O líder pode pedir ao próprio subordinado direto que preencha os círculos antecipadamente com base no Retrato de Liderança de seu cargo.

Tudo que está dentro do círculo é de responsabilidade do indivíduo que ocupa o cargo e tudo que está fora dele compete a outra pessoa. As linhas desenhadas dentro do círculo representam até que ponto um resultado desejado foi cumprido. Um desempenho pleno, portanto, representa um círculo parecido com o da esquerda na Figura 10.1. Esse círculo de desempenho pleno é o objetivo das ações de desenvolvimento. À direita está o círculo mais comum. Ele indica que, embora algumas dimensões da performance tenham sido atendidas, outras ainda não foram.

**Figura 10.1. Dois retratos de desempenho:
(1) Desempenho pleno e (2) Desempenho insuficiente.**

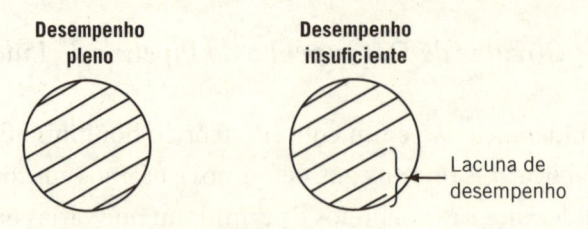

Fonte: Drotter Human Resources, Inc.

**Figura 10.2. Mais dois retratos de desempenho:
(3) Desempenho excepcional e (4) Desempenho inadequado.**

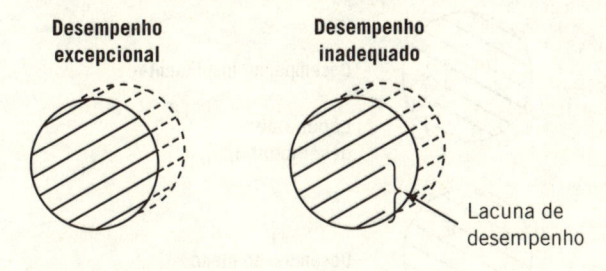

Desempenho excepcional

Desempenho inadequado

Lacuna de desempenho

Fonte: Drotter Human Resources, Inc.

Em seguida, analise os dois círculos da Figura 10.2. Note que, embora o círculo da esquerda represente um desempenho excepcional, neste as linhas pontilhadas ultrapassam o círculo, indicando um desempenho acima e além do exigido. É uma performance que tem um custo. Quem apresenta esse perfil tem a impressão de ter ficado maior que seu papel de liderança, e a capacidade de ultrapassar as exigências do cargo o deixa inquieto e suscetível ao chamado de um *headhunter*. Um diálogo sério a respeito do futuro será necessário para reter essa pessoa.

O círculo da direita é preocupante. Quem apresenta esse perfil está fazendo muito mais aquilo que gosta de fazer – como indicam as linhas pontilhadas que ultrapassam o círculo principal. Porém, mesmo indo além do próprio papel, essa pessoa não está realizando o trabalho que deveria – como indica a lacuna de desempenho. Uma conversa para deixar claro seu papel será necessária tanto para refrear a performance inadequada quanto para promover a atitude ou a compreensão correta.

Esses quatro círculos podem ser usados para comunicar aos funcionários de todos os níveis como está seu desempenho, ajudando-os a enxergar em que pontos estão se saindo bem e em quais estão ficando abaixo do esperado. A Figura 10.3 ilustra como preencher o pipeline de liderança usando esses círculos como guia de desenvolvimento.

1. A indicação para um novo nível de liderança criará de imediato uma lacuna de desempenho, porque a pessoa ainda não fez aquele trabalho. Será preciso aprender os valores de trabalho, a aplicação do

Figura 10.3. Como usar os retratos de desempenho para definir as necessidades de desenvolvimento.

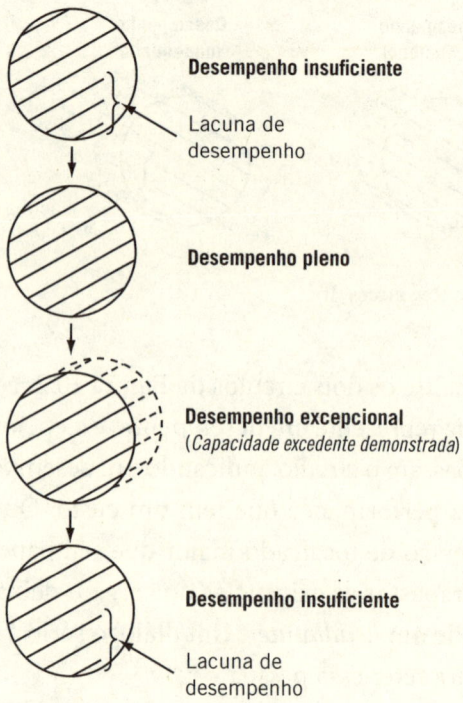

- Desempenho insuficiente — Lacuna de desempenho
- Desempenho pleno
- Desempenho excepcional (*Capacidade excedente demonstrada*)
- Desempenho insuficiente — Lacuna de desempenho

Fonte: Drotter Human Resources, Inc.

tempo e as habilidades exigidas para ter êxito no novo nível. Por conta disso, a pessoa não será imediatamente capaz de entregar resultados robustos em cada área-chave.

2. O desenvolvimento deve ser direcionado para preencher a lacuna por meio de coaching, treinamento e outras ferramentas. Atingir o desempenho pleno exigirá um pouco de tempo e esforço.
3. Quando a pessoa atingir o desempenho pleno, teste-a para ver se pode dar conta de responsabilidades a mais e demonstrar capacidades excedentes.
4. Aqueles que têm desempenho excepcional devem receber atribuições mais desafiadoras ou ser transferidos para um nível superior de liderança. Quando eles migrarem para o nível seguinte de liderança, terão outra lacuna de desempenho, o que os levará de volta à etapa número um.

Esse processo em quatro etapas só dará certo se você aceitar as seguintes premissas subjacentes:

Lacunas de desempenho sempre surgirão quando alguém for nomeado para um novo nível de liderança

Por mais competente ou bem-sucedido que alguém tenha sido na função anterior, lacunas são inevitáveis para qualquer líder ao assumir um novo nível de liderança. *É então que a necessidade de apoio e diálogo se torna maior.* Tendo aceitado essas lacunas como normais, é possível orientar o líder ao longo do processo de aprendizado para eliminá-las. Usando o modelo do Pipeline de Liderança, você pode dar orientação e treinamento em relação aos valores de trabalho, à aplicação do tempo e às habilidades do novo nível. Ao mesmo tempo, o líder que está sendo desenvolvido precisa ser um participante motivado e informado. Isso significa que ele deveria estar disposto a deixar de lado o trabalho, os métodos e as convicções que foram responsáveis pelo seu êxito no passado, mas que deixaram de ser adequados.

O desenvolvimento precisa continuar até atingir o desempenho pleno

Um desempenho insuficiente não basta. Todos devem aceitar o desempenho pleno como meta. Essa aceitação fica mais fácil quando a organização enxerga esse atributo como uma vantagem competitiva, e não como um conceito técnico de recursos humanos. Na prática, a empresa precisa estar disposta a fazer um investimento estratégico no desenvolvimento de líderes para o nível de desempenho pleno, a fim de obter uma vantagem competitiva.

É preciso testar a capacidade excedente dos que têm desempenho pleno – e promovê-los se ela for demonstrada.

A capacidade excedente é sinal de que alguém está pronto para assumir mais responsabilidades ou subir de nível de liderança, o que deve catalisar uma promoção. Pode-se testar essas pessoas atribuindo tarefas de alguém do escalão de liderança logo acima e conferir qual dos círculos da Figura 10.4 resulta disso. Se a pessoa conseguir executá-lo totalmente, estará pronta para algo maior. Caso o teste não tenha um resultado tão bom, o líder deve permanecer no cargo atual por ora. Se fosse promovido, não teria êxito – um processo quase impossível de reverter.

**Figura 10.4. Como testar o desempenho pleno
para avaliar a capacidade excedente.**

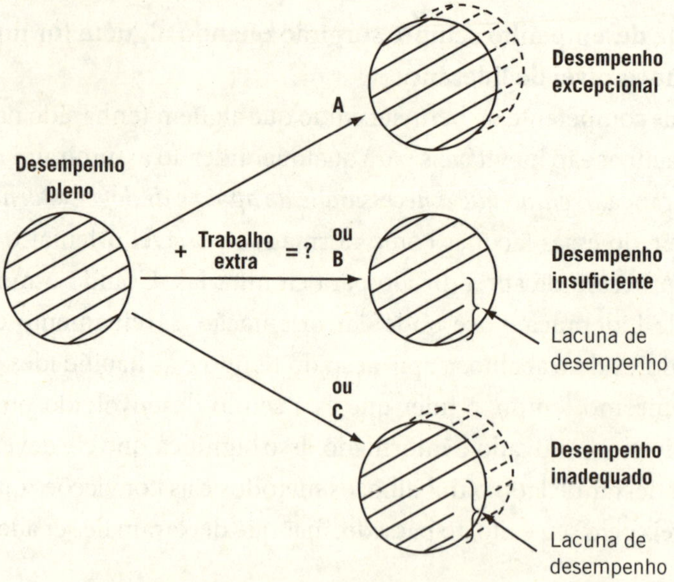

Fonte: Drotter Human Resources, Inc.

A Figura 10.4 define o trabalho mais importante para os líderes. É uma abordagem que exige engajamento frequente. Essa frequência diminui à medida que se entregam resultados. Pedir à pessoa que desenhe seu próprio perfil de desempenho é a melhor forma de iniciar o diálogo depois que ela se estabelece no papel. Pedir que explique como enxerga seu perfil proporciona informações importantes para decidir qual o desenvolvimento adequado e para planejar o suporte. Sinais precoces de burnout e ideias de demissão podem ser combatidos no fluxo de trabalho. Fazer com que cada funcionário atinja o ritmo certo o mais rápido possível é do interesse do funcionário, do líder, do negócio e do cliente. O líder que se diz ocupado demais para ter esses diálogos provavelmente está no nível errado. Demissões silenciosas, burnout, procura de outro emprego nunca deveriam causar surpresa. Quando o líder diz que se importa com os funcionários mas depois deixa de fazer seu trabalho, eles sabem qual é a verdade.

Estratégias para obter um desempenho pleno

É impossível ter um pipeline de líderes com desempenho pleno quando se recorre apenas a métodos padronizados de desenvolvimento. É essencial identificar, junto com o funcionário e na prática, as causas primárias das deficiências de performance. Ao detectar esses problemas é possível isolar e eliminar as obstruções do pipeline. Encontrar a origem dos problemas exige intensa comunicação entre o líder e os subordinados diretos, além de uma análise situacional.

Em uma cultura de desenvolvimento comandada por líderes, todos os líderes da empresa precisam participar da busca e da solução de problemas de desempenho. Se isso parecer exagero, pense na analogia com uma fábrica de alta performance. Lá, insumos e produção são medidos minuciosamente e o desempenho é alto porque os operadores de máquinas são treinados e monitorados com enorme precisão. A meta é a operação perfeita. O suporte técnico e o treinamento são usados livremente. Claro que essa analogia é um tanto imperfeita porque as causas e os efeitos dos problemas de liderança podem ser muito menos visíveis do que os insumos e a produção de uma fábrica. Mesmo assim, treinamento e mensurações precisas podem trazer grandes benefícios ao desenvolvimento de lideranças da organização, sobretudo quando a meta é o desempenho pleno.

Constatamos que as quatro estratégias de desenvolvimento de lideranças seguintes se mostraram muito efetivas em empresas que tentam melhorar o fluxo do pipeline de liderança.

Estratégia número 1: comece pelo gestor, e não pelo subordinado direto

Quando realizamos programas de treinamento em planejamento sucessório, pedimos aos participantes que desenhem círculos de desempenho de seus subordinados diretos. Em seguida, que façam uma lista dos motivos de qualquer lacuna de desempenho; por incrível que pareça, 75% dessas razões têm a ver com o gestor. Ele pode estar no nível errado de liderança. Pode fazer microgestão ou se comunicar menos do que deveria. Ou pode ter feito uma contratação errada. Não estamos afirmando que o gestor é a causa de todos os problemas de desempenho de liderança. O que estamos dizendo é que é preciso começar pelo gestor caso se queira aumentar o desempenho pleno no pipeline de liderança.

O gestor tem de perguntar a si mesmo o que está fazendo (ou deixando de fazer) que vem atrapalhando o desenvolvimento de lideranças e a performance dos subordinados diretos. Deve perguntar também como pode mudar a fim de estimular um desempenho bem melhor. Uma vez mais, os círculos de desempenho serão úteis para ilustrar os problemas causados pelos gestores (ver a Figura 10.5).

Figura 10.5. Como os gestores criam lacunas de desempenho e obstruem o pipeline de liderança.

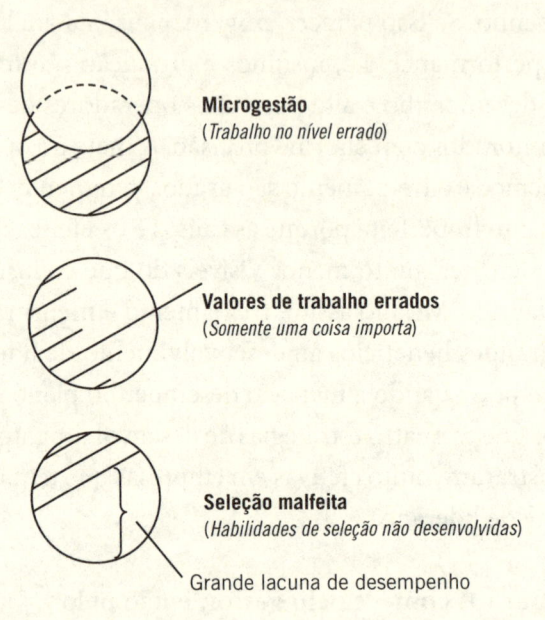

Microgestão
(*Trabalho no nível errado*)

Valores de trabalho errados
(*Somente uma coisa importa*)

Seleção malfeita
(*Habilidades de seleção não desenvolvidas*)

Grande lacuna de desempenho

Fonte: Drotter Human Resources, Inc.

Você também precisa ter consciência de que fatores organizacionais –sobre os quais o controle do gestor é limitado – podem resultar em lacunas de desempenho. Os fatores mais citados são os seguintes:

- **Estrutura organizacional inadequada.** Isso se deve, muitas vezes, a uma superposição desnecessária – produzida por uma estrutura matricial.

- **Cultura de baixa performance.** Quando "bom o suficiente" é bom o suficiente, o desempenho mais fraco é tolerado.
- **Definição de cargos malfeita.** Embora um conjunto de responsabilidades tenha sido identificado e definido, algumas delas podem ser inviáveis e até desnecessárias.
- **Processos defeituosos ou inexistentes.** O desempenho pleno é raro quando o trabalho não flui ou as pessoas essenciais são excluídas dos processos que lhes dizem respeito.
- **Alocação errada de poder ou autoridade.** A eterna questão, aqui, é responsabilidade sem autoridade.
- **Vagas mal preenchidas.** Isso ocorre quando o processo de contratação não inclui uma análise cuidadosa dos requisitos do cargo e das especificações do candidato.

É fundamental compreender que o gestor e a organização podem ser geradores de baixa performance, engajamento insuficiente e queda na retenção de profissionais.

Estratégia número 2: busca de evidências para uma mudança de valores adequada

A maioria das pessoas faz ajustes de curto prazo no estilo de atuação, sobretudo quando o cargo é novo e ainda não é bem compreendido. Com base nas primeiras impressões, pode parecer que houve uma mudança de valores. Não confie nas aparências. Qualquer um pode iniciar novos hábitos – o importante é mantê-los. A viabilidade do pipeline de liderança depende de uma mudança real de valores, envolvendo vários líderes. Comportamentos não mudam de forma permanente sem uma transformação autêntica dos valores de trabalho, sem a qual não haverá êxito quando for a vez de essas pessoas assumirem a liderança.

Um indicador de que houve uma mudança de valores é quando as pessoas se dispõem a enxergar seus papéis de outra maneira. Elas precisam estar dispostas a realocar o próprio tempo, mudar a maneira como abordam os problemas (ou o aspecto do problema tratado individualmente por elas), além de aceitar novos requisitos de desenvolvimento de habilidades. Não basta a simples verbalização dos novos valores.

Por mais que os profissionais digam estar dispostos a dar mais autonomia aos subordinados diretos e a atuar mais como integradores do que implementadores, os valores não mudaram de verdade, a menos que haja provas concretas de uma mudança sustentável do comportamento. A próxima seção explica como reunir as evidências necessárias.

Pergunte aos subordinados diretos do líder

A melhor evidência de como os líderes estão liderando vem dos "seguidores". Existem várias ótimas razões para conversar com quem está dois níveis abaixo. Entre elas, a validação do planejamento sucessório; a avaliação da distribuição de gratificações; a melhoria do engajamento e da retenção dos profissionais. Faça algumas perguntas simples:

- Como anda o trabalho?
- O que ajudaria você a realizar seu trabalho?
- O que está atrapalhando o seu desempenho?
- Como você se sente em relação à empresa?
- Como você enxerga o futuro?

Pedir a funcionários dois níveis abaixo de você que avaliem o próprio gestor pode causar mais problemas do que soluções. Esteja o gestor ajudando ou atrapalhando, esse tipo de questionário aberto vai lhe fornecer as respostas de que necessita.

Conduza uma discussão de "lições aprendidas" depois de cada sucesso ou fracasso

Como enfatizamos, verbalizar valores é insuficiente; no entanto, aquilo que as pessoas contam a respeito de suas atitudes e comportamentos pode revelar muito. Faça perguntas depois dos êxitos e dos fracassos. Quando um funcionário deixa de completar um projeto no prazo, pergunte: "O que aprendemos em relação à nossa capacidade de cumprir prazos?" "O que você acha que deveríamos fazer?" Se a pessoa começar a explicar que não teve tempo – e seu nível de liderança exigir que ela conceda à equipe autoridade para completar missões por conta própria –, é um sinal claro de que a mudança de valores não aconteceu.

Analise a agenda dos líderes

A agenda revela as prioridades e a subdivisão do tempo, que indicam valores. Se a agenda estiver lotada de reuniões, verifique qual era o objetivo dessas reuniões, quais decisões foram tomadas e por quem. Será que o tipo de reunião e de decisão era o mais adequado a esse nível de liderança? Ou o líder estava perdendo tempo com atividades que deveriam ser de subordinados diretos?

Preste atenção na forma como o líder avalia os subordinados diretos

Quando um líder fica obcecado por um só aspecto da performance – por exemplo, os resultados operacionais –, deixa claro o que ele valoriza. Embora todos os líderes devam reconhecer todos os aspectos da performance, existem mudanças de valores específicas que precisam ocorrer em cada nível de liderança. Quando o líder foca exclusivamente em um ponto específico, pode ser um indicador de que ele ainda está preso ao nível mais baixo.

Avalie o planejamento feito pelos líderes do ponto de vista dos valores

O planejamento costuma revelar o que os líderes mais valorizam. Busque aquilo que é discutido com intensidade no planejamento, ou que mereceu mais tempo e esforço. Esses pontos de ênfase são pistas sobre os valores. Em alguns casos, o planejamento em si é inadequado – demonstra falta de clareza de raciocínio ou premissas equivocadas –, indicativo de que a pessoa não dá valor ao planejamento, que é um aspecto importante da liderança em todos os níveis. Pode ser um problema de habilidades. Porém quem reconhece o planejamento busca auxílio para garantir que ele seja feito.

Estratégia número 3: apoio aos líderes em transição

Passar de um papel de liderança para outro é um acontecimento importante, que requer uma transição significativa. A organização precisa deixar isso claro para os líderes. Do contrário, a transição é facilmente ignorada ou compreendida somente no nível intelectual.

Uma maneira de dar apoio ao líder para uma transição bem-sucedida é implementar um processo de aclimatação para cada papel de liderança. Pode ser um processo de seis meses, em que se dá suporte de forma estruturada ao líder recém-nomeado, para que ele compreenda e valorize o novo papel. Várias ferramentas e sistemas de aclimatação podem ser usados, mas o mais importante, para seu êxito, é que o superior imediato do líder recém-promovido participe das conversas sobre os resultados de liderança esperados no novo papel e como ele vai dar apoio ao líder para que este assuma o papel.

Outra forma de dar apoio ao líder recém-promovido é criando programas de aprendizado prático e transição de liderança. Esses programas precisam distribuir o foco por igual entre valores de trabalho, aplicação do tempo e habilidades. *Aprendizado prático* significa que durante o programa os participantes atuam realizando o próprio trabalho de liderança; ou seja, não estamos falando de programas com simulações, tarefas artificiais ou palestras teóricas.

Estratégia número 4: ataque imediato aos problemas de desempenho

O pipeline de liderança fica obstruído quando se permite a ocorrência de lacunas de desempenho por longos períodos. Não tratar dessas lacunas de imediato leva todos a pensar que a organização não considera as passagens de liderança importantes. Quando se permite que o líder atue impunemente abaixo do nível de liderança adequado, há um impacto contagioso sobre toda a cultura de liderança (ver a Figura 10.6).

Quando um líder de líderes sai do cargo para assumir parte do papel de liderança dos subordinados diretos – que são líderes de outros –, o líder de outros passa a ser líder só no nome. Isso tem várias consequências:

- O líder de outros recebe um recado errado em relação ao cargo. Acaba levando com ele essa ideia equivocada quando é promovido. E seus subordinados diretos vão sofrer do mesmo modo.
- Quando o líder de outros não está cumprindo sua tarefa, só existe uma pessoa capaz de preencher as lacunas, e essa pessoa é o superior imediato. Assim, ele é, em parte, arrastado para um papel de liderança menor.
- Dentro do planejamento sucessório, uma das discussões é a promoção do líder de outros ao papel de líder de líderes. Podemos considerar que a pessoa em questão teve um bom desempenho no papel de líder de outros durante cinco anos. Porém ela nunca ocupou de

fato o cargo porque o superior direto realizava parte de seu trabalho. Em qualquer nível de liderança, um comportamento assim deve ser considerado inaceitável, identificado precocemente e corrigido. O objetivo da correção tem que ser eliminar a performance que esteja fora do papel de liderança definido e incentivar a aceitação do papel de liderança exigido. Só então deve-se buscar a melhoria da performance.

Figura 10.6. O Círculo do Desempenho inadequado.

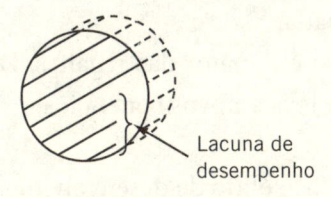

Fonte: Drotter Human Resources, Inc.

A *conexão entre retenção e desenvolvimento*

A guerra pelos talentos não é apenas um problema de recrutamento. A retenção tem se tornado uma preocupação bastante significativa em quase todas as organizações na medida em que outras empresas cobiçam talentos, em que a disponibilidade de competências técnicas é cada vez menor, em que as atitudes dos trabalhadores em relação à carreira e à vida profissional mudam a olhos vistos. Reter pode ser uma questão de salário e progressão de carreira; pode ter relação também com o esforço de desenvolvimento de lideranças de uma organização. Constatamos que um programa robusto de desenvolvimento, que prepara as pessoas para o desempenho pleno em todos os níveis, é um incentivo a permanecer na empresa. As pessoas tendem a ficar onde podem ser bem-sucedidas, aprender e crescer. O desenvolvimento exige um engajamento poderoso:

- O desenvolvimento é uma questão muito pessoal. Demonstra que a organização se preocupa individualmente com os líderes e seu êxito, quer sejam líderes de primeira viagem ou líderes de negócio.

- O aprendizado e o crescimento pessoal são sensações desejadas e gratificantes. No ambiente profissional atual, a maioria das pessoas não quer estagnar em um platô; elas se dão conta de que sentir-se confortáveis e seguras deixou de ser o objetivo principal. Em todos os níveis, querem movimentar-se depressa. O aprendizado e o crescimento pessoal atraem líderes ambiciosos e talentosos.
- O desenvolvimento é um tipo de compromisso particularmente significativo. O líder que participa de um processo ou programa de desenvolvimento recebe um feedback inestimável, muitas vezes com atenção personalizada.
- O desenvolvimento é a maior das regalias. Depois que é dado, não pode ser retirado e leva a novos benefícios.

A falta de um programa sólido de desenvolvimento cria outros tipos de problema de retenção de profissionais. Líderes mal desenvolvidos invariavelmente tolhem a evolução dos subordinados diretos ao fazer o trabalho deles e servir de mau exemplo de valores. Frustrados, muitos desses subordinados diretos abandonam a organização – em especial os mais talentosos, que anseiam desenvolver novas habilidades de liderança.

É claro que não é qualquer programa de desenvolvimento de liderança que será uma boa ferramenta de retenção de um profissional. Qualquer programa que ignore as cinco passagens de liderança fará as pessoas deixarem a empresa, por não verem atendidas suas expectativas de desenvolvimento. Quando a organização ajuda o líder a superar uma lacuna de desempenho em determinado nível para alcançar o desempenho pleno ou excepcional, ela aumenta a probabilidade de que esse líder permaneça no pipeline.

11
Como o modelo do Pipeline de Liderança se aplica a papéis específicos

Na última década vem ocorrendo um aumento perceptível do uso de matrizes, equipes ágeis, estruturas achatadas, papéis em constante evolução e maior delegação de autoridade, permitindo aos trabalhadores do conhecimento uma adaptação rápida a exigências em transformação. Tornaram-se objetivos comuns a redução da burocracia, o aumento da autoridade para a tomada de decisões, o encurtamento das linhas de comunicação, a melhoria da utilização de recursos, o emprego de equipes multifuncionais.

Todas essas estruturas afetam os papéis de liderança. Isso significa que a pessoa pode ser líder de equipe em um dia e integrante da equipe em outro. Passar de líder de uma equipe que executa a mesma função para líder de uma equipe multifuncional no dia seguinte é uma prática cada vez mais aceita. O compartilhamento da autoridade e da responsabilidade com outros líderes de outras organizações exige fazer concessões e ser flexível como nunca antes.

Na esteira dessas reorganizações, as empresas se deram conta de que precisam formalizar novos tipos de papel de liderança. A necessidade de clareza e desenvolvimento, relacionada aos valores de trabalho, à aplicação do tempo e às habilidades expressos no modelo do Pipeline de Liderança, são igualmente essenciais nessas estruturas organizacionais alternativas – mas algumas empresas vêm sofrendo para transpor os conceitos do Pipeline de Liderança das estruturas tradicionais para as novas.

Caso o cenário descrito acima corresponda à sua situação atual, temos duas boas notícias para você. A primeira é que qualquer papel de liderança pode ser descrito pelo modelo do Pipeline de Liderança. A segunda é que, para enfrentar o desafio, neste capítulo oferecemos orientações para implantar o Pipeline de Liderança em diversos tipos de estrutura organizacional, tanto novos quanto antigos, o que tem se revelado um desafio para algumas empresas. E, embora os papéis de liderança tratados neste capítulo sejam apenas alguns exemplos, esperamos que possam ajudá-lo a implementar quaisquer papéis dos quais você tenha que cuidar.

Ao aplicar o modelo do Pipeline de Liderança, precisamos ter em mente a seguinte sequência:

- Mapear o escopo dos papéis de liderança;
- Definir o trabalho a ser feito por cada papel;
- Definir os valores de trabalho, a aplicação do tempo e as habilidades exigidas para cada cargo.

Nota: os papéis descritos neste capítulo variam bastante em definição, conteúdo e escopo e de empresa para empresa. Por isso não temos como descrever integralmente o trabalho a ser feito nem o conjunto completo de valores de trabalho, aplicação do tempo e habilidades, como fizemos com os papéis centrais nos capítulos 3 a 7. Mas vamos ressaltar o cerne do trabalho a ser feito e descrever alguns valores de trabalho que diferem do modelo básico. Acreditamos que isso possa ajudá-lo a elaborar o Retrato de Liderança específico dos cargos de sua organização.

O líder de projeto

A fim de entregar um produto complexo ou de grande porte, algumas organizações pedem a pessoas de funções diferentes que trabalhem em conjunto exclusivamente em um produto a ser apresentado. Essas pessoas se reportam – em geral por tempo determinado – a um líder que tem a responsabilidade de produzir aquilo a ser entregue no prazo, dentro do orçamento e com a devida qualidade. Enquanto o produto não estiver concluído, os membros da equipe podem sentir o incômodo de se reportar ao mesmo tempo a dois líderes – cujas agendas podem ser bem diferentes. O líder de função pode querer tirar seu pessoal do projeto para participar de uma importante reunião técnica, por exemplo.

Certas empresas lançam mão de equipes para trabalhar por projeto como seu principal modelo de operação. Entre alguns exemplos estão os setores aeroespacial, o da construção civil e bancos de investimento.

ESTUDO DE CASO

Fomos convidados a dar uma palestra aos sessenta maiores gestores de uma multinacional do setor de energia. A atividade principal da empresa estava centrada em grandes projetos com um prazo médio de três a quatro anos entre a ideia e o estágio operacional. Oitenta por cento de todos os funcionários estavam envolvidos em projetos em determinado momento. Cada um deles se reportava a um líder de função e a um líder de projeto.

A empresa tinha dificuldade em reter os especialistas da linha de frente e os gerentes de projeto. Uma das frases mais ouvidas nas entrevistas de demissão era: "Em princípio, eu tenho dois chefes: meu gerente de linha e meu gerente de projeto. Mas na verdade eu sinto como se não tivesse nenhum. Meu gerente de linha não sabe o que está acontecendo, porque eu passo 95% do tempo nos projetos, e meu gerente de projeto só se importa em concluir a tarefa – e não com o desenvolvimento da minha carreira."

Fomos chamados porque eles consideravam o modelo do Pipeline de Liderança interessante, porém não acreditavam que pudesse dar certo na organização com gerentes e diretores de projeto que não eram os tradicionais líderes de outros e líderes de líderes. Perguntamos aos gerentes: "Qual é a diferença entre o papel do gerente de linha e o do gerente de projeto?" Todos eles concordaram que "o gerente de linha garante os recursos humanos e o gerente de projeto utiliza os recursos humanos".

A divisão básica do trabalho era a seguinte: o gerente de linha era responsável pela seleção externa dos interessados, pelo deslocamento interno dos profissionais, pela realização das análises de desempenho, pelo desenvolvimento dos funcionários. Esperava-se, portanto, que o gerente de projeto executasse o trabalho com as pessoas que lhe eram designadas. Essa é a estrutura na maioria das organizações de projetos. Considerando essa divisão do trabalho, os gerentes tinham razão – o Pipeline de Liderança não ajudaria nem o gerente de linha nem o gerente de projeto. Isso ocorre porque o trabalho do gerente de linha é uma questão de liderança, o trabalho do gerente de projeto é uma questão de gestão de tarefas. No entanto, a definição existente de "quem faz o quê" – gerente de linha versus gerente de projeto – era a fonte de todos os problemas.

Como acreditamos na regra do desenvolvimento 70-20-10 – 70% de missões desafiadoras, 20% de expansão das relações e 10% de cursos –, consideramos que a maior parte da evolução dos funcionários deve ser feita na prática. Mas como o gerente de linha vai desenvolver seus subordinados diretos na prática se não os vê no dia a dia? O gerente de projeto é o encarregado dessa função. Como o gerente de linha pode avaliar a performance dos subordinados diretos se não os acompanha diariamente na ação? Poderíamos seguir adiante com perguntas semelhantes a essas e todas levariam à mesma conclusão: a divisão tradicional do trabalho entre gerente de linha e gerente de projeto tem um defeito grave. Por isso analisamos do zero os dois papéis. Começamos examinando o Retrato de Liderança básico de um líder de outros. O fato é que, por mais organizado que seja o seu negócio, o trabalho básico a ser feito não deixa de existir – a questão é quem vai cumprir cada parte do projeto.

Nesse caso específico, definimos quem deve fazer o quê em relação aos funcionários. Na Tabela 11.1 apresentamos uma versão resumida das conclusões. O argumento é que o gerente de linha e o gerente de projeto desempenham papéis diferentes, e que a organização precisa que os dois papéis sejam executados. Ambos os gerentes devem compreender as diferenças, assim como os funcionários. A chave do sucesso é a interação entre o gerente de linha e o gerente de projeto, para a qual é preciso estabelecer um processo simplificado.

No caso em estudo, o desfecho foi o seguinte: a empresa definiu Retratos de Liderança distintos para o gerente de linha e o gerente de projeto. Dali por diante, os gerentes de projeto não passariam apenas pelo treinamento de certificação do próprio cargo; fariam o treinamento de transição de

Tabela 11.1. Diferenças de papel entre o líder de linha e o líder de projeto.

Trabalho a ser feito	Líder de linha	Líder de projeto
Definir a direção	Determinar os padrões da função e incutir os valores da empresa.	Estabelecer os objetivos do negócio e as prioridades do trabalho.
Empoderar	Liberar o pessoal para trabalhar exclusivamente nos projetos.	Delegar o trabalho e permitir que os funcionários o terminem.
Desenvolver	Definir um plano de desenvolvimento de longo prazo e as metas de desenvolvimento de curto prazo. Proporcionar oportunidades de aprendizado da função e coaching.	Dar coaching e feedback aos funcionários durante os projetos. Fazer o elo do coaching e do feedback com o plano de desenvolvimento.
Avaliar o desempenho	Coletar dados de performance com o gerente de projeto. Ter conversas formais de revisão da performance.	Proporcionar feedback sobre a performance aos funcionários. Estruturar para o gerente de linha os dados de desempenho dos funcionários.
Selecionar	Escolher profissionais externos e atribuir-lhes projetos. Garantir a diversidade da mão de obra.	Fornecer ao gerente de linha dados sobre o tipo de pessoal e de habilidades necessários – tanto no curto quanto no longo prazos.
Montar a equipe	Criar um sentimento de equipe nos subordinados diretos.	Montar uma equipe de projeto de alta performance e estimular o engajamento.

liderança junto com os gerentes de linha. O fato de ambos treinarem nos mesmos programas foi um dos elementos decisivos para que o processo de intercâmbio de informações passasse a funcionar.

Um aspecto desse caso se aplica ao modelo do Pipeline de Liderança como um todo: ao mapear os papéis de liderança dentro da organização, não observe apenas o trabalho que está sendo feito pelos líderes. Pergunte: "Qual *deveria* ser executado pelo líder?" Por mais que você queira começar analisando a situação como ela é, no fim das contas a criação de valor implica definir como ela *deveria* ser.

O líder em organizações SAFe (Scaled Agile Framework)

Desde 2010 surgiu uma série de novos papéis de liderança na esteira dos princípios da organização ágil. Entre os exemplos desses papéis de liderança estão o de líder de tribo, líder de capítulo* (ou *chapter*), líder de esquadrão (ou *squad*), líder de produto (ou dono), líder de pessoal. De cinco a dez anos atrás constatamos que, quando algumas partes da organização se tornavam ágeis (em geral a função de TI, mas depois outras funções), essa parcela ágil virava as costas ao modelo do Pipeline de Liderança, mesmo quando 90% da organização o adotava. Isso ocorria por causa da ideia equivocada de que o modelo do Pipeline de Liderança só pode ser idêntico à estrutura ilustrada no Capítulo 1. Hoje em dia existe a compreensão de que o pessoal ágil em diferentes papéis de liderança e se beneficia de uma definição do Retrato de Liderança – ou seja, para que tenham êxito em seus cargos, precisam fazer a transição de valores de trabalho, aplicação do tempo e habilidades.

Em nosso trabalho com organizações ágeis, verificamos variantes nos tipos e nas definições de papéis – dependendo do tamanho e da maturidade da organização e da empresa de consultoria que deu suporte na implementação da estrutura ágil (ver a Figura 11.1). Vamos detalhar a seguir três papéis para ilustrar como foi usado o Pipeline de Liderança. Embora possa não ser exatamente igual à estrutura de sua organização, é representativo da maioria das estruturas ágeis com que travamos conhecimento.

---

* O termo *chapter*, em português "capítulo", que ganhou uso corrente nas organizações ágeis sobretudo após sua adoção pelo Spotify, é emprestado da terminologia das fraternidades e sororidades, designando um subgrupo de uma irmandade maior. *(N. do T.)*

Figura 11.1. Exemplo de estrutura ágil.

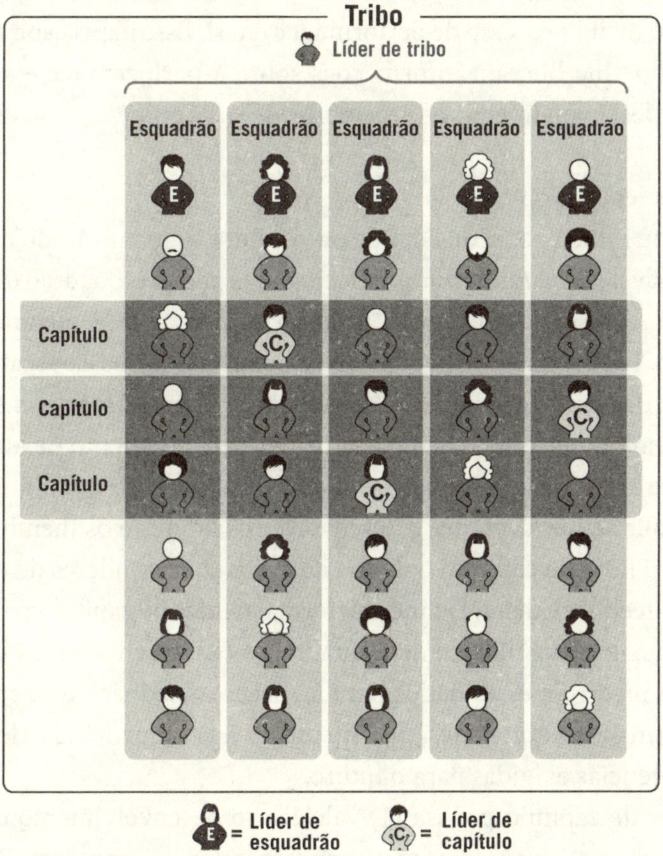

Fonte: © Leadership Pipeline Institute.

O líder de esquadrão

É responsável pela entrega do esquadrão dentro do prazo e com qualidade. Para fins de apresentação do produto, reporta-se ao líder de tribo.

Ele planeja a execução do trabalho e monta uma equipe robusta, mas não assume o papel tradicional do líder de outros. A chave para o êxito é a montagem de uma equipe autônoma; o líder de esquadrão estimula a equipe a dividir o tempo entre seus membros, planejar o trabalho, ajudar os colegas e resolver os problemas. Embora lidere o esquadrão, ele evita a microgestão e exerce controle moderado sobre os funcionários.

Embora se espere que o líder de esquadrão dê coaching, feedback e inspiração, ele não é o encarregado do desenvolvimento dos integrantes do esquadrão ou do processo de performance em si. Esse papel cabe aos líderes de capítulo, que buscam informações sobre a performance e as necessidades de desenvolvimento dos membros de sua equipe.

O líder de capítulo

Desempenha o papel de líder de outros para os membros do esquadrão. É responsável por garantir que os selecionados para o esquadrão disponham das ferramentas e competências necessárias para completar um trabalho específico. Fazem isso desenvolvendo os atuais membros e buscando talentos de forma estratégica fora da organização – essencialmente, montando a equipe de olho no futuro. Isso passa pelo desenvolvimento de alguns integrantes do time, para que assumam papéis de líder de esquadrão.

Ao avaliar a performance e desenvolver os líderes e os membros do esquadrão, o líder de capítulo trabalha de perto com os líderes de tribo e depende do feedback deles. Da mesma forma, o líder de capítulo coleta dados de performance dos líderes de esquadrão e outros envolvidos em toda a tribo. Ele recorre a esses dados para fornecer o feedback de performance aos membros da equipe, designar membros aos esquadrões e desenvolver as competências exigidas para o futuro.

O líder de capítulo precisa (1) valorizar o desenvolvimento de pessoal e acompanhar seu crescimento, (2) enxergar a si mesmo como líder e (3) valorizar o sucesso de toda a cadeia de valor na apresentação de recursos aos diferentes esquadrões.

Do ponto de vista da aplicação do tempo, o papel do líder de capítulo não costuma ser de liderança. Ele também faz parte de um esquadrão e contribui com os demais integrantes da equipe.

Na Figura 11.2 mostramos, com o exemplo de um cliente, como o cargo de liderança do líder de capítulo pode ser sintetizado.

O líder de tribo

A tribo é um conjunto de esquadrões com missões interligadas. O papel do líder de tribo é criar valor para o cliente final. Ele desenvolve o plano geral daquilo que é preciso apresentar e de como deve ser entregue. Define

Figura 11.2. Liderar um capítulo: o trabalho a ser feito.

O trabalho	Atividades exigidas
Desenvolver os membros do capítulo	• Definir os objetivos específicos dos membros do capítulo. • Proporcionar feedback construtivo com base em fatos. • Incluir o coaching permanente como parte do estilo de liderança.
Monitorar a performance dos membros do capítulo	• Coletar dados de performance com o líder da tribo e os líderes de esquadrão. • Fazer uma avaliação minuciosa dos membros do capítulo com base em fatos. • Reagir a tempo a problemas individuais de performance e não deixar que ganhem proporção.
Selecionar os membros do capítulo	• Escolher membros qualificados que deem uma boa contribuição à performance geral do capítulo. • Tomar decisões difíceis e trocar proativamente os membros do capítulo que estejam sempre aquém na entrega de seus objetivos. • Selecionar os membros do capítulo que demonstrem potencial para desenvolvê-los para outros papéis.
Fortalecer o capítulo	• Criar um ambiente inclusivo que valorize o compartilhamento do conhecimento e a colaboração. • Garantir a diversidade dentro do capítulo. • Criar um ambiente aberto e de confiança que incentive as pessoas a se pronunciar.
Integrar hierarquia abaixo e lateralmente	• Compartilhar com o líder de tribo os obstáculos operacionais previstos no momento apropriado. • Dividir com o superior hierárquico os problemas estratégicos de pessoal previstos no momento apropriado. • Partilhar com os colegas líderes de capítulo as melhores práticas sobre questões que envolvam os funcionários.

Fonte: © Leadership Pipeline Institute.

as prioridades entre os esquadrões, distribui verbas, determina quanto deve ser investido nas diversas iniciativas e gerencia as fronteiras entre as tribos.

O líder de tribo não é "dono" das pessoas que trabalham dentro dela. Ele atua, por intermédio dos líderes de capítulo, de modo a identificar e selecionar as pessoas certas para cada esquadrão. Continua, porém, responsável por definir e fomentar a cultura da tribo de modo geral.

O papel do líder de tribo costuma ser de tempo integral. Ele não participa da produção.

O líder de tribo bem-sucedido precisa adquirir um sólido tino comercial. Ele gerencia os objetivos do negócio e define prioridades em toda a tribo. Precisa de um mindset estratégico, transversal, com foco em perdas e ganhos. Uma vez que tem um papel de liderança, ele deve priorizar do ponto de vista dos valores de trabalho a criação de resultados por intermédio dos esquadrões dentro da tribo e a obtenção de sucesso por toda a cadeia de valor.

Na Figura 11.3 usamos o exemplo de um cliente para ilustrar como valores de trabalho, aplicação do tempo e habilidades podem ser definidos para o papel de líder de tribo.

Figura 11.3. Líder de tribo: valores de trabalho, aplicação do tempo e habilidades.

Líder de tribo

VALORES DE TRABALHO
- Atingir resultados por meio dos esquadrões
- Ter êxito na cadeia de valor
- Lidar com a ambiguidade
- Liderar com base em valores

APLICAÇÃO DO TEMPO
- Fazer um planejamento anual
- Alocar recursos
- Gerenciar as fronteiras entre os esquadrões
- Gerir as fronteiras entre as tribos

HABILIDADES
- Definir a cultura da tribo
- Selecionar os líderes e os membros dos esquadrões
- Avaliar o desempenho dos líderes de esquadrão/capítulo
- Fomentar a diversidade e a inclusão por toda a tribo
- Ter tino para negócios

Fonte: © Leadership Pipeline Institute.

Ao fazer uma análise cruzada dos três papéis, note que o de liderança geral não desaparece, nem mesmo no interior da organização ágil. O trabalho de liderança é distribuído de outra maneira, sobretudo naquilo que depende muito mais de equipes autônomas.

Testemunhamos empresas que sofrem para implementar a SAFe (Scaled Agile Framework). Elas podem passar por um pico inicial de energia vindo da nova estrutura organizacional, mas depois por uma onda de frustração, sobretudo entre os líderes de capítulo e os de tribo. Isso ocorre quando a empresa não propicia um treinamento de transição estruturado para os papéis principais de liderança ágil – deixando-os mal preparados, sofrendo para arrumar tempo para o trabalho de liderança e, muitas vezes, com dificuldade até para valorizar esse trabalho.

Reiterando: aplicar o modelo do Pipeline de Liderança exige (1) mapear o escopo dos papéis de liderança, (2) definir o trabalho a ser feito pelos profissionais que ocupam cada função e (3) definir os valores de trabalho, a aplicação do tempo e as habilidades exigidas pelos papéis. Aplicado corretamente, o modelo é funcional para vários tipos de organização ágil em escala.

O líder de terceirizados

Trabalhamos com uma série de empresas que dependem de um grande número de prestadores de serviço externos. Considerando o atual mercado de trabalho, vemos empresas mais tradicionais utilizar terceirizados como alternativa aos funcionários. Nessas empresas, os quadros organizacionais tradicionais não contam toda a história quando se mapeiam os papéis de liderança.

ESTUDO DE CASO

Trabalhamos com uma empresa de seguros tradicional que contava com cerca de sete mil funcionários. A força de vendas era composta por milhares de representantes comerciais. Esses representantes de venda não são funcionários, mas prestadores de serviço independentes sob contrato. A fonte de renda primordial deles são as comissões.

A empresa tinha mapeado a organização conforme o modelo do Pipeline de Liderança muitos anos atrás. Porém, por não se sentir à vontade com os resultados, recorreu a nós para ajudá-la a fazer o modelo funcionar. Analisando de perto, descobrimos que o mapeamento fora feito com base no quadro organizacional. Por isso todos os funcionários sem subordinados diretos foram classificados como colaboradores individuais, enquanto seus líderes foram classificados como líderes de outros.

Esse era um defeito importante na estrutura de liderança da empresa. A maioria dos colaboradores individuais na organização de vendas era responsável por dez a quinze representantes de vendas (terceirizados). O título mais adequado para o cargo seria *gerente regional*, porque cada um cobria uma cidade ou região específica. Não tinham responsabilidade formal de liderança, mas a criação de valor principal era viabilizar o sucesso dos representantes de vendas independentes. O argumento da empresa era a necessidade de uma relação não tão próxima entre o gerente regional e o prestador de serviço independente, para que este último não fosse considerado "empregado". Por conta disso, os gerentes regionais não foram classificados como líderes.

Você pode imaginar o que achamos desse detalhe? Para nós, o título era irrelevante. Quer deem o nome de *gerente regional* ou *líder de outros*, o trabalho a ser feito continua o mesmo.

Isso é verdade ainda que o papel do gerente regional não seja de um "pleno" líder de outros, porque há certas coisas que ele não pode fazer. Não pode, por exemplo, ditar aquilo que o prestador de serviço independente deve priorizar ou quantas horas trabalhar. Não tem como impor um plano de desenvolvimento individual ou montar uma equipe. Mas há muitas partes do papel de líder de outros que, sem desrespeitar a relação jurídica, ele pode – e deve – fazer para que tenha êxito.

A Tabela 11.2 ilustra uma versão condensada do trabalho a ser feito por esses gerentes regionais na gestão dos prestadores de serviço independentes – inclusive variações relacionadas ao fato de não serem totalmente líderes de outros.

Embora seja evidente que o papel tem suas variantes, os valores de trabalho, a aplicação do tempo e as habilidades combinam com 80% do papel de líder de outros.

A empresa de seguros acabou definindo um Retrato de Liderança completo para os gerentes regionais. Em seguida, incluiu-os nos programas normais de transição para líder de outros, embora 20% do conteúdo não tivesse relevância para eles.

Tabela 11.2. Estudo de caso de gerentes regionais: o trabalho a ser feito.

Trabalho-padrão do líder de líderes	Atividades exigidas do gerente regional
Definir a direção	Estipular as metas de vendas por produtos e as metas para o mix de clientes pretendido.
Empoderar	Não se aplica; o terceirizado atua com autonomia total.
Desenvolver os terceirizados	Oferecer suporte informal ao terceirizado para que ele evolua no cargo, sem impor um plano de desenvolvimento formal (cabe ao terceirizado completar o treinamento para o produto, o treinamento de *compliance* e o treinamento de vendas).
Monitorar a performance	Oferecer a mesma liderança de um líder de outros – apenas não utilizar os formulários da empresa usados pelos funcionários.
Selecionar os terceirizados	Oferecer a mesma liderança de um líder de outros – exceto na preparação para outros papéis.
Fortalecer a equipe	Não é relevante.
Integrar hierarquia acima e lateralmente	Oferecer a mesma liderança de um líder de outros.

Um ajuste de igual importância foi feito para os líderes a quem os gerentes regionais se reportavam. Originalmente, eles tinham sido classificados como líderes de outros. Porém, como na verdade eram líderes de líderes, os critérios de avaliação do sucesso precisavam incluir a ajuda aos gerentes regionais para alcançar os resultados por intermédio dos representantes de vendas independentes. Esse detalhe é um exemplo de como o modelo do Pipeline de Liderança representa uma abordagem sistemática do desenvolvimento de todos os líderes, responsabilizando todos. Quando ocorre um erro em um nível, isso afeta os demais.

Incluímos esse caso para ilustrar a importância de olhar além do quadro organizacional formal na hora de mapear os papéis de liderança. O foco deve estar em como os diferentes papéis criam valor de forma específica.

O líder de seção

Ao trabalharmos com organizações de grande porte, é comum encontrarmos uma variante do papel de líderes de líderes, que chamamos de papel de *líder de seção*. Muitas vezes ele não é reconhecido como um cargo à parte – o que pode tornar problemática a execução dos negócios e o planejamento sucessório da empresa.

Para ilustrar esse papel, vamos descrever uma das empresas com as quais trabalhamos. Ela tem por volta de 65 mil funcionários e é organizada como um único negócio. Conta com um líder de negócio e oito líderes de função. A função de desenvolvimento de produto tem 24 mil funcionários, divididos em seis níveis – como mostra a Tabela 11.3.

Os dois níveis inferiores de funcionários – empregados da linha de frente e líderes ágeis – estão organizados com base nos princípios da SAFe para empresas. Acima deles, existem cerca de seiscentos líderes de líderes. O nível que nos interessa é o que fica logo acima, de líder de seção.

No início, a empresa achava que tinha dois níveis de líderes de líderes – incluindo os líderes de seção – e tratava ambos da mesma forma em relação ao desenvolvimento de lideranças e à avaliação de desempenho. Porém, durante os processos de revisão de pessoal e planejamento sucessório, a empresa se deu conta de que a maioria dos líderes de líderes do escalão inferior não era considerada elegível a uma promoção ao nível superior.

Isso ocorria porque o trabalho a ser feito, os valores de trabalho, a aplicação do tempo e as habilidades exigidas eram diferentes entre um papel e outro. Por isso não se podia esperar que todos tivessem o mesmo desempenho nos dois papéis.

Tabela 11.3. Os seis níveis dos funcionários de desenvolvimento de produtos de uma empresa.

Cargo	Número de funcionários
Chefe de produto	1
Líderes de função de produto	12
Líderes de seção	100
Líderes de líderes	600
Líderes ágeis	3.000
Funcionários da linha de frente	20.000

Nossa recomendação foi que a empresa fizesse uma clara distinção entre os papéis, dando à posição superior o nome de *líder de seção*. A resposta deles foi: "Mas não queremos tantos níveis de liderança; é por isso que demos o mesmo nome." Dissemos, então, aquilo que se aplica a casos assim: "Não é o modelo do Pipeline de Liderança que tem que criar seus níveis de liderança – eles já estão lá. O modelo do Pipeline de Liderança ajuda você e seus líderes a entender os níveis de liderança já existentes."

Vamos examinar algumas diferenças comuns entre os papéis de líder de líderes e de líder de seção.

No caso acima, o líder de líderes comandava entre trinta e cinquenta pessoas, enquanto o líder de seção comandava entre duzentas e trezentas pessoas. Portanto, o líder de operações não participa de nenhum serviço da linha de frente; é um papel exclusivamente de liderança. A chave do sucesso é a capacidade de liderar por meio de múltiplas camadas de liderança e a elaboração de uma estrutura organizacional eficiente.

A maioria das pessoas sente dificuldade nesse cargo. Estão a dois níveis de distância do líder de negócio e a três dos funcionários da linha de frente. Seus subordinados diretos – os líderes de líderes – muitas vezes acham que eles atrapalham na hora de receber ordens dos líderes de função, enquanto os superiores imediatos (os líderes de função de produto) avaliam que eles são um obstáculo na hora de receber informações das atividades da linha de frente. Muita gente chama o nível dos líderes de seção de "camada de concreto" – nada passa por ele, nem para cima nem para baixo. Essa visão não muda, porém, o fato de que, em organizações de grande porte, esse papel é crucial na gestão de recursos e na eficiência de toda a função. Além disso, é uma etapa indispensável para o líder que aspira a ser líder de função. Na verdade, um dos problemas desse papel ocorre quando o líder de seção *somente* o enxerga como uma etapa e não valoriza o papel em si.

Para evitar esse tipo de problema, a organização precisa definir o papel com clareza e ajudar o líder a se desenvolver dentro dele.

O líder de seção deve se concentrar nos seguintes aspectos:

- Alocar recursos;
- Gerenciar as fronteiras entre as unidades organizacionais equivalentes;
- Selecionar e desenvolver os líderes de líderes;
- Fazer o design organizacional;
- Ter um planejamento de longo prazo dos talentos;
- Prover informações para a estratégia funcional.

Os dois recursos primordiais geridos por ele são dinheiro e pessoal. É preciso definir prioridades o tempo todo, redistribuindo os recursos entre as equipes subordinadas a ele. Como essas decisões costumam ser difíceis, fazer amizades pode ser complicado. Quanto à aplicação do tempo, é comum que o líder de seção tenha que gastar mais da metade dele longe da própria organização, a maior parte com os pares e em contato com fontes externas. Outros 25% do tempo são dedicados a atender as necessidades dos funcionários. Em organizações desse porte, sempre há cargos vagos que o líder de seção precisa preencher. É importante que ele dedique tempo ao planejamento de longo prazo: quais habilidades são necessárias, onde buscar (geograficamente) os profissionais, como organizá-los e como identificar talentos.

Cerca de 80% dos líderes de outros que encontramos em nossos programas de transição de lideranças afirmam que (1) não são cobrados pela performance das lideranças e (2) a maioria dos superiores imediatos não os desenvolve como líderes. Esse é um problema crítico para as organizações. A origem dele costuma ser uma destas três (e às vezes todas elas):

- O líder de seção escolhe os líderes de líderes errados;
- O líder de seção não cobra o líder de líderes pelo desenvolvimento de talentos de liderança;
- O líder de seção não desenvolve os líderes de líderes subordinados a ele.

Se esse conceito não for introjetado, qualquer organização sofrerá uma escassez de talentos de liderança. Considerando o tamanho da organização comandada por líderes de seção, nota-se uma excelente oportunidade de desenvolvimento de funcionários. Tão importante quanto isso é que eles podem sentar-se com os pares e planejar movimentações de carreira transversais para os mais talentosos. Este último detalhe requer maturidade dos líderes de seção, porque envolve a promoção de seus maiores talentos a outras áreas da empresa.

O líder de grupo

O papel tradicional de líder de grupo, tal como descrito em edições anteriores deste livro, parece estar desaparecendo à medida que as organizações se achatam e cada vez menos as empresas são administradas sob a forma de conglomerados. No entanto, estamos vendo esse papel ressurgir em uma versão light, que faz sentido para a integração de organizações de grande porte.

Os desafios do papel

O primeiro desafio do líder de grupo é a própria definição do cargo. O líder de grupo se caracteriza por ter um portfólio (três, cinco ou mais) de negócios *independentes* que respondem a ele – independentes no sentido de que seria possível se desfazer de um dos negócios praticamente sem impacto para os outros. Cada negócio tem seu próprio líder. A responsabilidade integral do líder de negócio é descrita no Capítulo 6.

Um problema comum que constatamos são empresas em que um dos líderes de negócio gere o seu negócio e os outros se reportam a ele, tornando-o, na prática, um gerente de grupo.

O líder de negócio ama o que faz – gerir o próprio negócio pode ser bem gratificante –, mas a passagem para a função de executivo de grupo exige mudanças significativas. Às vezes ele carece de uma equipe que cuide dessa parte de suas responsabilidades e deve pegar emprestado outros integrantes da unidade de negócio ou da corporação. Além disso, as habilidades exigidas nesse nível são mais sutis e subjetivas. O executivo de grupo precisa se dedicar ao trabalho, às vezes frustrante, de alocar os limitados recursos da empresa entre negócios conflitantes; desenvolver líderes de negócio sem passar por cima deles; desenvolver uma estratégia de portfólio adequada para criar uma sinergia horizontal entre as diversas unidades de negócio; e identificar novos negócios. O líder de grupo também precisa avaliar líderes de negócio, suas equipes e suas culturas como se fossem os únicos donos dessas UNs, exigindo desempenho e metas determinadas pelo ambiente externo. Em outras palavras, deve passar do cargo de liderança mais divertido para o menos divertido. Alguns executivos de grupo nos disseram que vão empurrando essa função com a barriga só porque a consideram uma etapa rumo ao cargo de CEO.

As vantagens do papel

A organização que compreende de verdade o potencial desse papel tem de desenvolver uma estratégia de grupo, cujo escopo é mundial, abrangendo questões como mercados não atendidos, segmentos de consumidores não explorados, possíveis aumentos na capacidade exigida. A maioria dessas empresas inteligentes responsabiliza os executivos de grupo por iniciativas essenciais em toda a organização e testa como esses executivos constroem relacionamentos externos para toda a empresa, atribuindo-lhes interlocução junto a governos, órgãos setoriais e clientes importantes. Quando as responsabilidades do executivo de grupo são ampliadas dessa forma, o papel se expande, incluindo mais que a simples supervisão dos líderes de negócio; implica ser testado como potencial CEO para realizar parte do trabalho dele. Feito do modo correto, o papel proporciona experiência na liderança de várias (e muitas vezes diversificadas) unidades de negócio.

Porém o papel do executivo de grupo também ocupa um nível decisivo em qualquer organização. Os pipelines de liderança muitas vezes ficam obstruídos porque os executivos de grupo não estão preparados para essa transição de liderança ou porque não recebem apoio no exercício do papel, ou ambas as coisas. Em consequência, acabam usurpando as funções de seus líderes de negócio, o que leva estes a apropriar-se das funções dos líderes de função, e assim por diante hierarquia abaixo. Na prática, dá-se início a uma reação em cadeia, em que cada um empurra seu subordinado direto para um nível de liderança abaixo.

O que representa sucesso nesse papel

Existem aqui alguns paralelos com a transição de liderança para o primeiro cargo gerencial. Em ambos os casos, é preciso abrir mão de um trabalho que se gostava de fazer e por cujo sucesso era responsável até então. Deve-se abandonar responsabilidades práticas em favor de tarefas mais efêmeras e de gratificação menos imediata. Em alguns casos, isso pode exigir até destruir o que havia sido construído; por exemplo, ter que cortar recursos ou até encerrar as atividades de uma unidade que ele ajudou a crescer, para levar em conta mudanças nas condições do mercado ou nos objetivos estratégicos gerais do portfólio.

É essencial que os executivos de grupo sejam capazes de *alcançar indiretamente o sucesso*, valorizando o êxito de seus negócios e dos líderes de negócio que os administram. Do ponto de vista cognitivo, pode parecer estranho para profissionais muito ambiciosos e voltados a resultados que se tornam líderes de grupo. Assim como aprenderam a delegar e dar coaching nos níveis de liderança anteriores, precisam conceder pela primeira vez a outros praticamente todo o envolvimento direto no trabalho de uma unidade. Também precisam passar boa parte do tempo pensando em uma série de negócios, assim como na relação com a corporação como um todo. Avaliar a competência estratégica dos gerentes de negócio e usar seu poder e influência para aprovar projetos são apenas dois dos requisitos que não existiam nos níveis de liderança anteriores. Como nos confidenciou um executivo de grupo insatisfeito: "Não dou conta de tudo. O que me dá satisfação é colocar a mão na massa, e é por isso que meu cargo anterior era tão bom. Agora a diversão acabou."

O sucesso, porém, virá por um caminho diferente, que pede um mindset distinto:

- O gerente de grupo bem-sucedido toma decisões acertadas, diferenciando os negócios de acordo com os resultados prováveis (e não de acordo com suas preferências).
- O gerente de grupo bem-sucedido trabalha em conjunto com os subordinados diretos, fazendo-os crescer como líderes de negócio.
- O gerente de grupo bem-sucedido consegue definir prioridades em um portfólio de estratégias em vez de estratégias separadas.

Em outras palavras, a meta deixa de ser o crescimento da própria unidade e passa a ser a criação do mix ideal de investimentos em diversos negócios.

Isso representa pesar os prós e os contras de fazer o negócio progredir por intermédio de investimentos versus explorar a receita de um negócio e gerar capital para o crescimento de outros. Pode representar também a análise de diferentes países e grupos de consumidores em termos de potencial de crescimento, tomando decisões de investimentos de acordo com esse parecer. Determinar como Wall Street vai avaliar um movimento também é essencial aqui. Como se pode imaginar, é um processo muito mais complexo e ambíguo do que investir recursos em um único negócio. Exige análise crítica da estratégia – e não apenas desenvolvê-la.

É um papel bastante complicado para muitos gestores de grupo, por ser basicamente um trabalho de fomento, sem envolvimento direto. O maior erro que um gestor de grupo pode cometer é assumir as responsabilidades do líder de negócio, em parte ou no todo, ou ditar a estratégia do negócio em vez de deixar o gestor de negócio aprender por conta própria. De novo, esse problema tem a ver com aquilo que o líder de grupo valoriza. A maioria chega ao cargo dando valor a uma relação mais interativa e participativa com os subordinados diretos – para só então dar um passo atrás e adotar um estilo de supervisão mais socrático.

Muitos líderes de grupo focam, por puro reflexo, em estratégias separadas para negócios separados, porque no passado avaliavam o desempenho de um único negócio. É um ponto de vista que muitas vezes se torna uma barreira à estratégia de portfólio que esse nível exige. Há necessidade de um pensamento multidimensional, que integre as necessidades e os problemas de uma série de unidades em um plano holístico. Uma vez mais, trata-se de uma forma bem mais indireta de enxergar o planejamento estratégico do que aquela que a maioria dos gestores está acostumada.

Para concluir, gostaríamos de ressaltar que o Pipeline de Liderança é um conjunto de princípios básicos de liderança. Por isso pode ser adaptado a qualquer estrutura organizacional para mapear o trabalho a ser feito por qualquer função de liderança e para determinar quais são os valores de trabalho, a aplicação do tempo e as habilidades necessárias. Quanto mais simples a sua estrutura organizacional, mais fácil será. Porém quanto mais complexa a sua estrutura organizacional, mais importante se tornará.

No início deste capítulo dissemos que os cenários apresentados aqui são apenas alguns daqueles vividos pelas empresas ao adaptar os conceitos do Pipeline de Liderança a novas estruturas. Caso você precise transpor esses princípios para algum novo tipo de papel ou estrutura, ficaríamos felizes em conhecer sua experiência. Conte-nos o que fez. Se está dando certo para você, gostaríamos de compartilhar seu processo com outros. Caso não esteja dando certo, gostaríamos de ajudá-lo a corrigir. Sabemos que é possível, porque qualquer papel de liderança pode ser abordado pelo modelo do Pipeline de Liderança.

Os autores

Ram Charan é autor de best-sellers, professor e consultor renomado de CEOs e outros líderes de algumas das empresas mais conhecidas do mundo, entre elas Toyota, Bank of America, Aditya Birla Group, Novartis, Fast Retailing (Uniqlo) e Humana.

Autor de quase quarenta livros, quatro deles best-sellers, é conhecido por fornecer soluções do mundo real – o tipo de conselho que você pode usar na segunda-feira de manhã. Seu livro *Execução*, elogiado pela praticidade, passou mais de 150 semanas na lista dos mais vendidos do *The New York Times*.

Ram tem um MBA com louvor e doutorado pela Harvard Business School, onde foi pesquisador Baker e membro do corpo docente.

Steve Drotter é presidente do Leadership Pipeline Institute, que se dedica a aprimorar o conhecimento e as práticas de desenvolvimento de líderes para cargos atuais e futuros. Ele foi líder de função de recursos humanos de duas grandes empresas. Em 1985, fundou a Drotter Recursos Humanos.

Durante quase cinquenta anos Steve trabalhou com planejamento sucessório e desenvolvimento de lideranças, tanto como líder interno quanto como consultor executivo de mais de cem empresas de 37 países nos cinco continentes. Ele completou trinta planejamentos sucessórios de CEOs e implantou ou revisou o planejamento sucessório de quarenta empresas. Como parte desse trabalho, realizou 1.500 avaliações executivas aprofundadas de candidatos a CEO, COO, CFO, CHRO e gerente-geral de negócios. Essas entrevistas forneceram o material que serve de base a este livro.

Steve é o autor de *Pipeline do desempenho* e autor principal de *Pipeline de liderança*, *The Succession Pipeline* e *Pipeline to the Future: Succession and Performance Planning for Small Business*.

É formado em economia pela Amherst College e graduado pelo Programa de Recursos Humanos da GE.

Antes de se tornar CEO do The Leadership Pipeline Institute, **Kent Jonasen** foi subchefe de recursos humanos de grupo na A.P. Moller–Maersk, de 2003 a 2008, e responsável pela gestão de talentos, desenvolvimento de lideranças e desenvolvimento e remuneração de executivos. Anteriormente foi gerente regional de RH para a Europa de 2000 a 2003.

Na A.P. Moller–Maersk, Kent comandou a implementação de uma iniciativa integrada de desenvolvimento de lideranças em toda a empresa, com base no conceito do Pipeline de Liderança, impactando mais de dez mil líderes em mais de cem países. O impacto do projeto foi uma melhoria significativa nas pontuações e nas perguntas sobre "meu gestor" na pesquisa de engajamento; maior confiabilidade no planejamento sucessório; e um acerto de 90% nos talentos do *pool* de executivos.

Desde que fundou o Leadership Pipeline Institute, Kent comandou a implementação dos conceitos do Pipeline de Liderança e do Pipeline de Especialistas em relação ao desenvolvimento, à seleção e à avaliação em mais de cinquenta grandes organizações internacionais.

Kent é o autor do livro *Specialist Pipeline: How to Win the War for Specialist Talent*, publicado em 2023.

Antes de ingressar no departamento de recursos humanos da A.P. Moller–Maersk, em 1996, Kent trabalhou no setor de bancos de varejo durante dois anos e no mercado de capitais durante três anos.

CONHEÇA OUTROS TÍTULOS DA EDITORA SEXTANTE

Descubra seus pontos fortes 2.0
Donald O. Clifton & Tom Rath

Descubra seus pontos fortes 2.0 é uma nova e aprimorada versão do livro *Descubra seus pontos fortes*, que já ajudou mais de 6 milhões de pessoas a descobrir seus principais talentos.

Em vez de trabalhar ativamente para aprimorar o que temos de melhor, devotamos tempo e esforço para consertar nosso desempenho nas áreas em que não nos saímos muito bem. Não existe receita mais certeira para a frustração e a mediocridade do que passar a vida nos dedicando ao que fazemos de pior.

Para mudar essa cultura, Donald O. Clifton se baseou em pesquisas do Instituto Gallup com mais de 2 milhões de pessoas e criou o teste *CliftonStrengths – Descubra seus pontos fortes*, uma ferramenta para você se conhecer melhor e desenvolver suas maiores habilidades.

Na versão atualizada desse programa, você vai descobrir seus cinco maiores talentos entre os 34 temas apresentados no livro e aprender como o desenvolvimento dos pontos fortes pode contribuir para o crescimento de todos à sua volta.

O foco em suas aptidões é fundamental para uma vida com mais propósito, produtividade e bem-estar. Com esse guia de referência e o teste, você vai ter acesso a:

- Seus cinco principais pontos fortes.
- Ideias para ação, com exemplos e dicas exclusivas de como colocar seus maiores talentos em prática.
- Um relatório personalizado sobre o que faz você se destacar pessoal e profissionalmente.

Os 5 desafios das equipes
Patrick Lencioni

Com 3,7 milhões de livros vendidos, *Os 5 desafios das equipes* é uma fabula envolvente, realista e prática sobre liderança. Patrick Lencioni usa sua capacidade de contar boas histórias para explicar por que certas equipes dão certo e outras não.

Recém-contratada, a CEO Kathryn Petersen precisa gerenciar um grupo de executivos que é desunido a ponto de afetar a empresa inteira. Será que ela resolverá os problemas de relacionamento, ou enfrentará resistência e será demitida?

Os cenários e personagens são bastante familiares, como o funcionário talentoso que não joga para o time; um gerente proativo que assume o trabalho dos outros e com isso não se dedica à própria função; e um executivo cuja maior ambição é roubar o lugar do chefe.

Ao longo da história, o autor oferece instruções claras e diretas para superar os obstáculos que minam o trabalho em grupo: a falta de confiança, o medo de conflitos, a falta de comprometimento, evitar responsabilizar os outros e a falta de atenção aos resultados. Ele também inclui um rápido questionário para que você possa avaliar a própria equipe e identificar o melhor caminho para retomar o sucesso.

CONHEÇA ALGUNS DESTAQUES DE NOSSO CATÁLOGO

- Augusto Cury: Você é insubstituível (2,8 milhões de livros vendidos), Nunca desista de seus sonhos (2,7 milhões de livros vendidos) e O médico da emoção
- Dale Carnegie: Como fazer amigos e influenciar pessoas (16 milhões de livros vendidos) e Como evitar preocupações e começar a viver
- Brené Brown: A coragem de ser imperfeito – Como aceitar a própria vulnerabilidade e vencer a vergonha (900 mil livros vendidos)
- T. Harv Eker: Os segredos da mente milionária (3 milhões de livros vendidos)
- Gustavo Cerbasi: Casais inteligentes enriquecem juntos (1,2 milhão de livros vendidos) e Como organizar sua vida financeira
- Greg McKeown: Essencialismo – A disciplinada busca por menos (700 mil livros vendidos) e Sem esforço – Torne mais fácil o que é mais importante
- Haemin Sunim: As coisas que você só vê quando desacelera (700 mil livros vendidos) e Amor pelas coisas imperfeitas
- Ana Claudia Quintana Arantes: A morte é um dia que vale a pena viver (650 mil livros vendidos) e Pra vida toda valer a pena viver
- Ichiro Kishimi e Fumitake Koga: A coragem de não agradar – Como se libertar da opinião dos outros (350 mil livros vendidos)
- Simon Sinek: Comece pelo porquê (350 mil livros vendidos) e O jogo infinito
- Robert B. Cialdini: As armas da persuasão (500 mil livros vendidos)
- Eckhart Tolle: O poder do agora (1,2 milhão de livros vendidos)
- Edith Eva Eger: A bailarina de Auschwitz (600 mil livros vendidos)
- Cristina Núñez Pereira e Rafael R. Valcárcel: Emocionário – Um guia lúdico para lidar com as emoções (800 mil livros vendidos)
- Nizan Guanaes e Arthur Guerra: Você aguenta ser feliz? – Como cuidar da saúde mental e física para ter qualidade de vida
- Suhas Kshirsagar: Mude seus horários, mude sua vida – Como usar o relógio biológico para perder peso, reduzir o estresse e ter mais saúde e energia

sextante.com.br